Oldenbourg Interpretation
Band 96

Oldenbourg Interpretationen
Herausgegeben von
Klaus-Michael Bogdal und Clemens Kammler

begründet von
Rupert Hirschenauer (†) und Albrecht Weber

Band 96

Lyrik von der Romantik bis zur Jahrhundertwende

Interpretation von Thomas Gräff

Oldenbourg

Zitate sind halbfett gekennzeichnet.

Das Papier ist aus chlorfrei gebleichtem Zellstoff hergestellt, ist säurefrei und recyclingfähig.

© 2000 Oldenbourg Schulbuchverlag GmbH, München
www.oldenbourg-bsv.de

Das Werk und seine Teile sind urheberrechtlich geschützt. Jede Nutzung in anderen als den gesetzlich zugelassenen Fällen bedarf deshalb der vorherigen schriftlichen Einwilligung des Verlages. Hinweis zu § 52 a UrhG: Weder das Werk noch seine Teile dürfen ohne eine solche Einwilligung eingescannt und in ein Netzwerk eingestellt werden. Dies gilt auch für Intranets von Schulen und sonstigen Bildungseinrichtungen. Der Verlag übernimmt für die Inhalte, die Sicherheit und die Gebührenfreiheit der in diesem Werk genannten externen Links keine Verantwortung. Der Verlag schließt seine Haftung für Schäden aller Art aus. Ebenso kann der Verlag keine Gewähr für Veränderungen eines Internetlinks übernehmen.

Bei den Zitaten, Literaturangaben und Materialien im Anhang ist die neue Rechtschreibung noch nicht berücksichtigt.

1. Auflage 2000
Druck   13   12   11   10   09
Die letzte Zahl bezeichnet das Jahr des Drucks.

Umschlagkonzept: Mendell & Oberer, München
Umschlag: Stefanie Bruttel
Umschlagbild: © IFA-Bilderteam, Ottobrunn/München; Fotografin: Birgit Koch
Typografisches Gesamtkonzept: Gorbach GmbH, Buchendorf
Lektorat: Ruth Bornefeld
Herstellung: Verlagsservice Dr. Helmut Neuberger
& Karl Schaumann GmbH, Heimstetten
Satz: jürgen ullrich typosatz, Nördlingen
Druck und Bindung: Himmer AG, Augsburg

ISBN: 978-3-637-88698-8

Inhalt

Vorwort *8*

1 ›Eine Epoche die sobald nicht wiederkehrt‹ – Zwischen Französischer Revolution und Restauration (1795–1830) *11*
1.1 Die Ausgangslage *11*
1.1.1 Die Revolution des Denkens in der Aufklärung *11*
1.1.2 Die Revolution des Staates in Frankreich *12*
1.1.3 Die Revolution der Lyrik bei Goethe *12*

1.2 ›Wohin denn ich?‹ – Einsames Vorspiel. Friedrich Hölderlin *13*
1.2.1 Emanzipation – »Die Eichbäume« *15*
1.2.2 Die Modernität der Ode – »Heidelberg« *20*
1.2.3 Das Ende der Dichtung – »Hälfte des Lebens« *25*

1.3 ›Schläft ein Lied in allen Dingen‹ – Romantik *28*
1.3.1 Die blaue Blume – Universalpoesie *39*
Novalis: »Wenn nicht mehr Zahlen und Figuren« *39*
Goldne Töne im Volkslied – Clemens Brentano: »Der Spinnerin Nachtlied« *44*
1.3.2 Der Flug der Seele – Entgrenzung *49*
Joseph von Eichendorff: »Sehnsucht« *49*
Joseph von Eichendorff: »Mondnacht« *53*
1.3.3 ›… zeitlos und raumlos ist der Nacht Herrschaft‹ – Die Nachtseite *56*
Joseph von Eichendorff: »Zwielicht« *56*
1.3.4 ›Fremd bin ich eingezogen, fremd zieh ich wieder aus.‹ – Ich und Gesellschaft *59*
Joseph von Eichendorff: »Weihnachten« *59*
Karoline von Günderode: »Die Malabarischen Witwen« *63*

1.4 ›Deutschland, heilges Vaterland!‹ – Patriotische Lyrik *66*
Theodor Körner: »Aufruf« *69*

2 ›aber der große Weltriß …‹ – Biedermeierzeit. Zwischen Restauration und Revolution (1815–1848) *73*

2.1 ›Die Endschaft der *Goetheschen Kunstperiode*‹ – Platen und Heine *81*

2.1.1 Nihilistische Weltklage – August von Platen *81*
2.1.2 Destruktion der Romantik – Heinrich Heine *84*

2.2 Diätische Lebensformen – Biedermeier *90*
2.2.1 Eduard Mörike: »Krank seitdem« *90*
2.2.2 Persönliches Gethsemane – Annette von Droste-Hülshoff *97*

2.3 ›Vor der Freiheit sei kein Frieden‹ – Vormärz *107*
Ferdinand Freiligrath: »Freie Presse« *107*
Georg Herwegh: »Aufruf« *110*
Georg Weerth: »Das Hungerlied« *112*

3 ›Soll und Haben‹ – **Bürgerlicher Realismus (1848–1890)** *114*

3.1 ›daß jeglicher drin staunend sich selber erkennt‹ – Goldschnittpoesie *120*
3.1.1 Herrscherlob – Emanuel Geibel: »An König Wilhelm« *122*
3.1.2 Frauenlob – Julius Rodenberg: »Die reinen Frauen« *126*

3.2 ›Bodenlos, ganz ohne Boden‹. Schweigen als Antwort – Theodor Storm *129*

3.3 ›Auf dem dünnen Glase‹ – Bedrohliche Tiefe *135*
3.3.1 Gottfried Keller: »Winternacht« *135*
3.3.2 Conrad Ferdinand Meyer: »Der schöne Tag« *137*

3.4 ›O wie süß erkaltet mir das Herz‹ – Objektive Distanz bei Conrad Ferdinand Meyer *138*
3.4.1 Maskenspiel Liebe *139*
3.4.2 Betrachtung durch Kunst *142*

3.5 ›Spatzenflug, den unsre Adler fliegen‹ – Gesellschaftskritik beim alten Fontane *144*

4 **Zeitenwende. An der Schwelle der Moderne – Die Lyrik des Kaiserreiches (1880–1914)** *148*

4.1 ›Die Revolution der Lyrik‹ – Naturalismus *152*
4.1.1 Blick in die Arbeitswelt *154*
Karl Henckell: »Das Lied vom Eisenarbeiter« *154*
4.1.2 Die Sprache der Moderne *156*
Arno Holz: »Unvergeßbare Sommergrüße« *156*

4.2 ›nicht sehr verläßlich zu Haus in der gedeuteten Welt‹ – Jahrhundertwende (1890–1910) *159*
4.2.1 Friedrich Nietzsche: »Vereinsamt« *163*
4.2.2 ›Ungeborgen‹ *168*
 Rainer Maria Rilke: »Herbsttag« *168*
 Rainer Maria Rilke: »Ausgesetzt auf den Bergen des Herzens« *171*
4.2.3 ›Des sehers wort ist wenigen gemeinsam‹ – Die Rolle der Kunst *174*
 Stefan George: »Der herr der insel« *174*
 Stefan George: »Komm in den totgesagten park« *181*
 Rainer Maria Rilke: »Archaischer Torso Apollos« *182*
4.2.4 ›… eine Sprache von deren Worten mir auch nicht eines bekannt ist …‹ – Décadence und Sprachnot *188*
 Hugo von Hofmannsthal: »Ballade des äußeren Lebens« *188*
4.2.5 ›Härte schwand.‹ – Einsames Nachspiel *194*
 Rainer Maria Rilke: »Vorfrühling« *194*

Unterrichtshilfen
1 Didaktische Aspekte *195*
2 Themenvorschläge für Sequenzen und Unterrichtsreihen *197*
3 Unterrichtsplanung in der Sekundarstufe II *203*
 a. Vorschlag: Romantik (Synchrone Reihe) *204*
 b. Vorschlag: Welt ohne Gott. Die Entstehung des modernen Bewusstseins (Diachrone Reihe) *208*
 c. Vorschlag: Jahrhundertwende (Synchrone Reihe) *212*
4 Materialien *216*

Anhang
Anmerkungen *223*
Literaturverzeichnis *227*

Vorwort

Das 19. Jahrhundert ist aus unserer heutigen Perspektive eine wichtige Epoche, da viele der modernen Gegebenheiten im Ansatz oder in voller Ausprägung entstanden sind. Naturwissenschaft und Technik machten enorme Entwicklungen in den verschiedensten Bereichen. Die Industrialisierung prägte das wirtschaftliche und gesellschaftliche Leben neu. Die Wirtschaft manifestierte sich auf der Grundlage des Kapitals, die Gesellschaft verbürgerlichte sich. Die Fabriken ließen die Städte zu Großstädten anwachsen, immer mehr Menschen flohen vom Land in die Städte. Neue technische Möglichkeiten ermöglichten die Beschleunigung und Vermassung der Kommunikation, neue Verkehrsmittel eine bis dahin nicht erträumte Mobilität. Kriege und machtpolitisches Taktieren prägten das Gesicht Europas des 20. Jahrhunderts und legten die Basis für kommende Konflikte. Im politischen Denken zogen die Aufklärung und die Französische Revolution all die weltanschaulichen -ismen nach sich, die bis heute das politische Denken beeinflussen: Liberalismus, Republikanismus, Kommunismus, Sozialismus. Das 19. Jahrhundert ist die Geschichte von großen politischen Träumen, Unruhen, Revolutionen, deren Scheitern und darauf folgender Reaktionen und Restaurationen.

Auch die philosophisch-spiritualistische Anschauung der Welt wandelte sich. War im Barockzeitalter Gott noch die unangezweifelte Instanz gewesen, die allem Hiersein ihren Sinn verlieh, kamen in der Aufklärung Zweifel an der Absolutheit dieser Erklärung auf. Je mehr der Anspruch des Menschen auf Individualität wuchs, desto höher wurde die Anforderung an seine Autonomie. Bei der Wende zum 19. Jahrhundert galten die Idee oder der Geist noch als Erklärungsmöglichkeiten für den Zusammenhang der Welt. Doch der Autonomieanspruch des Individuums lenkte die Aufmerksamkeit verstärkt darauf, dass der Mensch in der Geschichte selbst verursachend wirksam wird. Das weitere 19. Jahrhundert kapitulierte immer hilfloser vor dem Anspruch, die Welt metaphysisch erklären zu können. Der Positivismus und der Materialismus wandten sich der konkret erfahrbaren Realität zu und verlegten die Suche nach dem Sinn ins Irdische. Als Nietzsche gegen Ende des Jahrhunderts diese Entwicklung mit der Proklamation vom Tod Gottes zum Ende brachte, blieb nichts mehr übrig. Der Sinn musste nun geschaffen statt gesucht werden.

Auch die konkrete Wirklichkeit wurde von den Menschen als bedrückend erfahren. Die neuen Arbeitsprozesse weckten mit ihrer Arbeitsteiligkeit das Gefühl der Entfremdung, die Verstädterung und Bürokratisierung das der Vereinzelung und Anonymisierung. In der Kleinfamilie ging das Gefühl einer engeren Zugehörigkeit zu einer größeren Bezugsgruppe verloren.

Doch was hat dies alles mit Lyrik zu tun? Ist nicht gerade sie ein Refugium der weltfernen Innerlichkeit? In der Lyrik des 19. Jahrhunderts sind zwei Hauptströmungen zu beobachten. Auf der einen Seite gibt es eine Lyrikrichtung, die konkret auf die politischen Tagesereignisse reagiert und in diese bestimmend einzugreifen versucht. **Die politischen Ereignisse bilden sich nahezu ohne Brechung in der Lyrikproduktion ab.**[1] Ein anderer Strom der Lyrik – der größere – wird traditionellerweise als ›empfindsames‹ Sprechen bezeichnet. Und diese Lyrik stellt noch viel mehr, als Literatur dies ohnehin ist, **die Innenseite zur Außenseite der Geschichte**[2] dar. Im Gedicht ist am ausdrücklichsten die individuelle Befindlichkeit in der Welt aufgehoben. Das Gedicht kann Auskunft geben über die Qualität dieser Befindlichkeit und somit über die Welt:

> Erst im genaueren Erfassen des historischen Zusammenhangs können die Werke ihre volle Bedeutung für uns gewinnen. Sie sprechen dann zu uns als psychohistorische Quellen ersten Ranges.[3]
>
> Mit der Philosophie zusammen hat die Dichtung seit dem jungen Goethe die im Individuum zentrierten Epochenprogramme und Epochenerfahrungen zu Wort gebracht […] Dabei ist die Dichtung vielleicht noch maßgeblicher als die Philosophie, weil alle Kräfte des Menschen sich in ihr ausdrücken und von ihr geformt werden, ferner weil ihre Weltdeutungsleistung in der Konkretion stattfindet.[4]

Schon während der Wende zum 19. Jahrhundert hatten die Menschen den Riss zwischen Mensch und Natur gespürt, aber anfangs noch versucht, ihn zu kitten. Hölderlin war einer der Ersten, der ihn in seinen Werken gestaltete. Gleich ihm verfuhr auch eine Reihe von Dichtern im 19. Jahrhundert, die sich der psychischen Gefährdung ausgesetzt fühlten oder sich geistig und seelisch ganz vor der Welt verschlossen. Beginnend mit Hölderlin lässt sich über den Zeitraum des 19. Jahrhunderts hin in den Werken der Dichter die Entfaltung des modernen Bewusstseins nachvollziehen. Während Goethe und Schiller noch einen Totalitätsanspruch der Welterfassung kultivierten, stehen am Ende der Epoche Selbstaussagen der Vereinzelung, zu denen die alptraumartigen Schreckensvisionen Kafkas zeitgleich entstehen.

Diese Entwicklungslinie möchte dieses Buch in grober Skizze nachzeichnen; dazu müssen die historischen, sozialen, literarhistorischen Hintergründe ebenso aufgezeigt werden wie die philosophischen Erörterungen der Zeit und gegebenenfalls biografische Gegebenheiten.

Wenn dem Dichter Jean Améry während seiner Inhaftierung im Konzentrationslager zur Zeit des Nationalsozialismus die zweite Strophe aus Hölderlins Gedicht »Hälfte des Lebens« in den Sinn kam, macht dies deutlich, wie treffend und zeitenthoben Hölderlin die Erfahrung der existenziellen Desperation ins Bild zu setzen vermochte. Vielleicht mag sich im fruchtbaren Dialog mit diesen Texten aus einer vergangenen Zeit für uns heute doch das verwirklichen, was Rilke in seinem »Archaischen Torso Apollos« vom Betrachter gefordert hat: **Du mußt dein Leben ändern**[5].

1 ›Eine Epoche die sobald nicht wiederkehrt‹[6] – Zwischen Französischer Revolution und Restauration (1795–1830)

1.1 Die Ausgangslage[7]

Bei der Untersuchung von Literaturgeschichte ist immer von Kontinuität auszugehen. Selbst die für 1945 proklamierte Stunde Null nach der Katastrophe des Zweiten Weltkrieges ist mittlerweile als Illusion erkannt worden. Daher muss eine Darstellung wie die vorliegende immer ein wenig vor den eigentlichen Startpunkt zeitlich zurückgehen, um Voraussetzungen der jeweiligen Epoche verständlich zu machen. Schriftsteller sind in der Regel auch eifrige Leser und nehmen in ihren Werken mehr oder weniger explizit auf Traditionen Bezug. Dass sie sich mit den Gegebenheiten und Entwicklungen ihrer Lebenswelt schreibend befassen, ist bei anspruchsvollen Literaten vorauszusetzen.[8]

1.1.1 Die Revolution des Denkens in der Aufklärung

Aufklärung ist der Ausgang des Menschen aus seiner selbstverschuldeten Unmündigkeit. Unmündigkeit ist das Unvermögen, sich seines Verstandes ohne Leitung eines anderen zu bedienen.[9]

Was der Königsberger Philosoph Immanuel Kant in seiner Beantwortung einer ausgeschriebenen Preisfrage in dieser ebenso berühmten wie einleuchtend einfach erscheinenden Formel kondensiert, steht als Ergebnis am Ende eines langen, vielschichtigen und komplexen Prozesses innerhalb der europäischen Geistesgeschichte. Bei diesem *Aufklärung* genannten Prozess greifen Theologie, Philosophie, Naturwissenschaft, Technik, Wirtschaft, Politik und Gesellschaft eng ineinander und bringen so eine Bewusstseinsveränderung des Menschen hervor, wie es sie seit Jahrtausenden nicht gegeben hat und wie sie noch heute den Kern unseres Selbstverständnisses bildet. Die Aufklärung war eine gesamteuropäische bürgerliche Bewegung, bei der sich verschiedene, z.T. widersprechende Strömungen gegenseitig ergänzten. So betonte der Rationalismus die vorwiegend auf den Verstand gegründete Erkenntnisfähigkeit des Menschen (**Cogito ergo sum**), wohingegen der Empirismus vor allem die Sinneserfahrung als Quelle der Erkenntnis in den Vordergrund stellte. Die Empfindsamkeit postulierte dann ein Gleichgewicht zwischen Denken und Empfinden.

Ziel blieb aber das von Kant als Idealbild umschriebene autonome Individuum, das alle intellektuellen, psychischen und physischen Anlagen entfaltet. Im Religiösen tritt im Sinne des Pietismus das Individuum selbstbewusst vor Gott und lehnt die Vermittlung durch eine Kirche ab. Das Ideal der Klassik wird der allseitig gebildete Mensch sein. Fortschritte in der Technik veränderten die Wirtschaft hin zu einer sich beschleunigenden Industrialisierung. Die größeren Betriebe machten andere Wirtschaftsformen erforderlich, sodass der Kapitalismus sich zu formieren begann. Von diesen Entwicklungen im Großen, die Frankreich und vor allem England betrafen, blieb Deutschland wegen seines Partikularismus zunächst weitgehend ausgeschlossen. Die absolutistischen Kleinfürsten verhinderten weitgehend die politische Einflussnahme der bürgerlichen Schichten, die in erster Linie die Träger der Aufklärungsbewegung waren. Der Literatur kam im Aufklärungsprozess eine zentrale Aufgabe zu. Die Ausweitung des Schulwesens führte zur Eingrenzung des Analphabetentums und damit zum Anwachsen eines potenziellen Lesepublikums. War die politische Einflussmöglichkeit der Deutschen auch sehr begrenzt, so entstand jedoch auf dem geistigen Sektor am Ende des 18. Jahrhunderts eine literarische Hegemonie der Deutschen in Europa. Die später – auch von HEINRICH HEINE – so genannte **Kunstperiode** stellt eine der fruchtbarsten Phasen der deutschen Geistesgeschichte dar.

1.1.2 Die Revolution des Staates in Frankreich

Trotz der politischen Ohnmacht der deutschen Intellektuellen sind doch viele der Konzepte und Entwürfe, die diese Epoche prägen, in der Auseinandersetzung mit den politischen Ereignissen andernorts entstanden. Die Unabhängigkeitserklärung (1776) und Verfassungsgebung (1787) in Amerika und die Revolution in Frankreich (1789) schufen Modelle für moderne republikanische Staatsformen auf der Grundlage der konstitutionell verbrieften Menschenrechte. Diese Vorgänge in Amerika und Frankreich beschäftigten einerseits allenthalben die Intellektuellen, andererseits versetzten sie die europäischen Fürsten in höchste Unruhe. Außenpolitisch wehrten diese sich mit kriegerischen Auseinandersetzungen gegen die Revolution, innenpolitisch behalfen sie sich mit verstärktem Druck und Zensur.

1.1.3 Die Revolution der Lyrik bei Goethe

›Lyrisch‹ bezeichnet heute in der Alltagssprache etwas, das mit subjektiven Empfindungen, Gefühlen, Stimmungen aufgeladen ist. Häufig bildet für diese eingegrenzte Sicht des Lyrischen das romantische Gedicht das Idealmodell. Doch der Schritt zum Subjektiven hin war in der Entwicklung der Lyrik ein entscheidender Prozess, der sich gerade an der Schwelle der hier besprochenen Epoche vollzog.

Die Lyrik des *Barock* (1600–1720) war in erster Linie Gebrauchsdichtung auf der Grundlage klarer Normen. Sie sollte belehren, allerdings nicht in einem aufklärerischen Sinne, sondern bestehende Einsichten mit poetischen

Mitteln aufs Neue verdeutlichen. Als guter Dichter galt der, der die Normen der Poetik und traditionellen Rhetorik besonders virtuos und kunstvoll erfüllen konnte. Ziel lyrischen Ausdrucks war dabei nicht, etwas Individuelles, Persönliches, Besonderes, sondern eine allgemeingültige Behauptung, etwas Exemplarisches auszudrücken. Selbst Liebeslyrik folgte einem Schema: Lob der angebeteten Frau – Klage über die Unerfüllbarkeit der Liebe.

In der Phase der *Aufklärung* (1720–1785) berief man sich zwar auf eine ›vernünftige‹ Nachahmung der Natur, aber auch hier sollte in erster Linie ein moralischer Lehrsatz in eine poetisch eingekleidete Lehre umgewandelt werden. Dagegen verstand die *Empfindsamkeit* (1740–1774) die Poesie als das Werk eines originellen Genies, deren Aufgabe es sei, die Herzen zu rühren und subjektive Empfindungen auszusprechen. J. G. Herder definierte das **Ausströmen von Leidenschaften und Empfindungen** als das Wesen der Lyrik, welches er am ehesten in der Volkspoesie verwirklicht sah, weswegen er für die Lyrik einfache, volkstümliche Sprache und Formen forderte.

J. W. GOETHES frühe lyrische Produktion blieb konventionell. Erst in den 70er-Jahren (*Sturm und Drang*) fand er zu einem Stil, der die Lyrik revolutionierte. In »Maifest«, »Es schlug mein Hertz geschwind zu Pferde« oder »Prometheus« schuf er Ausdrucksformen eines neuen Ich-Gefühls. Konkret benennbare biografische Episoden aus seinem Leben bilden zum Teil die Hintergrundfolie (›Erlebnislyrik‹) der Texte. Durch das innere Erlebnis von Liebe und Natur gewinnt das sprechende Ich eine neue Wahrnehmung und ein neues Bewusstsein seiner selbst. Über diese innovative Sturm- und Dranglyrik gelangte GOETHE bereits kurze Zeit später hinaus. In dem Gedicht »Auf dem See« konstituierte er mit dem Schlussbild **Und im See bespiegelt / Sich die reifende Frucht** eine neue Dimension des Symbols als Mittel der Seelensprache, die in ihrer Bedeutungsaufladung und Paradoxie als erstes Paradigma der modernen Lyrik gelten kann.[10] Das Erlebnishafte und Selbstreflexive sind Wesenszüge des lyrischen Sprechens aufgeklärter Subjekte.

1.2 ›Wohin denn ich?‹[11] – Einsames Vorspiel. Friedrich Hölderlin

FRIEDRICH HÖLDERLIN lässt sich nicht der Romantik, aber auch nicht der Klassik[12] zuordnen. Geboren 1770, gehört er zur Generation der Romantiker und bewundert in Klopstock und Schiller zunächst die gleichen Vorbilder wie diese, ist nach außen hin aber scheinbar Klassizist und damit seinen Altersgenossen schon von vornherein als Traditionalist und Epigone verdächtig. Er schreibt gegen die poetischen Moden in einer Sprache, die scheinbar die Sprache von gestern ist. Wie andere (Voß, Goethe) benutzt er antike Formen, die er sich allerdings für seine Zwecke zurechtbiegt, weshalb ihn nicht die Sympathie der Klassizisten im Zuschnitt eines Johann

Heinrich Voß begleitet. Er benutzt die Antike nicht als Metapher für die Reflexion über die Gegenwart, sondern träumt von einem idealen Griechenland, dessen Realität offensichtlich fragwürdig ist. Die Weimarer Klassiker Goethe und Schiller akzeptierten ihn nicht als einen der ihren. Dass HÖLDERLIN mit seiner Vorstellung einer innigen Verbindung von Poesie mit Religion und Philosophie den Entwürfen von Schlegel oder Novalis von einer modernen – romantischen – Poetik sehr nahe kam, fiel den meisten Zeitgenossen deshalb gar nicht auf. HÖLDERLIN gehörte zu keiner Gruppe und fand wegen seiner Widersprüchlichkeiten zu Zeiten, als er dies noch hätte wahrnehmen können, in der Öffentlichkeit und unter Dichterkollegen keine angemessene Beachtung.

Er durchlief zunächst die übliche Laufbahn: Lateinschule in Nürtingen, Klosterschule in Denkendorf, höhere Klosterschule Maulbronn, Examen. Dort schloss er Bekanntschaft und Freundschaft mit Kollegen, die ebenfalls berühmt werden sollten: Schelling und Hegel. HÖLDERLIN entwickelte eine republikanische Gesinnung. Danach hatte er verschiedene Hofmeisterstellen an verschiedenen Orten inne, die er unterschiedlich lang bekleidete, zwischendurch war er arbeitslos. Seine letzte Hofmeisterstelle in Bordeaux behielt er ebenfalls nur kurze Zeit, bereits nach einem halben Jahr kehrte er mit Anzeichen von geistiger Zerrüttung zurück. 1806 wurde er als Geisteskranker in eine Tübinger Klinik eingeliefert und nach einem halben Jahr als unheilbar entlassen, er verlor den bewussten Kontakt mit seiner Umwelt. Den Rest seines Lebens bis 1843 verbrachte er in einem Tübinger Wohnturm im Zustand der geistigen Umnachtung in der Pflege einer Tischlerfamilie. HÖLDERLIN litt schon vorher ungeheuerlich unter der Disharmonie der Welt. Seine Vorstellung von der unendlichen Harmonie alles Seienden wurde in der Wirklichkeit konterkariert von der konkreten Erfahrung der Kleingeisterei und Borniertheit. Dichtkunst war für ihn eine Erfahrung der Ganzheit, die er am ehesten in den antiken Stoffen und Formen verwirklicht sah.

Bis 1806 sind nur einzelne Gedichte von ihm im Druck erschienen, größtenteils verstreut in Zeitschriften und Almanachen, die er danach z. T. handschriftlich nochmals überarbeitete. Es liegt keine zuverlässige, von ihm autorisierte Ausgabe seines lyrischen Werks vor. Seine Mit- und Nachwelt nahm ihn erst richtig zur Kenntnis und würdigte ihn angemessen, als sein Geist dafür nicht mehr aufnahmefähig war. Erst 1826 gaben Ludwig Uhland und Gustav Schwab die erste Sammlung seiner Gedichte heraus. In der Radikalität seiner Aussagen und der sprachlichen Gestaltung gewinnt HÖLDERLIN dabei eine Modernität, die viele Entwicklungslinien der Lyrik nach ihm bereits vorzeichnet. Er greift Motive auf, die bis heute nichts an Aktualität eingebüßt haben. Dabei verdeckt das scheinbare Rückwärtsgewandte seiner Form und Sprache häufig die Modernität seiner Gehalte. Dass er enorm anspruchsvoll gegenüber sich und dem Leser war, erleichtert nicht unbedingt den Zugang zu seinem Werk. So gilt er noch heute als einer der schwierigsten deutschsprachigen Lyriker.

1.2.1 Emanzipation – »Die Eichbäume«

Wäre HÖLDERLIN Komponist gewesen, hätte er sein Gedicht »Die Eichbäume« (1796) wahrscheinlich als Opus 1 bezeichnet. Mit diesem Gedicht fand HÖLDERLIN zu seinem eigenen Stil, der die Gedichte seiner Reifezeit prägt. Um 1800 begann er in Stuttgart Gedichte, die bereits früher verstreut im Druck erschienen waren, in einem eigenen Heft von Hand abzuschreiben und z. T. zu überarbeiten. Offenbar dachte er daran, eine Sammlung für eine gedruckte Ausgabe anzulegen. In diesem Heft (STUTTGARTER FOLIO-BUCH) steht am Anfang dieses Gedicht, versehen mit der Bemerkung **als Proömium**[13] **zu gebrauchen**. Daran lässt sich ermessen, welchen Stellenwert HÖLDERLIN dem Text zumaß. Es sollte nicht nur in die gedruckte Ausgabe aufgenommen werden, sondern diese auch als eine Art Motto einleiten, auf das Kommende hinführen, es vorgreifend erklären. In seiner frühen Zeit war Friedrich Schiller, wie für viele junge Literaten und andere, für ihn ein fast übermächtiges Idol. Nach dessen Vorbild gab er frühe Versuche in antiken Formen auf und versuchte sich in gereimter Gedankenlyrik. Erst mit »Die Eichbäume« löste er sich wieder hiervon und fand zu dem ungereimten Stil zurück, der nur aus der Bewegung und dem Spiel der Metren und Rhythmen lebt. **Kein neuerer Dichter kam je dem Sprachklang griechischer Verse so nahe wie Hölderlin.**[14]

Die Eichbäume
Aus den Gärten komm ich zu euch, ihr Söhne des Berges!
Aus den Gärten, da lebt die Natur geduldig und häuslich,
Pflegend und wieder gepflegt mit dem fleißigen Menschen zusammen.
Aber ihr, ihr Herrlichen! steht, wie ein Volk von Titanen
5 In der zahmeren Welt und gehört nur euch und dem Himmel,
Der euch nährt' und erzog, und der Erde, die euch geboren.
Keiner von euch ist noch in die Schule der Menschen gegangen,
Und ihr drängt euch fröhlich und frei, aus der kräftigen Wurzel,
Unter einander herauf und ergreift, wie der Adler die Beute,
10 Mit gewaltigem Arme den Raum, und gegen die Wolken
Ist euch heiter und groß die sonnige Krone gerichtet.
Eine Welt ist jeder von euch, wie die Sterne des Himmels
Lebt ihr, jeder ein Gott, in freiem Bunde zusammen.
Könnt ich die Knechtschaft nur erdulden, ich neidete nimmer
15 Diesen Wald und schmiegte mich gern ans gesellige Leben.
Fesselte nur nicht mehr ans gesellige Leben das Herz mich,
Das von Liebe nicht läßt, wie gern würd ich unter euch wohnen!

»Die Eichbäume« ist im Hexameter geschrieben. Der Hexameter ist ein Versmaß aus der antiken Dichtung und besteht in der Regel aus Langzeilen mit jeweils 6 Daktylen. Bei der Übertragung in die deutsche Dichtung ergibt sich das Problem, dass die antike Verslehre zwischen Längen und Kürzen unterscheidet, die deutsche jedoch zwischen Hebungen (Betonungen) und Senkungen (Nichtbetonungen). In der antiken Dichtung nahm die Längung der Silben nicht auf die sinngemäße Wortbetonung Rücksicht; die ›falsche‹, gegen die natürliche Betonung verstoßende Akzentuierung gab es nicht. Das führt bei der Nachahmung im Deutschen häufig zu Spannungen zwischen Rhythmus, Metrum, Wortakzent und Versakzent. In der Antike war zur Vermeidung leiernder Gleichförmigkeit in den ersten vier Versfüßen der Zeile auch die Ersetzung des Daktylus durch den Spondeus (zwei Längen) erlaubt, was sich durch die deutsche Akzentbetonung nicht nachahmen lässt. Stattdessen griffen die deutschen Dichter dann ersatzweise zum Trochäus.

Einen reinen Hexameter finden wir in »Die Eichbäume« in Z. 3 oder 9: **Pfle̋gend und wie̋der gepfle̋gt mit dem flei̋ßigen Me̋nschen zusa̋mmen.**, während bereits Z. 1 drei Trochäen enthält: **A̋us den Ga̋rten kőmm ich zu e̋uch, ihr Sőhne des Be̋rges!** In den seltensten Fällen ist der Versfuß mit der Wortgestalt kongruent. Nicht alle metrischen Betonungen können beim Vortrag gleich stark gewichtet werden, ein sinngemäßer Vortrag verlangt eine flexible Gewichtung der Akzente. Die Langzeile des Hexameters ist auch in Sinneinheiten unterhalb des Gliedsatzes (Kola, Singular: Kolon) untergliedert, die antike Verslehre sieht nach der 2., 3. oder 4. Hebung eine solche Zäsur vor. Die Einheit des Verses stimmt nicht überall mit der syntaktischen Einheit des Satzes überein. (Enjambements finden sich in «Die Eichbäume« in Z. 4 und 5, 10 und 11, 14 und 15.) Aus diesen Inkongruenzen entsteht dann ein Klanggebilde, das gerade aus den Gegenläufigkeiten, Varianzen und Spannungen die Flexibilität und Lebendigkeit seines Rhythmus' gewinnt. Durch diese Prägung gewinnen die Hebungen beim Hexameter im Vergleich mit Gedichten wie z. B. Clemens Brentanos »Wiegenlied« (Kap. 1.3.1) ein stärkeres Gewicht.

Aber nicht nur aufgrund dieser Rückwendung zu den klassischen Formen, auch inhaltlich löst sich HÖLDERLIN mit diesem Gedicht vom Vorbild Schiller. In der gedanklichen Gliederung lässt sich ein dialektischer Dreischritt erkennen, wie er für den deutschen Idealismus charakteristisch ist: These – Antithese – Synthese. Im ersten Teil (Z. 1–3) charakterisiert das lyrische Ich rückblickend die Natur in den Gärten, aus denen es kommt. Als Gegensatz dazu wird im zweiten Teil (Z. 4–13) die Existenz der Eichbäume in der freien Natur herausgestellt. Der dritte Teil (Z. 14–17) thematisiert die Zerrissenheit des Ichs hinsichtlich seiner Zugehörigkeit zu diesen Sphären.

Die **Gärten** als Bild der umgrenzten, behüteten, domestizierten, kultivierten, vergesellschafteten Natur **In der zahmeren Welt** und damit als Gegenbild zu den Eichen tauchen in den ersten Fassungen des Gedichtes noch nicht auf; dort ist noch von **Dörfern** und **Wiesen** die Rede. Erst in der o. g. späteren Textfassung gebraucht HÖLDERLIN das mit mehr Symbolkraft angefüllte Bild des Gartens, das er durch die anaphorische Wiederholung emphatisch verstärkt. Die **Gärten** sind eine Welt, die das Ich verlassen hat, denn es kommt von dort. Damit ist ein für HÖLDERLIN charakteristisches Motiv angesprochen: das Auswandern. (Im *STUTTGARTER FOLIO-BUCH* folgt das Gedicht »Der Wanderer«.) Die Natur im Umfeld des Menschen wird als **geduldig und häuslich**, als **gepflegt** beschrieben. Dem **fleißigen Menschen**, ein Bild, das den Gärtner assoziiert, gegenüber revanchiert sich die Natur ihrerseits mit Pflege, d. h. sie schenkt dem Menschen ihre Produkte. Diese als Zweckgemeinschaft geschilderte Symbiose ist eine Welt der Biederkeit, der bereits in der ersten Zeile die **Söhne des Berges** als Kontrast gegenübergestellt werden. Die Zäsur nach der 4. Hebung verstärkt das Pathos der Anrede an die Bäume ebenso wie die Personifizierung, die an das Epitheton der Griechen erinnert.

Söhne des Berges lässt zweierlei Assoziationen zu. Andererseits zeichnet es das Naturbild der auf der Höhe stehenden Bäume (in der Handschrift hieß es auch **komm ich herauf**), die eine Gegenwelt zum beschützten Tal bilden. Andererseits spricht HÖLDERLIN damit aber bereits im ersten Abschnitt die Sphäre des Göttlichen an. In »Ganymed« (die Umarbeitung der Ode »Der gefesselte Strom«) benutzt er die Bezeichnung **Bergsohn** für den Strom, den er in »Der gefesselte Strom« **Göttersohn** nennt. In beiden Oden ist der Strom das Bild für die geniale Existenz, womit sie auf Goethes Hymne »Mahomets Gesang« anspielen, worin das Menschenleben als Flusslauf und Gott als Ozean, in den dieser Flusslauf mündet, dargestellt wird. Der in diesem Bild implizierte Wasserkreislauf weist damit die Quelle in den Bergen ebenfalls der göttlichen Sphäre zu.

Dieser Bildbereich wird im zweiten Abschnitt erweitert. In direkter Anrede wendet sich das Ich an die als die **Herrlichen** bezeichneten Eichbäume und vergleicht sie mit **Titanen**, den riesenhaften Göttern der griechischen Mythologie. Das Gedicht führt das mythologische Bild konsequent weiter, indem **Himmel** und **Erde** als Vater und Mutter der Bäume bezeichnet werden, wie auch im Mythos der Titanen die Söhne und Töchter von Uranos (Himmel) und Gäa (Erde) waren. Die Erziehung durch einen Gott ist der **Schule der Menschen** nicht vergleichbar, die als Gegensatz aus **der zahmeren Welt** erwähnt wird. Solcherart entwickeln sich die Bäume in Freiheit (Alliteration f̲röhlich und f̲rei) und Autarkie zu Größe, Kraft und Majestät. Sie sind nicht angewiesen auf das, was der Gärtner ihnen zuteil werden lässt, sondern sie nehmen sich die ihnen zustehende **Beute** wie **der Adler, der majestätische Herrscher der Lüfte**. Die durch die darauf hinzielende Assonanzenreihung **W<u>o</u>lken, gr<u>o</u>ß, s<u>o</u>nnig** hervorgehobene **Kr<u>o</u>ne** impliziert wie schon der **Adler** das Majestätische. Um das Zusammenleben der kraftvollen Individuen – jeder **Eine Welt** […] **jeder ein Gott** – zu charakterisieren, verwendet HÖLDERLIN ein weiteres Naturbild als Vergleich: **wie die Sterne des Himmels**. Frei und gleichberechtigt stehen diese am Himmel, aber mit Distanz.

Nach dieser bewundernden Hymne auf das freie, geniale Leben in der Natur würde man nun die uneingeschränkte Hinwendung des Ichs zu ihr erwarten. Aber das Gedicht weist hier einen Bruch auf. Zwar ist es der Wunschtraum des Ichs, **unter [den Eichen zu] wohnen**, da es die **Knechtschaft** der anderen Welt nicht **erdulden** kann, aber ans **gesellige Leben** fesselt **das Herz** es, **Das von Liebe nicht läßt**. Ist »Die Eichbäume« also ein Liebesgedicht? Wird das Ich durch die Liebe zu einer Frau an einer freien und autonomen Existenzweise gehindert? Empfindet es dies als **Knechtschaft**? **Liebe** muss nicht Liebe im erotischen Sinne meinen – es weist auch kein weiteres Textsignal in diese Sinnrichtung –, zu HÖLDERLINS Zeit gebrauchte man das Wort ebenso zur Bezeichnung von freundschaftlicher Zuneigung auch zwischen Männern. Die ersten Niederschriften zu diesem Gedicht sind spätestens Anfang 1796 entstanden. Im Januar 1796 trat HÖLDERLIN eine neue Hofmeisterstelle bei der Familie Gontard in Frankfurt an. Ein halbes Jahr zuvor, Ende Mai 1795, hatte er fluchtartig Jena, den Wohnort Schillers, verlassen. HÖLDERLIN war mit Schiller seit mehreren Jahren persönlich bekannt und hatte in Weimar und Jena auch in seiner Nähe gewohnt und Umgang mit ihm gepflegt. Schiller hatte ihn mentorhaft beraten und vereinzelt Gedichte und andere Arbeiten von ihm veröffentlicht. HÖLDERLIN war Schiller in Verehrung zugetan und ließ sich in seinem dichterischen Stil von ihm beeinflussen. Mit dieser Flucht aus Jena und dem Gedicht »Die Eichbäume« löste er sich von Schillers Schule und thematisiert dies auch. Eine Passage in Schillers Gedicht »Der philosophische Egoist« (erschienen Oktober 1795 in der Zeitschrift *Die Horen*) lässt sich als Vorwurf an HÖLDERLIN lesen, was er auch vermutlich so verstanden hat:

> Selbstgenügsam willst du dem schönen Ring dich entziehen,
>   Der Geschöpf an Geschöpf reiht in vertraulichem Bund,
> Willst, du Armer, stehn *allein* und allein durch dich selber,
>   Wenn durch der Kräfte Tausch selbst das Unendliche steht?[15]

In Antwort auf diese Zeilen rechtfertigt HÖLDERLIN sein Verhalten, indem er in seinen Naturbildern die Existenzform der **Knechtschaft** der des in Freiheit schaffenden Genies, dem die Schaffenskraft unmittelbar aus der

Natur erwächst, gegenübergestellt. Mit der **Schule der Menschen** und der **gewaltige[n] Arme** hat er im Gedicht den Anthropomorphismus seiner Bilder angedeutet. Auch auf ein anderes Gedicht von Schiller nimmt Hölderlin Bezug. In dessen Gedicht »Der Spaziergang« flieht der ›Gefangene‹ aus der Stadt zurück in die Natur auf den Bergen. Die Parallelen zu »Die Eichbäume« sind offenbar. Es bleibt aber die Unstimmigkeit[16] des Schlusses. Denn Hölderlin selbst kehrte ja nicht nach Jena in die **Gärten** zurück. Mit **Liebe** erwies er Schiller seine Reverenz und beteuerte seine freundschaftliche Verbundenheit, wie er es auch wiederholt in Briefen getan hat. Aber es blieb seine Zerrissenheit. Er war auch mit dem Schluss nicht zufrieden. Frühere Versionen in Entwürfen waren – wenn auch rhythmisch fehlerhaft – inhaltlich stimmiger:

> Enger vereint ist unten im Thal das gesellige Leben,
> Vester bestehet es hier und sorgenfreier und stolzer,
> Denn so will es der ewige Geist.

Auch der spätere *STUTTGARTER FOLIO-BAND* nennt einen anderen Schluss:

> O daß mir nie nicht altere, daß der Freuden
> daß der Gedanken unter den Menschen, der Lebens-
> zeichen keins mir unwerth werde, da ich seiner mich schämte,
> denn alle brauchet das Herz, damit es Unaus-
> sprechliches nenne.

Eine endgültige Fassung können wir nicht annehmen, da das Gedicht von Hölderlin nie für eine Werkausgabe überarbeitet wurde. Schiller ließ es zweimal abdrucken, in seinem **Musenalmanach** 1798 und in seiner Zeitschrift *Die Horen*, Jahrgang 1797. Hölderlins Abschrift der *Horen*-Fassung im *STUTTGARTER FOLIO-BUCH* lässt vermuten, dass es redaktionelle Eingriffe Schillers in das Gedicht zu revidieren galt, die wohl den Schluss betrafen. Diese biografischen Aspekte überschreitend, lassen sich folgende wichtige Aspekte zusammenfassen: Hölderlin definiert das Wesen des Dichters als ein naturhaft genialisches, nicht von Schulen und Menschen lernt er, sondern nur aus sich und der Natur. In »Wie wenn am Feiertage« setzt er den Dichter gewissermaßen mit einem Priester gleich:

> Doch uns gebührt es, unter Gottes Gewittern,
> Ihr Dichter! mit entblößtem Haupte zu stehen,
> Des Vaters Strahl, ihn selbst, mit eigner Hand
> Zu fassen und dem Volk ins Lied
> Gehüllt die himmlische Gabe zu reichen.

Diese Selbstbesinnung auf autarke Größe bringt ein Allein-Stehen mit sich, das andere Große nur auf Distanz duldet und erträgt. Im Motiv des Auswanderns klingt ein Leitmotiv aus Hölderlins Gesamtwerk an. Das Auswandern aus innerer Notwendigkeit birgt aber auch dann stets die Einsamkeit außerhalb einer unerträglichen Gemeinschaft in sich, die sehnsuchtsvoll erlitten wird. Freunde [...] / sind nimmer die meinigen mehr. / [...] Und so bin ich allein. / [...] Ewige Götter! Mit euch brechen die Bande mir nie.[17]

1.2.2 Die Modernität der Ode – »Heidelberg«

Bei seiner Flucht aus Jena war Heidelberg im Juni 1795 eine der ersten Stationen HÖLDERLINS. Dies war nicht sein erster und einziger Besuch in dieser Stadt, bereits im Juni 1788 war er dort gewesen, wovon er seiner Mutter in einem Brief berichtete: **Die Stadt gefiel mir außerordentlich wohl. Die Lage ist so schön, als man sich je eine denken kann.** (3. Juni 1788) Von späteren Aufenthalten dort hat er selbst in der Zeit seiner Umnachtung gesprochen, sie sind jedoch nicht sicher verbürgt. Entstanden ist das Gedicht in seinen ersten Entwürfen im Frühsommer 1798, abgedruckt wurde es erstmals in *AGLAIA. JAHRBUCH FÜR FRAUENZIMMER AUF 1801*. Es verschmilzt die konträren Eindrücke und Erinnerungen, die diese Stadt bei HÖLDERLIN hinterlassen hat.

Heidelberg
Lange lieb ich dich schon, möchte dich, mir zur Lust,
    Mutter nennen, und dir schenken ein kunstlos Lied,
        Du, der Vaterlandsstädte
        Ländlichschönste, so viel ich sah.

5 Wie der Vogel des Walds über die Gipfel fliegt,
    Schwingt sich über den Strom, wo er vorbei dir glänzt,
        Leicht und kräftig die Brücke,
        Die von Wagen und Menschen tönt.

9 Wie von Göttern gesandt, fesselt' ein Zauber einst
    Auf die Brücke mich an, da ich vorüber ging,
        Und hinein in die Berge
        Mir die reizende Ferne schien,

13 Und der Jüngling, der Strom, fort in die Ebne zog,
    Traurigfroh, wie das Herz, wenn es, sich selbst zu schön,
        Liebend unterzugehen,
        In die Fluten der Zeit sich wirft.

17 Quellen hattest du ihm, hattest dem Flüchtigen
    Kühle Schatten geschenkt, und die Gestade sahn
        All ihm nach, und es bebte
        Aus den Wellen ihr lieblich Bild.

21 Aber schwer in das Tal hing die gigantische,
    Schicksalskundige Burg nieder bis auf den Grund,
        Von den Wettern zerrissen;
        Doch die ewige Sonne goß

25 Ihr verjüngendes Licht über das alternde
   Riesenbild, und umher grünte lebendiger
      Efeu; freundliche Wälder
         Rauschten über die Burg herab.
29 Sträuche blühten herab, bis wo im heitern Tal,
   An den Hügel gelehnt, oder dem Ufer hold,
      Deine fröhlichen Gassen
         Unter duftenden Gärten ruhn.

Wieder ist das Gedicht antithetisch angelegt: auf der einen Seite die Hymne an die Schönheit der Stadt, auf der anderen Seite die bedrückenden Erfahrungen der Flüchtigen. Die ersten beiden Strophen preisen die Stadt in direkter Anrede in paradoxer Weise als die **Ländlichschönste** aller **Vaterlandsstädte**. Das lyrische Ich empfindet durch diese Stadt Geborgenheit, was es mit dem ödipal aufgeladenen Bild der **Mutter** verdeutlicht. Dieser verehrten **Mutter** will es in seiner Begeisterung, aber unter dem Deckmantel des Bescheidenheitstopos, ein **kunstlos Lied** widmen. Die ersten Entwürfe, die HÖLDERLIN aber in den späteren Fassungen getilgt hat, enthielten zwischen der ersten und zweiten Strophe zwei weitere Strophen, die die Naturschönheit des Neckars schilderten und damit die Lage der Stadt näher charakterisierten. Übrig geblieben davon sind in der zweiten Strophe nur noch der **Wald** und der **Strom**. Um die Leichtigkeit und den Schwung der Architektur der Neckarbrücke in ein Bild zu kleiden, vergleicht das Ich sie mit dem Flug eines Vogels. Der Helligkeit der Szene (**glänzt**) entspricht die Lebhaftigkeit **von Wagen und Menschen**. Doch ist es weniger die Stadt, die im Blickpunkt des Betrachters steht, als die sie umgebende und durchdringende Natur, wie sich in den späteren Strophen bestätigen wird.

Trotz dieser Atmosphäre der Geborgenheit hält es den Wanderer nicht hier. In einem scheinbar müßigen Moment, da er an der Brücke **vorüber** ging, ereilt ihn der schicksalhafte Ruf der **Ferne** [...] **Wie von Göttern gesandt**. Das Bild des In-die-Berge-herein-Scheinens schließt in den Gegensatz von außen und innen den Kontrast von Idylle, Geborgenheit und Ferne, Heimatlosigkeit mit ein. Die **reizende Ferne** übt einen unwiderstehlichen Sog aus. So setzt das Ich seine Auswanderung mit dem Wegfließen des Stroms gleich, der aus der Enge der Berge **fort in die** [weite] **Ebne** zog. Die innere Einstellung des Ichs hierzu ist gespalten, was das Oxymoron **Traurigfroh** verdeutlicht. Traurig mag es seine Auswanderung stimmen, die Freude mag in der Selbstbehauptung begründet sein. Das Herz will nicht an einer Liebe untergehen, sondern lenkt sich lieber im Strom des Lebens, in den **Fluten der Zeit** ab. Ob das Herz durch den Verlust oder das Übermaß einer Liebe zu zerbrechen droht, offenbart der Vergleich nicht. Mit der vierten Strophe scheint HÖLDERLIN auch nicht zufrieden gewesen zu sein, in seiner handschriftlichen Überarbeitung der Druckfassung ersetzt er sie durch eine andere[18], die nicht unbedingt klarer ist. Wehmütig wendet das – vermutlich männliche – Ich sich zur Stadt zurück und bedenkt ihre Bedeutung für ihn. Als Flüchtiger war er in diese Stadt gekommen, später verworfene Formulierungen in den Entwürfen hatten gelautet: **Ein vertriebner Wanderer / der vor Menschen und Büchern floh** und **sehr ferne vom Ort, wo er geboren**. In dieser Verfassung hatte die Stadt ihm Schutz und Erfrischung, **Kühle Schatten** und **Quellen** geboten. Quellen ist zweideutig; einerseits versinnbildlicht es die Erfrischung des erschöpften Wanderers durch kühles Wasser, andererseits schließt es auch die Bedeutung von geistigen Quellen mit ein. Aber trotzdem ist für ihn in der Stadt kein Bleiben, sodass er erneut zum Flüchtigen wird.

Die 6. Strophe leitet mit **Aber** zu einem Gegensatz zum **lieblich Bild** der Stadt über. Die **Burg** scheint nicht ins Bild der Stadt zu passen, sie passt sich eher der Stimmung des Wanderers an. Sie wird als **schwer, gigantisch, schicksalskundig, zerrissen** beschrieben. **Wetter**, gemeint sind Gewitter, bilden eine bedrohliche Kulisse. Als Bewegungsrichtung wird **nieder** angedeutet, was sich bis in die letzte Strophe fortsetzt, dort im Zusammenhang aber eine andere Bedeutung erhält.

Doch diese Störung der Idylle hält nur kurz an. Bereits nach drei Versen signalisiert das **Doch** den Umschwung. Die **ewige** Natur sorgt für Erneuerung und Verjüngung. Das **alternde Riesenbild** (ein Entwurf enthielt **sterbende**) erscheint nur noch als Kontrast zum verjüngenden Licht, lebendigen Grün und freundlichen Wäldern. Zum Tal mit der Stadt hin nimmt das Naturbild an Freundlichkeit zu, Pflanzen blühen, die Gärten duften, das Tal ist heiter und die Gassen fröhlich. HÖLDERLIN unterstreicht dies durch die klanglichen Mittel der Vokalfarben und die daraus resultierende Melodieführung und durch Assonanzen: heitern – Hügel – hold und Gassen – Gärten. Einen Ansatz zu einer Fortsetzung des Gedichtes, im Entwurf durch das Wort **Wo** angedeutet, hat HÖLDERLIN nicht fortgeführt.

Das Gedicht zeigt in seiner Anlage vier Dimensionen. 1.) Es ist eine Hymne an die Schönheit der Stadt Heidelberg, die für das lyrische Ich in seiner biografischen Situation eine besondere Bedeutung gewinnt. Die Diskrepanz zwischen der Zerrissenheit des Flüchtenden und der Idylle der geschilderten Stadt ist für das Gedicht strukturbildend. Die Idylle der heimeligen Stadt verstärkt die Außenseiterrolle des Fremden.[19] 2.) Das Gedicht ist auch ein Naturgedicht und als solches ein Lobpreis auf die Schönheit der ewigen Natur. Denn die Natur ist es, die der Stadt in dem Gedicht letztlich ihren Reiz verleiht und die schicksalsmäßige Bedrohlichkeit der Burg zu mildern und aufzuheben weiß. Bemerkenswert ist aber, dass HÖLDERLIN keine menschenferne Natur thematisiert, sondern eine Natur, die durch den Menschen vermittelt ist und auf diesen zurückwirkt. 3.) Die **Burg** oder das Schloss schließt versteckt die Dimension Geschichte mit ein, was HÖLDERLIN durch das Attribut **schicksalskundig** andeutet. In der Literatur der Zeit, z. B. bei Eichendorff, findet sich häufiger das Schloss als melancholische Reminiszenz an vergangene patriarchalische Zeiten. Geschichte ist ein Thema, das HÖLDERLIN stark beschäftigte. Mit anderen Autoren, z. B. NOVALIS, teilt er ein eschatologisches Geschichtsverständnis. Das heißt, nach einer zurückliegenden Vertreibung der Menschen aus einem urtümlichen Paradies muss irgendwann einmal der jetzige defizitäre Geschichtszustand in einen endgültigen Heilszustand überwunden werden. Dabei kommt der Natur die wichtige Bedeutung des alle Zeitlichkeit überdauernden Unendlichen zu. 4.) Das Gedicht offenbart biografische Dimensionen des Dichters FRIEDRICH HÖLDERLIN. Dass das Auswandern ein Leitmotiv in HÖLDERLINS Werk darstellt, ist bereits angedeutet worden. »Die Eichbäume« basierte auf einer biografisch notwendigen Auswanderung. Auf dieser Flucht war HÖLDERLIN in Heidelberg. Der frühere, oben zitierte Eindruck von der Stadt mag sich in diesem Gedicht mit seiner Befindlichkeit bei seinem zweiten Besuch dort vermischt haben. Aber das Gedicht ist kein spontanes Erlebnisgedicht, es ist erst drei Jahre später entstanden. Außerdem taugt eine Ode nicht für quasi-spontanes lyrisches Sprechen. Warum ist »Heidelberg« eine Ode? Warum findet HÖLDERLIN gerade in dieser so strengen Form sein angemessenes Ausdrucksmedium?

Die Ode ist eine antike Strophenform, bei der die Verteilung der Hebungen und Senkungen für die gesamte Strophe genau vorgegeben ist. Drei verschiedene Odentypen sind geläufig: die alkäische, die asklepiadeische und die sapphische Ode. »Heidelberg« repräsentiert den Typus der asklepiadeischen Ode. Die Hebungen einer asklepiadeischen Odenstrophe sind folgendermaßen verteilt:

/ - / - - / ||| / - - / - /
/ - / - - / ||| / - - / - /
/ - / - - / -
/ - / - - / - /

Das Hauptcharakteristikum der asklepiadeischen Ode ist der viermalige Hebungsprall innerhalb des 1. und 2. Verses und beim Übergang vom 1. zum 2. und vom 2. zum 3. Vers. Dadurch zerfällt die Strophe in zwei Hälften. Die ersten beiden Verse sind durch das wiederholte Stocken und die Zäsuren beim Aufeinanderprallen der Hebungen gekennzeichnet, während der dritte und vierte Vers durch das Fehlen der Hebung am Ende des dritten Verses etwas mehr fließen und ineinander übergehen. Durch diese metrische Struktur sind die einzelnen Silben ungeheuer hart gefügt und jede Hebung erfährt eine verstärkte Betonung. Die asklepiadeische Strophe wirkt architektonisch gebaut, während der alkäischen Strophe der Hebungsprall fehlt und sie daher weicher, gefälliger fließt. Oden haben einen feierlichen und nachdrücklichen Gestus, diese antike Formen sperren sich gegen leichte Eingängigkeit. Das Eigengewicht der Form stellt zwangsläufig eine Distanz zum Inhalt her. Für Hölderlin war die Odenform von einem späteren Zeitpunkt an zu einer Notwendigkeit geworden, um die Störungen und Dissonanzen im Leben zu artikulieren, während er in der früheren Reimlyrik noch harmonische Welterfahrungen thematisierte.

Dies lässt sich einerseits aus seiner Persönlichkeit heraus erklären. In seinem Inneren widersprachen sich sein Ehrgeiz und Vorsatz. Außerordentliches und Letztgültiges aussagen zu wollen, auf der einen Seite und das deprimierende Gefühl, dazu nicht bestimmt zu sein und unter den Menschen fremd bleiben zu müssen. Auf der anderen Seite wurde dies durch seine schicksalhaften Erfahrungen verstärkt. Von Jena aus war er nach Frankfurt gereist, wo er im Januar 1796 eine Hofmeisterstelle bei der Bankiersfamilie Gontard antrat. Dort verfiel er einer tiefen Liebe zu Susette, der Frau des Bankiers. Susette wurde für ihn zu einer Idealgestalt, die er als Diotima literarisch verehrte und verewigte. Im September 1798 wurde Hölderlin nach einer Auseinandersetzung mit dem Hausherrn aus dem Haus gewiesen. Unter dem Eindruck dieser Beziehung zu Susette entstand eines seiner eindringlichsten Liebesgedichte.

Abbitte

Heilig Wesen! gestört hab ich die goldene
Götterruhe dir oft, und der geheimeren,
   Tiefern Schmerzen des Lebens
     Hast du manche gelernt von mir.

5 O vergiß es, vergib! gleich dem Gewölke dort
Vor dem friedlichen Mond, geh ich dahin, und du
   Ruhst und glänzest in deiner
     Schöne wieder, du süßes Licht!

Hölderlin überwindet hiermit den traditionellen Klassizismus und prägt die Odenform zu etwas Eigenem um. Jedes Wort und Bild überzeugt durch die tiefe Empfindung, die es ausstrahlt; trotzdem bleibt die sprachliche Form sorgfältig abgemessen und ausgewogen. (Dass er das metrische Schema dabei nicht vollkommen treu erfüllt, braucht angesichts der poetischen Qualität des Gedichtes nicht zu beunruhigen.) Damit entspricht die scheinbare innere Distanz des Sprechers der im Gedicht angedeuteten Ferne. Unter dem Druck des Schicksals wird angesichts des erfahrenen Schmerzes und der inneren Zerrissenheit die Strenge der antiken Form Hölderlins zur inneren Notwendigkeit. In seinem Gedicht »An die jungen Dichter« rät er diesen: **Haßt den Rausch, wie den Frost!** Freudiger Überschwang ist ihm in seiner Situation nicht möglich, und so dringt er auf eine Übereinstimmung des Empfindens mit dem Denken. Aber besonders die schroffe Form der asklepiadeischen Ode mit ihren harten Fügungen, die HÖLDERLIN teilweise noch so verstärkt, dass sie sich an freie Rhythmen annähern, bietet ihm mit ihren metrischen Dissonanzen eine angemessene Möglichkeit, die Ich-Dissoziation zu artikulieren.

1.2.3 Das Ende der Dichtung – »Hälfte des Lebens«

Dieses wohl populärste Gedicht HÖLDERLINS entstand ca. 1799 direkt im Anschluss an die Hymne »Wie wenn am Feiertage«. Erstmals gedruckt wurde es 1805 in dem TASCHENBUCH FÜR DAS JAHR 1805. DER LIEBE UND FREUNDSCHAFT GEWIDMET. Im Dezember 1803 hatte HÖLDERLIN es zusammen mit anderen Gedichten für den Druck durchgesehen, die dann unter dem gemeinsamen Titel NACHTGESÄNGE erschienen. Es ist also vermutlich von einer von HÖLDERLIN autorisierten Endfassung des Textes auszugehen.

Hälfte des Lebens

Mit gelben Birnen hänget
Und voll mit wilden Rosen
Das Land in den See,
Ihr holden Schwäne,
5   Und trunken von Küssen
Tunkt ihr das Haupt
Ins heilignüchterne Wasser.

Weh mir, wo nehm ich, wenn
Es Winter ist, die Blumen, und wo
10 Den Sonnenschein,
Und Schatten der Erde?
Die Mauern stehn
Sprachlos und kalt, im Winde
Klirren die Fahnen.

Das Gedicht ist auf zwei Sinnebenen zu lesen. In einer ersten, unmittelbar zugänglichen ist von einer Lebenskrise, von Todesahnung die Rede. Der zweistrophige Aufbau verdeutlicht nach außen hin die innere Antithetik des Gedichtes. Der ersten Strophe, die Bilder der Harmonie und sommerlichen Erfüllung bringt, stehen die Bilder der zweiten Strophe mit ihrer winterlichen Erstarrung und Vereinzelung entgegen.

In der ersten Strophe repräsentieren Bilder der Ausgewogenheit den Spätsommer als Moment höchster Erfüllung (**voll**). Blüten (**Rosen**) und Früchte (**Birnen**) finden sich im gleichen Moment vor und verdeutlichen die Vereinigung von kultivierter (**Birnen**) mit ursprünglicher (**wilde Rosen**) Natur. Alles strebt nach Vereinigung der Gegensätze: **Land und See, Frucht und Blüte, trunken** und **nüchtern**, die irdische Fülle und das Heilige. Diese Bilderreihe kulminiert in den **Küssen** der Schwäne, dem Sinnbild höchster Liebesinnigkeit, im Kuss verschmelzen sogar die Köpfe zu *einem* **Haupt**. Unterschwellig suggeriert das Bild der küssenden Schwäne wohl auch die Vorstellung eines Paares und damit ebenfalls die Vereinigung der Gegensätze. Das Oxymoron **heilignüchtern** verbindet das Gegensätzliche von rauschhafter und besonnener Geistesverfassung sogar in einem Neologismus. Mit diesem greift HÖLDERLIN einen Topos der klassischen Dichtung auf: *Sobria ebrietas*[20] nannte man die rhetorische Figur dort und sie bedeutete die Verbindung von Begeisterung und Besonnenheit.[21] Das Vollkommene erscheint als Ausgewogenheit der Gegensätze.

Die Klage (**Weh mir**) der zweiten Strophe bespricht im Gegensatz zu dieser Fülle und Harmonie den Mangel (**wo**) und das Trennende. **Blumen, Sonnenschein** und **Schatten** fehlen. Die **Mauern** sind abweisend, **sprachlos und kalt**, die Wetterfahnen erzeugen einen geräuschhaften Klang (**klirren**). Wo in der ersten Strophe von Naturphänomenen die Rede war, werden in der zweiten nur unorganische Artefakte (**Mauern** und eiserne Wetterfahnen) genannt. Die Formulierung **Mauern** statt Häuser blendet die Anwesenheit der Menschen aus. Auch die naturgegebene Einheit der Gegensätze von **Sonnenschein, / Und Schatten** wird vom Ich vermisst. Während die Stille der ersten Strophe verstärkend auf die Idylle wirkt und Ruhe ausströmt, lässt das Geräusch der klirrenden Fahnen die sprachlose Stille der zweiten Strophe erst richtig zur Geltung kommen und spiegelt damit die seelische Verfassung des Ichs und die frostige Kälte wider. Der verzweifelten **Weh mir**-Klage des Ichs wird solcherart die Antwort verweigert. Die vollkommene Erstarrung unterstreichen die Verben des Still-Stehens **ist** und **stehn**. So mag man im Rückblick die Schwäne der ersten Strophe als prophetisches Todessymbol lesen. In der Antike wurden Schwäne als Vögel Apollos mit der Wahrsagefähigkeit assoziiert (»Mir schwant etwas«). Als Schwanengesang bezeichnete man den Gesang sterbender Schwäne, eine metaphorische Bedeutung, die sich bis in unsere Zeit gehalten hat. Häufig bezeichnet man noch heute das letzte Werk eines Dichters oder Komponisten als »Schwanengesang«. Auf eine weitere Symbolschicht der Schwäne werden wir weiter unten zu sprechen kommen.

Die Antithetik der Strophen setzt sich bis in die sprachliche und rhythmische Gestaltung fort. Adjektive begleiten in der ersten Strophe als Attribute die Nomen: **gelben – wilden – holden – trunken – heilignüchterne**. Die ganze Strophe besteht aus nur einem Satz, die beiden Sinneinheiten hat HÖLDERLIN am Ende von Vers 3 lediglich durch ein Komma getrennt.

Wörter der Verknüpfung und Verbindung treten wiederholt auf, in Vers 1, 2 und 7 sogar an exponierter Stelle: Mit – Und – in – Ins. Alle Verse außer Vers 6 sind auftaktig und verleihen der Sprache damit eine fließende Leichtigkeit. Das Metrum ist (außer Vers 6) jambisch-daktylisch, solcherart, dass die weibliche Versendung sich mit dem Auftakt der folgenden Verszeile zu einem Daktylus ergänzt. Die Enjambements verbinden und der Rhythmus der Strophe fließt. Es gibt keine bremsenden Synkopen, keine syntaktischen Einschnitte im Versinnern. Der harmonisch ausgeblichene Vokalklang kulminiert in der assonantischen Verknüpfung von **trunken** mit **Tunkt**. Das Ich, das sich in Strophe zwei deutlich zur Sprache bringt, tritt in Strophe eins nur indirekt in Form der Anrede an die Schwäne in Erscheinung. Damit wird das Ich von dem Bild absorbiert, es wird Teil des Ganzen. Der Mensch steht der Natur nicht in einer hierarchischen Überordnung gegenüber.

Demgegenüber entspricht der inhaltlichen Kahlheit der zweiten Strophe die sprachliche Kargheit und Härte: adjektivische Attribute fehlen. Beiden Sätzen entsprechen auch zwei Sinneinheiten. Der Rhythmus fließt nicht mehr, bereits die beiden ersten Worte der Strophe unterstreichen den klagenden Ausruf durch einen Hebungsprall: **Wéh mír**, und die Alliteration **W**eh – **w**o – **W**enn – **W**inter – **w**o verstärkt den Weh-Laut. Satz- bzw. Sinneinheiten und Verse fallen nicht mehr zusammen, die Verse sind durch Sprechpausen zerrissen: wo nehm ich, (–) wenn / Es Winter ist, (–) **die Blumen**, (–) und wo […]. Dieser Zerstückelung dient auch das Komma am Ende von Vers 10, es ist grammatisch nicht erforderlich. Durch ihre Stellung im Vers und Metrum sind das Entbehrungs- und Fragewort **wo** sowie das zwischen konditional und temporal unentschiedene **wenn** isoliert und damit besonders herausgehoben. Auch die Enjambements verbinden nicht, sie trennen, indem der Rhythmus den Sprachfluss nicht in die nächste Zeile zieht, sondern die überwiegend männlichen Kadenzen ein Innehalten provozieren und bei **stéhn** / **Spráchlos** Hebungen aufeinanderprallen. Durch die Betonungen erzeugen die Verseingänge in 8, 13 und 14 Schwere. Der Vokalklang spitzt sich am Ende der zweiten Strophe zum Wechsel zwischen dem harten a- und dem spitzen, aggressiven i-Laut zu. Da es sich beim Tempus nicht um Futur handelt, gewinnt die imaginierte Situation bereits in der Gegenwart starke Präsenz. Während das Ich in der ersten Strophe in das harmonische Naturbild integriert ist, tritt es in der zweiten Strophe dieser kalten Welt mit seiner klagenden Frage in Distanz gegenüber. Selbst der eher abstrakte, reflektierende Titel des Gedichts **Hälfte des Lebens** bildet mit dem konsequent bildlichen Gedicht eine Dissonanz.

So gelesen offenbart das Gedicht die Krise des Ichs, das nach der Erfahrung der die Natur durchwaltenden Harmonie und der Lebensfülle nun

Kälte, Vereinzelung, Sprachlosigkeit, Tod prophetisch vorweg erlebt. Artikuliert HÖLDERLIN damit einmal mehr sein Gefühl des Ausgeschlossen-Seins? Das Wort **Sprachlos** aus der Feder eines Dichters muss Aufmerksamkeit erregen. Tatsächlich kann man das Gedicht auf einer symbolischen Ebene als Gedicht über das Dichten lesen. Denn **Schwäne** sind seit der Antike ein Symbol für Dichter, eine Tradition, die bis ins 19. Jahrhundert bis zu Baudelaire verfolgt werden kann.[22] Ebenso ist die Blume eine tradierte Metapher für dichterische Rede; HÖLDERLIN verwendet sie auch in seiner Elegie *BROT UND WEIN* in diesem Sinne. Während so in der ersten Strophe die poetische Erfüllung versinnbildlicht wird, versagt am Ende die dichterische Sprache angesichts der Kälte und Starrheit der Welt. In der parallel entstandenen Hymne »Wie wenn am Feiertage« taucht die Formulierung **Weh mir** erstmals auf. Danach zerbröckelt das Gedicht und bleibt Fragment. Gerhard Kaiser wertet das Gedicht in dieser Gestalt nicht als unvollendet:

> Ihr Abbruch ist ein Moment der gedichteten Gestalt. Noch das Scheitern des Dichters ist gedichtet – eine extrem moderne Konsequenz der Selbstinfragestellung der Dichtung, die so in der hier dargestellten Epoche nur bei Hölderlin vorkommt.[23]

Ähnlich wertet Jochen Schmidt »Hälfte des Lebens« als logisch konsequente Ausgestaltung der Erfahrung des Scheiterns: **Das Gedicht *Hälfte des Lebens* gestaltet den Bruch, der sich in der unvollendeten Hymne gerade noch andeutet – an dem sie selbst zerbrochen ist.**[24] Gleichviel, welche der Sinnebenen des Gedichtes man favorisiert, Sommer – Winter, Jugend – Alter, Leben – Tod, Möglichkeit und Unmöglichkeit der Dichtung, HÖLDERLIN zeigt sich als eminent moderner und heute noch aktueller Autor. Die hier artikulierte Welterfahrung wird sich bis in unsere Zeit als Leitmotiv fortsetzen. Das Selbstthematisieren der Dichtung wird sich nach ihm verstärken. Formal und in der sprachlichen Gestaltung nimmt HÖLDERLIN Mittel vorweg, die bis ins moderne Prosagedicht fortwirken. So verwundert es nicht, dass er zur Zeit, als er mit seiner Zeit und Welt noch in bewusstem Kontakt stand, von seinen Zeitgenossen nicht angemessen gewürdigt wurde.

1.3 ›Schläft ein Lied in allen Dingen‹[25] – Romantik

> Es ist dieses eine von den wenigen Dichtungen, an welchen mir das Wesen eines Kunstwerks durchaus klar geworden. Es ist so einfach, daß es alles sagt: das ganze Leben, der Mensch, seine Sehnsucht nach einer verlorenen Vollkommenheit und die bewußtlose Herrlichkeit der Natur ist darin.[26]

Clemens Brentano schrieb dies in einem Brief über Friedrich Hölderlins erste Ode aus dem Zyklus *BROT UND WEIN*. Hölderlins Nähe zur Romantik zeigt sich neben dieser Wertschätzung Brentanos auch in der Bildersprache dieses Gedichtes: Die stille Stadt, der rauschende Brunnen, die duftenden Gärten, der einsame Sänger und die mondhelle Sternennacht finden sich in vielen Gedichten, die dem Romantischen zugeordnet werden. In der Germanistik außerhalb Deutschlands bezeichnet man mit dem Begriff *Romantik* einen Zeitraum, der vom *Sturm und Drang* über die Autoren der *Klassik* bis hin zu Heinrich Heine reicht.[27] Früher fasste man auch in der deutschen Germanistik den gesamten Zeitraum mit dem Begriff Goethezeit zusammen. Der Begriff *Romantik* hat sich zwar in der Literaturgeschichtsschreibung etabliert um eine klarere Unterscheidung von *Sturm und Drang* und *Klassik* zu treffen, doch taugt er in Wirklichkeit kaum als Instrument zur Bezeichnung einer klar abgegrenzten und bestimmbaren Epoche. Er war auch von den Theoretikern, die ihn seinerzeit in die literarische Diskussion eingebracht haben, nicht so gemeint. Der heute noch hier und da behauptete Gegensatz der *Romantik* zur *Weimarer Klassik* ließ sich nicht aufrechterhalten. Vielmehr werden *Romantik* und *Klassik* in der neueren Forschung als sich zeitlich überschneidende Tendenzen gesehen, die in einem gegenseitigen Wechselspiel auf die gleichen politischen, gesellschaftlichen und wirtschaftlichen Herausforderungen und Veränderungen eine Antwort suchten.[28]

In der Terminologie der jungen Autoren der Zeit taucht auch eher der Begriff *romantisch* als *Romantik* auf. Sie assoziieren damit eine Fülle von Bedeutungen, nur wenige haben unter dem Romantischen jeweils das Gleiche verstanden. Etymologisch geht das Wort auf das altfranzösische Wort *romanz* zurück, das die romanische Volkssprache im Gegensatz zum Latein bezeichnet. Daraus ging dann später der Begriff *Roman* hervor. Somit hieß dann *romantisch* zunächst so viel wie ›erdichtet und fantasievoll‹. So meinten auch die Romantiker damit zunächst so etwas wie eine neue Romankunst. Später gewann der Begriff dann komplexere Bedeutung und meinte allgemein die vom christlich geprägten Mittelalter herkommende europäische Kulturtradition im Gegensatz zur klassizistisch-griechischen Orientierung und bezog ohne Mühe auch Dante, Petrarca, Boccaccio, Shakespeare und Cervantes als romantische Autoren mit ein. Im heutigen allgemeinen Sprachgebrauch hat der Begriff *romantisch* im Sinne von ›gefühl- und fantasievoll, weltfremd, introvertiert und naturverbunden‹ eine deutliche Verengung erfahren.

Schon die zeitliche Begrenzung bereitet Mühe. Hypothetisch seien hier die Jahre 1795 und 1830 als Grenzmarken angenommen, wobei die Ereignisse der Französischen Revolution als Hintergrund zu berücksichtigen sind, obwohl sie nicht unmittelbar dazugehören. Was sich später Bahn bricht und ans Tageslicht tritt, rumort schon vorher im Verborgenen. Zur ›Avantgarde‹ des *Romantischen* müssen die Autoren Ludwig Tieck, Hein-

rich Wackenroder, Novalis und die Brüder Friedrich und August Wilhelm Schlegel gezählt werden, deren erste Äußerungen zum Thema um das Jahr 1795 festzustellen sind. Andererseits währt die Lebenszeit einiger zum Kreis des Romantischen dazu gehörender Autoren über das Jahr 1830 hinaus, z. B. der bei vielen als der Inbegriff des romantischen Lyrikers angesehene Joseph von Eichendorff lebte bis 1857 und setzte schreibend das Konzept des Romantischen fort. Wichtige historische Ereignisse lassen sich als zeitliche Begrenzungen und als Markierungen für verschiedene Phasen benennen. So kann man drei Phasen unterscheiden:
1. von der Französischen Revolution 1789 bis zur Auflösung des Deutschen Reiches 1806;
2. bis zum Wiener Kongress 1815;
3. bis zur Julirevolution in Frankreich 1830.

Die politischen Ereignisse und Prozesse haben die Intellektuellen zu intensiven Auseinandersetzungen, zu utopischen Entwürfen und literarischen Reaktionen herausgefordert. Im Sinne der Überschneidungen muss erwähnt werden, dass vor 1830 eine Generation von Autoren (Büchner, Heine, Droste-Hülshoff u. a.) zu schreiben begonnen hat, die nicht mehr unter den Begriff **romantisch** fallen können.

1. Phase: 1795–1806. Die Zeit der Entwürfe
Die erste Phase ist geistesgeschichtlich geprägt vom Glauben daran, dass Gedanken und Kunstwerke erfolgreiche Mittel zur Veränderung der Welt seien, was sich u. a. in zwei großen idealistischen Entwürfen dokumentiert: Friedrich Schillers ÜBER DIE ÄSTHETISCHE ERZIEHUNG DES MENSCHEN (1795) und dem Konzept von einer *Romantischen Universalpoesie*. Das ausgehende 18. Jahrhundert war eine Zeit schwerer wirtschaftlicher Krisen und eingreifender politischer Veränderungen. Im Prozess der Französischen Revolution, der 1789 seinen Anfang nahm, war die utopische Hoffnung der Aufklärung auf eine allgemeine Menschenbefreiung aus verschiedenen Gefangenschaften etwas konkreter geworden. In Deutschland beobachtete man die Entwicklungen im benachbarten Frankreich aus der Distanz mit großem Interesse und Engagement, und die Reaktionen darauf schwankten zwischen dem Wunsch Altes zu bewahren und Hoffnungen, Neues zu erreichen. Bei der innenpolitischen Entwicklung Frankreichs verfolgte man gespannt, was aus den Idealen **liberté, égalité** und **fraternité** wurde: nach dem Bastillesturm die Hinrichtung des Monarchen, die Säkularisation der Kirche, die Grabenkämpfe der verschiedenen Parteien und Gruppierungen, Robbespierres Schreckensherrschaft und der Aufstieg Napoleons bis hin zum selbst ernannten Kaiser. Zwischen Sympathie, Skepsis und Furcht schwankten die Reaktionen der Deutschen.

Durch die Koalitionskriege, die von 1792 bis 1813 Europa zwischen Spanien, England und Russland mit wechselnden Fronten und wechselnden Bündnissen in Aufruhr versetzten, waren alle mehr oder weniger direkt in die Unruhen verwickelt. Das Thema Frieden beschäftigte die Intellektuellen in hohem Maße, was die kleine Schrift des Philosophen Immanuel Kant ZUM EWIGEN FRIEDEN (1795) und die vielfältigen Reaktionen darauf belegen. Bis 1806 wechselten auch bei den Deutschen die Sympathien für die Franzosen und ihrem charismatischen Führer Napoleon brachte man allenthalben Bewunderung entgegen. Erst nach dessen Sieg über Preußen bei Jena und Auerstedt wuchs der Widerstand gegen Frankreich relativ einheitlich zusammen. Denn angesichts der Kriegswirren nährte man, zwar z. T. ungenaue, aber doch vorhandene Hoffnungen, dass für Deutschland letztlich positive und fortschrittliche Veränderungen daraus erwüchsen. Erst mit dem endgültigen Ende des Heiligen Römischen Reiches Deutscher Nation im Zusammenhang mit der Niederlegung der deutschen Kaiserkrone durch Franz II. im August 1806 begrub man einerseits vorläufig Hoffnungen auf einen einheitlichen Nationalstaat Deutschland, andererseits sah man darin auch wieder neue Perspektiven.

Der pathetische Titel Deutsches Reich verdeckt womöglich den Umstand, dass ein einheitliches Deutschland nicht existierte, sondern dass es bis dahin zersplittert war in viele absolutistische Kleinstaaten. In dieser Kleinstaaterei sahen viele wohl mit Recht den Grund für die technische und wirtschaftliche Rückständigkeit Deutschlands im Vergleich zu Frankreich oder England. Daher war es ein erklärtes Ziel vieler Intellektueller, als Ausgleich dafür und als Ausgangsbasis für politische und gesellschaftliche Entwicklungen eine deutsche Kulturnation zu schaffen: **Zur Nation euch zu bilden, ihr hoffet es, Deutsche, vergebens; / Bildet, ihr könnt es, dafür freyer zu Menschen euch aus**, formulierten Goethe und Schiller in ihrem gemeinsamen Zyklus XENIEN. Das war das Klima, das die idealistischen Entwürfe begünstigte. Dies war aber auch die Zeit, in der die Intellektuellen spürten, dass der zusammenhängende Überblick über die verschiedenen Bereiche des Lebens wie der Wissenschaft, Technik, Politik, Gesellschaft, Philosophie und Kunst allmählich verloren ging. So ist der Entwurf einer Universalpoesie auch als Bemühung zu verstehen, diesen Zusammenhang zu bewahren. Die Theoretiker des Romantischen forderten, dass die Welt romantisiert werden müsse, damit man den ursprünglichen Sinn und die Harmonie wiederfinde. Dies sei primär in der Kunst und mit den Mitteln der Kunst möglich. Kunst wurde als Gegenwelt zur Realität, als Reservat der Freiheit angesehen.

Der sich als Dichter NOVALIS nennende FRIEDRICH VON HARDENBERG formulierte als Erster diese eschatologische Dimension des Romantikbegriffes: Er entwarf ein Geschichtsmodell in drei Phasen. Im christlichen Mittelalter glaubte er die Menschen im Einklang mit sich und der Welt. Aus diesem paradiesischen Zustand sei der Mensch in den folgenden Jahrhunderten vertrieben worden. Inbesondere die zeitgenössischen Napoleonischen Kriege standen dem ewigen Frieden im Zeichen eines künftigen, neu zu erringenden Christentums als angestrebtem Ziel entgegen. Dieses Ziel zu erreichen, war eine der Aufgaben der romantischen Poesie. Als eine der epochalen geistigen Leistungen wurden von den Zeitgenossen die Thesen des Philosophen JOHANN GOTTLIEB FICHTE gefeiert. Aufbauend auf dem Gedankengebäude des großen Vollenders der Aufklärung Immanuel Kant versucht FICHTE in seiner *WISSENSCHAFTSLEHRE* (1794–1797) die Philosophie als eigenständige Wissenschaft zu etablieren. Er geht von der Fähigkeit des Individuums frei zu denken aus und bestimmt damit das Subjekt (Ich) als unabhängiges Individuum. Er geht sogar so weit zu behaupten, dass auch die Welt außerhalb des Ichs, das Nicht-Ich, nicht unabhängig von diesem existiere, sondern eine Setzung des Ichs in einem Akt der **Tathandlung** zur eigenen Bestimmung und Abgrenzung sei. Dieser Subjektivismus FICHTES bildet eine wesentliche Grundlage des Konzepts der romantischen Universalpoesie.

FRIEDRICH SCHILLER ging in seinen Briefen *ÜBER DIE ÄSTHETISCHE ERZIEHUNG DES MENSCHEN* von der Annahme aus, dass der Mensch am Ende des ausgehenden 18. Jahrhunderts von der grundlegenden Entfremdung geprägt sei, dass Vernunft und Sinnlichkeit auseinander klafften. Politik und Gesellschaft seien aber unfähig den Menschen zu erneuern. Daher komme der Kunst nun die Aufgabe zu, ihn aus dieser Zerstückelung zu einer neuen Ganzheit herauszuführen, und diese könne die Kunst auch leisten. Indem sie den Form- und den Stoffwillen des Menschen im ästhetischen Spieltrieb versöhne, veredele sie seinen Charakter. Im 15. Brief heißt es: **Um es endlich einmal herauszusagen, der Mensch spielt nur, wo er in voller Bedeutung des Wortes Mensch ist, und er ist nur dort ganz Mensch, wo er spielt.** Mit Spiel meint SCHILLER zweckfreies, interesseloses ästhetisches Tun. Wenn Kunst in die Lage versetzt wird, den menschlichen Charakter auf diese Weise zu veredeln, dient Kunst einem politischen Ziel. Das heißt aber nicht, dass Poesie sich direkt in die Politik einmischen solle oder dürfe, im Gegenteil, damit verspiele sie ihre eben erst gewonnene Freiheit wieder. Poesie solle vielmehr eine Gegenwelt, einen Zustand des schönen Scheins konstituieren.

Dahingegen wollen die Theoretiker des *Romantischen* Leben und Schönheit real vereinigen, das Leben und die Gesellschaft poetisch machen. **Die romantische Poesie ist eine progressive Universalpoesie**, formuliert FRIEDRICH SCHLEGEL dies in seinem 116. *ATHENÄUMS-FRAGMENT*. Das

Gedicht »Wünschelrute« (1835) von Joseph von Eichendorff kann als poetisiertes Programm des Romantischen gelesen werden:

> Schläft ein Lied in allen Dingen,
> Die da träumen fort und fort,
> Und die Welt hebt an zu singen,
> Triffst du nur das Zauberwort.

Erstrebtes Ideal ist das Gesamtkunstwerk[29], das die verschiedenen Ausdrucksformen zu einer Einheit zusammenführt, was im Bereich der Literatur der Roman am besten vermag. (Wobei Schlegel hier interessanterweise mit Goethes Roman Wilhelm Meisters Lehrjahre (1795) einen nichtromantischen Roman als epochemachendes Ideal herausstellt, den er im innovativen Rang mit der Französischen Revolution und Fichtes Wissenschaftslehre auf eine Stufe stellt.) Wie bei Fichte das Ich sich das Nicht-Ich von sich selbst entfremdet, um es dann im Prozess des handelnden Erkennens als Teil seiner selbst zu erkennen, soll auch die Kunst befremden: **Die Kunst, auf** *angenehme* **Art zu** *befremden,* **einen Gegenstand fremd zu machen und doch bekannt und anziehend, das ist romantische Poetik.**[30], schreibt Novalis. Daher soll sie das Individuelle, Subjektive, Charakteristische, ja sogar Schockierende, Pikante, Frappierende und Hässliche darstellen im Gegensatz zum Typenhaften, Exemplarischen und Allgemeinen des Klassizismus. Der Verfremdung soll auch das Märchenhafte dienen:

> Das Märchen ist gleichsam der Kanon der Poesie – alles Poetische muß märchenhaft sein. Der Dichter betet den Zufall an. [...] Erzählungen, ohne Zusammenhang, jedoch mit Assoziation, wie *Träume.* Gedichte – bloß *wohlklingend* und voll schöner Worte – aber auch ohne allen Sinn und Zusammenhang – höchstens einzelne Strophen verständlich – sie müssen wie lauter Bruchstücke aus den verschiedenartigsten Dingen [sein].[31]

Der Leser wird dadurch beim Rezipieren des Werks zum mit- und nachschaffenden Umgang gezwungen: **Der wahre Leser muß der erweiterte Autor seyn.**[32] Die Kreativität des Lesers soll auch durch die Form des Fragmentes herausgefordert werden, die Kunst soll eher einem Kaleidoskop als einem zusammenhängenden System entsprechen. Das Fragment als literarische Form hat seinen Grund auch in der Erfahrung vom Zerfall der Welt. Neben dem Fragment bildet der Begriff *Ironie* eine der zentralen Kategorien romantischer Poetik. *Romantische Ironie* lässt sich kaum verbindlich definieren. Am klarsten wird die Bedeutung des Begriffes noch in den Schriften Karl Wilhelm Ferdinand Solgers. Er fordert vom Künstler eine Begeisterung für das Ewige und gleichzeitig ein Lächeln über sein eigenes, doch nur endliches Streben, das von dem Ewigen stets in seine Grenzen gewiesen werde. Diese Diskrepanz zwischen Anspruch und Möglichkeit bildet den Kern des romantischen Ironiebegriffes. Wie Novalis Poesie eine

Darstellung des Gemüts – der inneren Welt in ihrer Gesamtheit[33] nennt, erheben Ludwig Tieck und Wilhelm Heinrich Wackenroder in dem gemeinsamen Werk Herzensergiessungen eines kunstliebenden Klosterbruders (1797) die Kunstrezeption auf die gleiche Stufe wie die Kunstschöpfung. Beides waren nicht mehr Angelegenheiten des praktischen Verstandes, sondern **höherer Offenbarung**, eine **Gnade des Himmels**[34]. Damit rücken die Kunst in die Nähe der Religion und der die Offenbarung empfangende Künstler in die Nähe des Priesters. Die Religion wird zur Metapher für die Verschmelzung von Kunst und Leben, in der Transzendenz erhebt sich der Mensch über seine Beschränkungen.

Dass damit die Kollision des Künstlers mit der Gesellschaft vorgezeichnet ist, haben beide an ihrer literarischen Figur des *Tonkünstlers Joseph Berglinger* verdeutlicht. Der Spott über den spießbürgerlichen Philister bleibt Thema der ganzen Romantik bis hin zu Heine. Am Beispiel Joseph Berglingers wird auch verdeutlicht, dass die Musik wegen ihrer Freiheit von allem Gegenständlichen am ehesten die Vorstellungen von einer romantischen Kunst erfüllt.

2. Phase: 1806–1815. Die Zeit der Ernüchterung
Während in der Zeit vor 1806 die Frage **Was ist des Deutschen Vaterland?**[35] eher mit idealistischen Entwürfen beantwortet wurde, nahm nach 1806 die polemische Schärfe der nationalistisch geprägten Antworten darauf zu. Inwieweit Nationalismus und Patriotismus damals progressive politische Haltungen waren, lässt sich aus unserer Perspektive nur noch schwer ermessen. Dass diese Kategorien heute oft über einen so pejorativen Beigeschmack verfügen, hat seine Gründe z.T. in ihrer fanatischen Übersteigerung in der 1. Hälfte des 20. Jahrhunderts. Der Krieg wurde als Antwort auf die drängenden Fragen zunehmend favorisiert. Warum?

Seit 1792 herrschte zwischen den deutschen Staaten in wechselnden Koalitionen und Frankreich fast ununterbrochen Krieg (Koalitionskriege), der trotz Teilerfolgen in der Summe für die deutschen Fürsten nicht günstig ausging. Nach wiederholten Niederlagen nahm der deutsche Kaiser Franz II. 1804 den Kaisertitel für Österreich an. Immer deutlicher griff der französische Kaiser Napoleon in die deutschen Belange ein. So führte er 1806 die Gründung des deutschen Rheinbundes herbei, dessen Protektorat er übernahm. Unter seinem Druck verzichtete Franz II. dann am 6. August 1806 auf die deutsche Kaiserkrone und beschränkte sich auf die österreichische, womit das offizielle Ende des Heiligen Römischen Reiches deutscher Nation herbeigeführt war. Damit war aber eine wichtige Voraussetzung für die Gründung eines einheitlichen deutschen Nationalstaates geschaffen, worauf sich nun die neuen Hoffnungen gründeten. Die Stimmen, die den Widerstand gegen die Franzosen forderten und zur nationalen Erhebung aufriefen, wurden lauter und dringlicher. Ernst Moritz Arndt formulierte in seinen polemischen Gedichten seine Ansichten über das deutsche Wesen. Johann Gottlieb Fichte forderte die geistige Freiheit zur politischen Erneuerung. Friedrich Ludwig Jahn (Turnvater Jahn) popularisierte das Turnen als körperliche Ertüchtigung im Dienst des Vaterlands und bemühte sich um eine Reinigung der deutschen Sprache von fremdsprachigen Einflüssen (Zeitweiser statt Uhr). Adam Müller erklärte in seinen staatstheoretischen Schriften den Staat als in der Natur des Menschen begründet. Der Dichter Theodor Körner ließ seiner patriotischen Lyrik Taten folgen und meldete sich als Kriegsfreiwilliger; dass er dann dabei tatsächlich sein Leben ließ, machte ihn in den Augen vieler zum heldenhaften Märtyrer der nationalen Sache. Mit den Juden schuf man sich ein Feindbild im Inneren. Eine ansehnliche Menge patriotisch gesinnter Literatur entstand, die teilweise bis in den Nationalsozialismus nachwirkte. In diesem Zusammenhang leistete sich auch manch namhafter Autor kaum verzeihliche chauvinistische oder antisemitische Entgleisungen.

Die Hoffnungen auf die Verwirklichung eines deutschen Nationalstaats richteten sich auf die Zeit nach den hoffentlich siegreich beendeten Kriegen. Der Patriotismus schuf sich drei symbolische Leitfiguren für den Widerstand: Martin Luther als derjenige, der in einer sanften Revolution so etwas wie eine deutsche Reichskirche gegründet hatte; Hermann den Cherusker, der mit seinem Germanenheer den römischen Legionen zur Zeit des Augustus eine empfindliche Niederlage zugefügt hatte, und den Schweizer Arnold Winkelried, der sich angeblich 1386 in einer Schlacht der Schweizer gegen Österreich mit dem Ruf **Der Freiheit eine Gasse** unter Einsatz seines Lebens in die Schlachtordnung der Österreicher geworfen und sie aufgebrochen habe. Diese Symbolgestalten für mutiges Handeln erfuhren vielfältige literarische Gestaltungen.

3. Phase: 1815–1830. Die Zeit der Enttäuschung
Hermann der Cherusker und Winkelried wurden nach 1815 allmählich von Kaiser Barbarossa, der im Kyffhäuser seiner Wiedererweckung als deutscher Heerführer entgegenharrte, und dem germanischen Helden Siegfried als Leitbilder abgelöst. Die Restauration hatte auch die Hoffnungen auf kriegerische Lösungen begraben. 1812 hatte Napoleon sich beim Russlandfeldzug mit seiner ›Großen Armee‹ übernommen. Nachschubschwierigkeiten, der Brand Moskaus und der hereinbrechende Winter hatten ihn zum Rückzug gezwungen. Auf dem Rückzug blieben von den ursprünglich 30 000 Mann nur noch 1 000 übrig. Im Frühjahr 1813 erheben sich die deutschen Staaten gegen den geschwächten Napoleon und die Koa-

lition besiegt ihn im Oktober in der Völkerschlacht bei Leipzig. Napoleon wird abgesetzt, in die Verbannung geschickt und mit Ludwig XVIII. wieder ein König eingesetzt. Napoleon kehrt im März 1815 noch einmal kurz aus der Verbannung zurück, jedoch endet seine hunderttägige Herrschaft nach seiner Niederlage bei Waterloo. Frankreich verliert viele annektierte Gebiete und muss Kriegsentschädigungen zahlen. Auf dem Wiener Kongress beginnen 1815 die Fürsten Europas die alte Ordnung wiederherzustellen und Europa neu aufzuteilen. In der Heiligen Allianz leiten die Monarchen von Russland, Österreich und Preußen aus ihrer Verantwortung vor Gott das Recht zur Intervention gegen jede nationale und liberale Bestrebung ab; der Allianz treten alle europäischen Monarchen bei. Damit müssen die Deutschen sämtliche Hoffnungen auf Demokratisierung, Liberalisierung und einen Nationalstaat begraben. Alle Befreiungs- und Einheitsbewegungen werden in die politische Grabesruhe der Restauration gezwungen. Schriftsteller und Publizisten gerieten immer häufiger in Konflikt mit der Zensur.

Die Stellungnahme für den deutschen Nationalstaat verliert an aggressiver Schärfe und wendet sich mehr ins Allgemeine. Von den Leitbildern Hermann der Cherusker, Winkelried und Martin Luther bleibt nur Luther aktuell. Dies zeigt sich zum Beispiel daran, dass die deutschen Burschenschaften (patriotische, demokratisch gesinnte Studentenverbindungen) nicht nur den Jahrestag der Reformation 1817, sondern auch Luthers historischen Zufluchtsort, die Wartburg, zur politischen Manifestation nutzten. Dabei kam es allerdings auch aus einem nationalen Rausch heraus zu fragwürdigen Bücherverbrennungen, die Heinrich Heine eindeutig verurteilt hat. Die Resignation aller idealistischen Hoffnungen wird im Bild des Barbarossa-Mythos sinnfällig. Nicht mehr das reale militärische Bild der geglückten Revolte Hermanns gegen die römische Besatzung drückt die Erwartung einer baldigen Veränderung aus, sondern das prophetisch-märchenhafte Bild des alten Stauferkaisers Friedrich I., der im Kyffhäuser tief unter der Erde sitzt und dessen Bart mittlerweile durch die steinerne Tischplatte gewachsen ist, der aber auf seine Erweckung wartet, verschiebt die Erwartungen auf unbestimmte Zeit. Für die deutsche Literatur bedeutete dies alles eine schwere Krise. Die dritte Leitfigur war von Ludwig Uhland aus der Taufe gehoben worden. Mit Siegfried als dem Helden des Nordens geriet ein Mythenkreis in die Aufmerksamkeit, mit dessen Bildern Richard Wagner in der 2. Hälfte des Jahrhunderts in seinem RING DER NIBELUNGEN seine Vision vom Ende der bürgerlichen Gesellschaft einkleidete.

Der Suche nach der nationalen Identität, dem Wunsch, Ungenaues genauer zu bestimmen, entsprang auch die Glorifizierung des Rheins. Der Rhein wurde zum deutschen Strom schlechthin. Sein Reichtum an historischen Baudenkmälern Kathedralen, Schlössern und Burgruinen machte ihn zum Bild einer reichen deutschen (Ritter-)Vergangenheit. Diese Rhein-Romantik weitete sich zu einer Fluss-Romantik aus. Deutschland wurde als Netz von historisch bedeutsamen Flüssen gesehen mit grüner Landschaft dazwischen, wobei hier schon die Sorge um die Entwaldung größerer Gebiete zugunsten industrieller Produktion oder der Versorgung der wachsenden Großstädte deutlich wird. (Sogar der englische Dichter Lord Byron formuliert in CHILDE HAROLD'S PILGRIMAGE das Lob rheinischer Schönheit.) Zu gleicher Zeit entstand die Idee, den bis dahin unvollendeten Kölner Dom als nationales Monument an den Ufern des Rheins fertigzustellen.

Im Gesellschaftlichen erfuhr die Familie eine grundlegende Umwertung. Die bürgerliche Kleinfamilie wurde mit Hilfe des Bildes von der heiligen Familie am Weihnachtsabend verklärt. In der Familie sah man die Keimzelle des wahren Staates, kam sie doch ausschließlich in der Verbindung freier Individuen durch nichts als die Liebe zustande. Damit erfuhr gleichzeitig die eheliche Liebe eine nicht unproblematische Stilisierung und Verklärung. In bestimmten intellektuellen Kreisen waren um die Jahrhundertwende die Frauen mehr aus dem Hintergrund hervorgetreten. Die Rechte und die soziale Achtung der Frau hatten zugenommen, die Ehe wurde zum Problemgegenstand der Literatur. Aber in der Kleinfamilie wurden die Geschlechterrollen doch neu festgelegt und es entstand ein neuer Mythos der Männlichkeit, der der Frau die untergeordnete Rolle zuschrieb. Gegenüber der familiären Sphäre bürgerlicher Saturiertheit, bei der Sentimentalität und Kommerz eine biedere und philisterhafte Symbiose eingingen, geriet der weltläufige, künstlerische Einzelgänger leicht ins Abseits. Wilhelm Müller stellt in seinem Gedichtzyklus DIE WINTERREISE, der in der Vertonung durch Franz Schubert Weltruhm erlangte, einen solchen Außenseiter vor. Lord Byron beeinflusste mit seinen von Resignation und Weltschmerz gefärbten Gedichten die gesamte europäische Lyrik des 19. Jahrhunderts. Auch die Kindererziehung erhielt einen neuen Stellenwert. Die Verklärung von Kind und Kindlichkeit hat Tradition seit der Aufklärung. Die Romantiker suchten allerdings in dieser Ursprünglichkeit eine Parallele zu der vermuteten Urtümlichkeit des einfachen Volkes. Daher begannen sie Volkslieder, Kinderlieder und Märchen zu sammeln, die neben poetischen auch pädagogischen Zwecken dienen sollten.

In der sich nun doch beschleunigenden industriellen Revolution in Deutschland verschafften sich Kapital und Technik zunehmenden Einfluss auf die verschiedenen Lebensbereiche. In gleichem Maße wuchs das Bewusstsein von der Wirkungslosigkeit ästhetischer Beeinflussung. Kapital und Technik waren dem nicht mehr zugänglich. Die Sprache veränderte sich. Im Rahmen der aufkommenden Ideologien wurde sie zum Machtmittel. Angesichts der zunehmenden Verelendung der Industriearbeiter und der beginnenden Vermassung der Gesellschaft diente sie zunehmend dem Erringen von Mehrheiten. Dieses Ziel konnte nicht mehr mit einer poetischen Sprache erreicht werden, dazu brauchte es eine appellative Direktheit, wie sie sich später beispielsweise im KOMMUNISTISCHEN MANIFEST zeigte.

Diese zweite und dritte Phase der Romantik verändern auch die theoretischen Konzepte zum Romantischen. Die Philosophie trat mit ihren spekulativen Naturbetrachtungen der sachlichen Forschung der Naturwissenschaft mit der Absicht, die Einheit und Ganzheit der Welt zu beschwören, gegenüber. So verband Friedrich Wilhelm Joseph Schelling, ein Schulfreund von Friedrich Hölderlin und Friedrich Hegel, die uralte Vorstellung einer Gesamtnatur, eines göttlich durchwalteten Alls mit der geschichtlichen Entwicklung. Im Widerspruch zu Fichte behauptete er die Identität von Subjekt und Objekt, Idealem und Realem. Für ihn erfüllt Naturphilosophie die Aufgabe, das Göttliche zu erkennen; er stellt die spekulative Erkenntnis über die materielle Beobachtung und technische Erfahrung der Natur. Das Bild von einer Natur als Ganzes, welches sich durch die Polarität seiner Kräfte fortentwickelt, bildet den Ausgangspunkt unter anderen für Gotthilf Heinrich von Schubert. In seinen ANSICHTEN VON DER NACHTSEITE DER NATURWISSENSCHAFT (1808) und anderen Schriften beschäftigt er sich neben anderen Themen mit Träumen, somnambulen und anderen irrationalen Phänomenen, womit er allerdings vieles beschreibt, wofür die Psychoanalyse später wissenschaftliche Begriffe gefunden hat wie Verdrängung oder das kollektive Unbewusste. Das Interesse für die Nachtseite des Menschen zeigt sich auch in der Literatur, so z. B. in Erzählungen von E. T. A. Hoffmann oder außerhalb Deutschlands in Mary Shelleys FRANKENSTEIN.

In den Kunsttheorien tritt ein Interesse an den Ursprüngen in den Vordergrund. Friedrich Schlegel hatte schon immer Literaturkritik als Bestandteil romantischer Literatur betrachtet, nun wandte er sich verstärkt der Literaturgeschichte zu. Das Interesse an alter deutscher Literatur war auch motiviert durch das Interesse an nationaler Geschichte. Deshalb wurde die christlich geprägte Dichtung als Gegensatz zur antiken Dichtung verstanden. Aus einem Unbehagen an der Gegenwart empfand man die Literatur vergangener Zeiten als Ideal. Man fragte nach dem Ursprung jeder Literatur schlechthin; in diesem Zusammenhang interessierte man sich für Volkslieder und Märchenerzählungen und sammelte sie. Die Gebrüder Grimm begründeten neben ihrer berühmten Märchensammlung die (historische) Sprachwissenschaft; ihr DEUTSCHES WÖRTERBUCH wurde zum Jahrhundertprojekt. Werke aus der Frühzeit deutscher Dichtung wie das NIBELUNGENLIED oder DAS HILDEBRANDSLIED wurden in Neuausgaben dem Publikum zugänglich gemacht.

Hegel leitet den Begriff der wahren Kunst historisch her. Im Rahmen seiner Geschichtsdialektik fragt er nach der Funktion der Kunst in seiner eigenen Zeit und einer kommenden. Sein Konzept einer geschichtlichen Entwicklung der Kunst weist drei Stufen auf: die symbolisch-orientalische, die klassisch-antike und die romantisch-christliche Kunst. Die Erfüllung und der Zweck der Kunst sei die Erhebung des Geistes aus der Endlichkeit des unmittelbaren Daseins zu seiner Wahrheit. Hegel betont in diesem Zusammenhang die Autonomie des Künstlers, **der wirklich sich selbst bestimmende, die Unendlichkeit seiner Gefühle und Situationen betrachtende, ersinnende und ausdrückende Menschengeist, dem nichts mehr fremd ist, was in der Menschenbrust lebendig werden kann.**[36] Damit entwirft Hegel die Umrisse einer modernen Kunst, die Ausdruck von der Selbsterkenntnis des Geistes ist.

Arthur Schopenhauer markiert mit seinem Werk DIE WELT ALS WILLE UND ALS VORSTELLUNG (1819) den Endpunkt des Romantischen, wurde aber zur Erscheinungszeit seines Buches nicht verstanden, sondern erst 1844 mit der Zweitauflage ernst genommen. Er präzisiert Hegels Gedanken auf seine eigene Weise: Den Künstler sieht er als **Genius**, der die angeborene Gabe besitzt, **das Wesentliche, außer allen Relationen liegende der Dinge** zu erkennen und **uns seine Augen aufzusetzen**.[37] Damit unterscheidet sich der Künstler von dem gewöhnlichen Menschen, der **Fabrikwaare der Natur**, indem er in der Lage ist, durch Kontemplation die Ideen zu erkennen, nicht durch die Sinne oder rationales Denken. Durch diesen Rückzug in das kontemplative Ich war die Vorstellung von der Poetisierung der Welt, der Plan, das Ich durch ästhetische Erziehung in eine harmonische Beziehung zur Welt zu setzen, aufgegeben. Die Absolutsetzung der Psychologie, des Seelenzustandes weist auf Richard Wagners ästhetische Konzepte voraus. Seine Betonung des sich über die Masse erhebenden Genies greift Friedrich Nietzsche später wieder auf.

1.3.1 Die blaue Blume – Universalpoesie

Novalis: »Wenn nicht mehr Zahlen und Figuren«
GEORG PHILIPP FRIEDRICH VON HARDENBERG (2. Mai 1772–25. März 1801) gab sich 1798 bei der Erstveröffentlichung seiner Fragmentsammlung BLÜTHENSTAUB erstmals den Namen NOVALIS, unter dem er in die Literaturgeschichte eingehen sollte. Der Name, der vom Lateinischen hergeleitet ist und soviel wie Brachfeld, Ackerland bedeutet, sollte Omen sein für

einen Dichter, der der Literatur und der Welt Neues aufzeigen wollte, der Missionar sein wollte für eine Botschaft, die es noch zu entdecken und zu bestimmen galt. In NOVALIS' kurzem Leben spielte die Erfahrung des Todes eine bestimmende Rolle: 1797 verlor er kurz nacheinander seine erst dreizehnjährige Verlobte Sophie von Kühn und seinen ihm besonders nahe stehenden Bruder Erasmus. Sein Denken der kommenden Jahre kreiste um den Tod und dessen Überwindung. Großen Einfluss übten auf ihn Fichte, Schiller und die Brüder Schlegel aus. Sein schriftstellerisches Werk umschließt sowohl theoretische wie dichterische – erzählerische und lyrische – Werke, wobei hier eine scharfe Trennungslinie nicht gezogen werden kann. In den theoretischen Schriften bedient er sich dichterischer Sprache und Formen, die dichterischen Werke leisten einen Beitrag zur Theorie des Romantischen. Die literarischen Werke missraten aber, obwohl NOVALIS ein sehr rational kalkulierender Geist war, nie zu blassen Umsetzungen philosophischer Gedanken, sondern sind stets von poetischem Denken und Empfinden geprägt.

Sein früher Tod an Tuberkulose im Jahr 1801 ließ ihn nur wenige Werke wirklich vollenden. So hatte er noch viele Pläne zu Prosawerken, zumal nach seinen und Friedrich Schlegels Vorstellungen der Roman ja die eigentliche Kunstform der romantischen Poesie werden sollte, indem er alle bisherigen Gattungen in sich zu einem Gesamtkunstwerk verschmelzen und darüber hinaus noch Raum für theoretische Reflexionen bieten sollte. Von seinem Roman *HEINRICH VON OFTERDINGEN* beendete er im Jahr 1800 allerdings nur den ersten Teil. Dieser Teil erschien 1802, dem Ludwig Tieck anhand der Pläne NOVALIS' einen Bericht über die Fortsetzung des Werkes anfügte. Nach Auskunft Tiecks sollte dieser zweite Teil des Romans das Gedicht »Wenn nicht mehr Zahlen und Figuren« enthalten.

Die Titelfigur Heinrich von Ofterdingen lehnt sich an einen mittelalterlichen Minnesänger an, den NOVALIS allerdings nicht authentisch übernimmt. Heinrich wird zu Anfang des Romans durch den Traum von einer blauen Blume zur Suche nach sich selbst und zu seiner Bestimmung als Dichter erweckt. Er begibt sich in Begleitung seiner Mutter auf eine Reise. Während dieser führt ihn die Liebe zu einem Mädchen auf eine höhere Stufe der Selbst- und Welterkenntnis. Im zweiten Teil des Romans sollte ihn dann ihr Tod über sich selbst hinausführen. Den ersten Teil schließt jedoch ein allegorisches Märchen ab, das sein zukünftiger Schwiegervater Klingsohr erzählt, das die Erlösung der Welt durch Poesie zu einem Zustand, in dem Liebe und Frieden herrschen, feiert. Die blaue Blume, die zum Symbol der Verbindung von Liebe und Natur, Himmel und Erde wird, ist weit über den Roman hinaus bekannt geworden und geblieben. Viele sehen in ihr das Symbol des Romantischen schlechthin. In seinem Bericht über die geplante Fortsetzung des Romans leitet Ludwig Tieck das Gedicht »Wenn nicht mehr Zahlen und Figuren« folgendermaßen ein: **In folgendem Gedichte, welches seine Stelle im Ofterdingen finden sollte, hat der Verfasser auf die leichteste Weise den innern Geist seiner Bücher ausgedrückt:**

> Wenn nicht mehr Zahlen und Figuren
> Sind Schlüssel aller Kreaturen,
> Wenn die, so singen oder küssen,
> Mehr als die Tiefgelehrten wissen,
> 5 Wenn sich die Welt in's freie Leben,
> Und in die Welt wird zurück begeben,
> Wenn dann sich wieder Licht und Schatten
> Zu ächter Klarheit werden gatten,
> Und man in Mährchen und Gedichten
> 10 Erkennt die ewgen Weltgeschichten,
> Dann fliegt vor Einem geheimen Wort
> Das ganze verkehrte Wesen fort.

In der Tat enthält das Gedicht einige zentrale Vorstellungen NOVALIS' von einer romantischen Universalpoesie und häufig wird das Gedicht als programmatisch für die Romantik zitiert. Das zwölfzeilige Gedicht kommt mit seinen schlichten Paarreimen und vier Hebungen pro Vers recht unspektakulär daher. Ein Musiker würde den Versfuß wohl als Trochäen mit Auftakt deuten, da doch die trochäischen Wörter überwiegen: **Zahlen, Schlüssel, singen, küssen** ... An drei Stellen weicht das Metrum von der strikten Regelmäßigkeit ab: bei **Mehr als** (4) kollidieren metrischer und Sinnakzent, in den Zeilen 6, 11 und 12 hat sich jeweils eine überzählige Senkung eingeschlichen. Der syntaktische Aufbau spiegelt den gedanklichen. Die 12 Verse repräsentieren insgesamt ein einziges Satzgefüge mit den konditionalen **Wenn**-Perioden, die von dem mit **Dann** eingeleiteten Hauptsatz (11 und 12) beantwortet werden. In den Zeilen 1 bis 6 bilden die **Wenn**-Perioden durch die Paarreime geschlossene Einheiten. Die Zeilen 7 bis 10 steigern unter Beibehaltung der Paarreime die Spannung, indem mit **Wenn dann** (7) eingeleitet wird und mit **Und** (9) ohne neues **Wenn** die vier Zeilen zu einer Einheit zusammengeschlossen werden. Der abschließende Hauptsatz bildet den Höhepunkt, auf den diese Spannungskurve hinläuft. Die Tempusform bildet eine eigene Form der Verklammerung. Die ersten vier Verse verbleiben im konditionalen Präsens, während das Futur in Zeile 5 bis 8 das **Wenn** temporal umfärbt. Gleichzeitig kommt aber mit den Wörtern **zurück** (6) und **wieder** (7) die Vergangenheit mit ins Blickfeld. Vergangenheit, Gegenwart und Zukunft verschmelzen zu einer neuen zukunftsgerichteten Zeitform.

Das zukunftsgerichtete **nicht mehr** (1) entlarvt die Aussagen der ersten

Verse als Analyse der Gegenwart. **Zahlen** und **Figuren** sind abstrakte Kategorien und treten zu den **Kreaturen** in Gegensatz. Zahlen assoziieren arithmetisch-formale Denkmuster, **Figuren** lassen an geometrisch-grafische Darstellungen, Tanzfiguren oder rhetorische Figuren, jedenfalls äußerlich abbildende Darstellungen denken. Auch **Schlüssel** impliziert zweierlei, einerseits das Entschlüsseln einer geheimen Nachricht mit Hilfe eines Codes, andererseits das Aufschließen eines Mechanismus. Allesamt sind dies Bedeutungen, die nicht so recht zum Kreatürlichen, zum Geschaffenen passen wollen, es sei denn, man hängt einer verdinglichten, mechanistischen Vorstellung vom Organismus an.[38] Die **Tiefgelehrten** scheinen es zu sein, die noch über diesen Schlüssel zu den Kreaturen verfügen. Im Gegensatz zu ihnen werden aber **die, so singen oder küssen** gestellt. Für diesen Personenkreis wird der namengebende Begriff verweigert, sie werden lediglich durch ihre Tätigkeiten und Fähigkeiten charakterisiert. Diese sind weniger abstrakter, rationaler, materieller Natur. **Singen** ist ganzheitliches künstlerisches Tun aus dem Bereich der Musik, der von den Romantikern am höchsten bewerteten Kunst, bei dem der Singende die den amateriellen Klang verursachenden Schwingungen körperlich spüren kann. **Küssen** ist Zeichen einer liebevollen Kommunikation, einer innigen Vereinigung. Der Konflikt zwischen metrischem und Sinnakzent bei **Mehr als** unterstreicht die Wichtigkeit dessen, dass dieser Personenkreis bald mehr wissen wird als die Gelehrten, wodurch der Kategorie des **Tiefgelehrten** ein ironischer Anstrich verliehen wird.

Der scheinbar paradoxe Gedanke des nächsten Verspaares lässt sich nur verstehen, wenn man die vielschichtige Bedeutung des Wortes **Welt** in NOVALIS' Zeit berücksichtigt: (gute) Gesellschaft, Schöpfung, Universum, Zeitalter, Raum der Zeitlichkeit. Das weltliche, gesellschaftliche Sein des Ich hat sich vom **freien Leben** der Schöpfung entfernt und muss sich wieder dorthin zurückbegeben. (Ein Textentwurf versah **Welt** in Vers 6 ebenfalls mit dem Attribut **freie**.) Der Mensch hat sich von seinen eigenen Wurzeln entfremdet. Auch das Bild von **Licht und Schatten,** die auseinander getreten sind[39] und wieder zu neu zu gewinnender **Klarheit** zusammenfinden werden, geht von einem verlorenen paradiesischen Urzustand aus. Die Steigerung im **Wenn dann** zielt ebenfalls auf diese endzeitliche Verheißung. **Mährchen** hingegen meint eine Überlieferung aus der paradiesischen Frühzeit. In diesen **Märchen und Gedichten** sieht NOVALIS Bilder aufgehoben, die zeitlos archetypische Situationen, Konflikte und Zustände des Menschen repräsentieren. In dieser Hinsicht spiegelt das Gedicht das naturphilosophische Erkenntnisinteresse seiner Zeit wider. So hat zum Beispiel der Naturphilosoph Gotthilf Heinrich Schubert in seinem Buch *ANSICHTEN VON DER NACHTSEITE DER NATURWISSENSCHAFT* (1808) sein

Interesse der Mythologie alter und neuer Zeit gewidmet und die These aufgestellt, dass sich in den Mythen Ahnungen und Seelenzustände ausdrückten, die für die Menschen aller Zeiten gültig seien. Solche Repräsentationen nennt die Psychoanalyse des 20. Jahrhunderts (C. G. Jung) Archetypen und spricht von einem kollektiven Unbewussten.

Durch den Plural ist der Begriff **Weltgeschichte** gezielt zweideutig gehalten. Er meint einerseits den großräumigen Verlauf des bedeutsamen Weltgeschehens, andererseits aber auch die einzelnen kleinen Geschichten, die die Welt allegorisch oder metaphorisch ausbeuten. Statt des Adjektivs **ewgen** kennen die Entwürfe auch die Variante ›alten‹ und ›wahren‹. Das **Dann** bringt schließlich die Erlösung von der wiederholten und gesteigerten konditionalen Spannung des **Wenn**. Der syntaktische Aufbau findet auf der rhythmischen Ebene seine Entsprechung; die Kadenzen der ersten 10 Verse sind allesamt weiblich, die der Verse 11 und 12 männlich. Dieser in mehreren Schritten als vorübergehend entlarvte Weltzustand der Gegenwart soll in dieser Zukunft durch ein (Zauber-)**Wort** erlöst werden. Mit dem **Wort** wird an das **Mährchen** erinnert, damit an die Poesie, die zur Erlösung dienen soll. Nur dieses **Eine** (Großschreibung!) Wort ist nötig und möglich. Als geheimes Wort ist es wohl auch nur einem eingeweihten Kreis bekannt, womit der Bezug zu den Dichtern in Zeile 3 hergestellt wird. In HEINRICH VON OFTERDINGEN bezeichnet NOVALIS die Dichter denn auch als **Wahrsager und Priester, Gesetzgeber und Ärzte**[40]. Dieser Ansatz ist Hölderlins Konzept sehr ähnlich und nimmt eine Haltung vorweg, die hundert Jahre später im Symbolismus des George-Kreises intensiv kultiviert werden wird. **Das ganze verkehrte Wesen** qualifiziert den Zustand der Gegenwart, der im gesamten ersten Teil beschrieben wird, als verkehrte Welt.

Das Gedicht selbst versucht die von ihm angesprochenen Gegensätze zu vereinigen. Einerseits sind die zugrunde liegenden Gedanken durchaus abstrakt und logisch hergeleitet. Das Gedicht ist mit seiner rhetorischen Konstruiertheit (Paarreime, Wenn-dann-Klammer) selbst eine rhetorische Figur, ein Zeichen. Auch das erlösende Wort hat Zeichencharakter. Andererseits schlägt das Gedicht nicht-rationale Lösungen vor: Märchen und Gedichte, also Poesie. Auch mit altertümlichen Redewendungen wie **die, so** … spielt es auf den Ton alter Märchen an. Aber es hinterlässt eine Verunsicherung: Zwar schlägt es am Ende eine Lösung vor, doch lautet das letzte Wort **fort**, das zudem einen metrischen Akzent trägt. Das lässt Fragen offen.

Das Gedicht verinnerlicht schließlich NOVALIS' Geschichtsauffassung. Aus einem paradiesischen Urzustand, den er im christlich geprägten Mittelalter zu erkennen glaubte, ist die Menschheit in der folgenden Ära, die durch rationalistisch geprägte Entfremdung und den Verlust der Einheit geprägt ist, vertrieben worden. Durch das Romantisieren der Welt in der Poesie soll der durch ewigen Frieden und Liebe geprägte Endzustand herbeigeführt werden. Das Gedicht ist eine Absage an eine abstrakte, rationalistische, mechanistische Weltauffassung. Mit vielen seiner Zeitgenossen (z. B. Goethe) teilt NOVALIS die Furcht vor einer Spezialisierung und damit vor einem Verlust des Überblicks in den Wissenschaften; er trug sich mit Plänen zu einer Enzyklopädie. Der Gedanke an eine Wissenschaft, die Naturforschung (z. B. Optik) rein experimentell-mathematisch betreibt ohne sinnliche Wahrnehmung der geschaffenen Schönheit, ist ihm unerträglich. Die einzige Chance zur Wahrung des Zusammenhangs sieht er in der Schärfung der Intuition durch eine Poetisierung der Welt.

Goldne Töne im Volkslied – Clemens Brentano: »Der Spinnerin Nachtlied«
CLEMENS BRENTANOS gesamtes Leben ist einmal mit einem romantischen Kunstwerk verglichen worden. Es wurde von Unstetigkeit, reicher Reisetätigkeit, tiefen Krisen, Verunsicherungen und Umorientierungen geprägt. Am 9. September 1772 wurde er als Sohn eines reichen italienischen Kaufmanns in der Nähe von Koblenz geboren. Seine Großmutter mütterlicherseits war die Schriftstellerin Sophie von La Roche. Er beendete nie eine Berufsausbildung oder ein Studium und konnte auch nach dem frühen Tod der Eltern stets von seinem Privatvermögen frei und ungebunden leben. Am 28. Juli 1842 starb er nach einem sehr wechselvollen Leben. Ähnlich wie bei Hölderlin waren seine literarischen Werke nur wenigen Zeitgenossen bekannt, viele wurden erst nach seinem Tode publiziert, wodurch teilweise eine Verfälschung des Brentano-Bildes zustande kam, die noch bis heute zu sich widersprechenden Beurteilungen seines Werkes führt. »Der Spinnerin Nachtlied« ist zunächst als Teil des Prosawerkes AUS DER CHRONIKA EINES FAHRENDEN SCHÜLERS vorgesehen, trägt dort aber noch nicht diesen Titel. Von dieser Fassung weichen zwei andere Fassungen, die BRENTANO brieflich mitgeteilt hat oder als Abschrift angefertigt hat, geringfügig ab, u. a. durch den neu hinzugefügten Titel. Die CHRONIKA ist auf zwei Zeitebenen angelegt. Auf der einen erzählt der fahrende Schüler Johannes seinem Herrn, einem Ritter, im Jahre 1358 von seiner Herkunft als unehelicher Sohn; die zweite Ebene ist eben diese Vergangenheit. Ein wichtiger thematischer Aspekt der CHRONIKA ist BRENTANOS Darstellung seiner Kunstauffassung.

Zu Beginn seiner Kindheitserinnerung entsinnt sich Johannes einer Szene, in der seine Mutter beim Spinnen in einer Vollmondnacht gleichzeitig mit einer Nachtigall vor dem Fenster vor sich hin singt. Das Lied der Mutter lautet:

> Es sang vor langen Jahren
> Wohl auch die Nachtigall,
> Das war wohl süßer Schall,
> Da wir zusammen waren.
>
> 5 Ich sing' und kann nicht weinen,
> Und spinne so allein
> Den Faden klar und rein
> So lang der Mond wird scheinen.
>
> Da wir zusammen waren
> 10 Da sang die Nachtigall
> Nun mahnet mich ihr Schall
> Daß du von mir gefahren.
>
> So oft der Mond mag scheinen,
> Denk' ich wohl dein allein,
> 15 Mein Herz ist klar und rein,
> Gott wolle uns vereinen.
>
> Seit du von mir gefahren,
> Singt stets die Nachtigall,
> Ich denk' bei ihrem Schall,
> 20 Wie wir zusammen waren.
>
> Gott wolle uns vereinen
> Hier spinn' ich so allein,
> Der Mond scheint klar und rein,
> Ich sing' und möchte weinen.

Mit diesem Spinnerin-Lied greift BRENTANO eine in der Literatur häufig ausgestaltete Szene auf. Während in z. B. Goethes *FAUST* Gretchen am Spinnrad sich nach dem fernen Geliebten sehnt, bezieht sich die Sängerin hier auf einen verstorbenen Geliebten, wie aus dem Kontext des Gedichtes in der *CHRONIKA* ersichtlich wird. Die Mondnacht und die **Nachtigall** bilden für sie den Anlass der Erinnerung an die Zeit **vor langen Jahren**, als sie noch mit dem Geliebten vereint war. Nun in der von Alleinsein geprägten Gegenwart gibt sie sich ihrer Melancholie hin, singt **und möchte weinen**. Auf die Zukunft richtet sie die Hoffnung auf die erneute Vereinigung durch Gott. Damit sind die inhaltlichen Aussagen der sechs Strophen bereits grob umrissen.

In seiner formalen und sprachlichen Gestaltung wirkt das Gedicht auf den ersten Blick sehr einfach. Dreihebige Jamben sind durch umschließende Reime zu vierzeiligen Strophen zusammengeschlossen. Nicht nur der Wechsel zwischen weiblichen und männlichen Kadenzen ist vollkommen regelmäßig, sondern auch die Reimlaute sind begrenzt. Die Reimlaute der 1. Strophe **-aren** und **-all** wiederholen sich in den Strophen 3 und 5.

Auch die Reimlaute der 2. Strophe -einen und -ein, die zudem auf die der 1. Strophe durch Assonanz bezogen sind, werden in der 4. und 6. Strophe wiederholt. Somit entsteht in der Anordnung eine Art Kreuzreim zwischen den *a*-Strophen und den *ei*-Strophen. Insgesamt sind in den 24 Versen nur 10 verschiedene Reimwörter festzustellen. Scheinbar wiederholen die Verse 9 bis 24 nur variierend die Verse 1 bis 8. Bei genauer Betrachtung lässt sich jedoch erkennen, dass dieses Prinzip der variierenden Wiederholung sehr kunstvoll angewendet wird. In der Textfassung, die in der CHRONIKA zu finden ist, finden sich zwei Textzeilen, die unverändert wiederholt werden: **Da wir zusammen waren** (4 und 9) und **Gott wolle uns vereinen** (16 und 21).[41] Durch die Stellung dieser nicht variierten Verse entsteht im Gedicht eine genaue Spiegelsymmetrie um eine imaginäre Mittelachse nach der 3. Strophe. Auch die übrigen Wiederholungen und Varianten weisen ein genau kalkuliertes konstruktives Prinzip auf (Binnenkehrreime). Die Stellung der Reimpaare **Nachtigall** und **Schall** und **allein** und **klar und rein** innerhalb der Strophen wechselt nicht. Aber die anderen Reimwörter stellen durch Wechsel Verklammerungen her: -ahren wechselt von der 1. Zeile in Strophe 1 in die letzte in Strophe 3 und wieder in die erste in Strophe 5. Analog wechselt **waren** von der letzten in die erste und wieder in die letzte Zeile. Analog verhält es sich in den *ei*-Strophen.

Durch inhaltliche Variation der einzelnen Verse erhalten die Reimwörter jeweils andere Bedeutungen und werden gedankliche Verbindungen hergestellt: **Und spinne so allein** (6) – **Denk' ich wohl dein allein** (14) – **Hier spinn' ich so allein** (22) oder **Den Faden klar und rein** (7) – **Mein Herz ist klar und rein** (15) – **Der Mond scheint klar und rein** (23). Dabei wäre die Position der Verszeilen oder die Reihenfolge der Strophen nicht austauschbar, ohne das Fortschreiten der Tempora vom Präteritum zum Präsens und damit den Gedankengang zu zerstören. Die 1. Strophe beschreibt das Zusammensein der Partner in der Erinnerung im Präteritum, die zweite die schmerzliche Erfahrung des Getrenntseins in der Gegenwart im Präsens. In der 3. Strophe werden Zusammensein und Trennung jeweils in den Strophenhälften angesprochen, in der 4. Strophe Getrenntsein und Vereinigung. Die 5. Strophe bringt wieder die Reihenfolge Trennung – Vereinigung, während die 6. Strophe dies noch einmal umkehrt. Sprachlich spiegelt sich der lange gesponnene Faden in den Enjambements und Hypotaxen der ersten fünf Strophen, wohingegen die 6. Strophe in parataktischem Zeilenstil geschrieben ist.

Die invarianten Verse akzentuieren das Thema des Gedichtes: Glück der Einheit in der Vergangenheit (**Da wir zusammen waren**) und Sehnsucht und Hoffnung auf Wiedervereinigung nach dem Tode (**Gott wolle uns vereinen**). Der amerikanische Forscher John F. Fetzer[42] hat darauf hingewiesen, dass auch die Reimlautung der romantischen Klangtheorie entspricht. Das ›ei‹ stelle die klangliche Brechung des ›a‹ dar. Die *a*-Strophen sprechen von der Erinnerung, die *ei*-Strophen von der Sehnsucht. Darin drücke sich die Anerkennung aus, dass reine Glücksempfindung nur in einer entfernten Vergangenheit möglich sei. Damit erkennen wir bei BRENTANO wieder das Geschichtsmodell, das uns schon bei HÖLDERLIN und NOVALIS begegnet ist: Vertreibung aus einem urtümlichen Paradies durch die Erkenntnis und Suche nach einer neuen Harmonie.

»Der Spinnerin Nachtlied« gibt sich oberflächlich betrachtet volksliedhaft. Die Syntax ist beschränkt, kein Satz übersteigt zwei Verszeilen. Die Wortwahl umfasst nur Wörter aus dem Wortschatz des Volkes. Damit imitiert BRENTANO mündlich tradierte Poesie. Erst bei genauerer Betrachtung enthüllt sich die kunstvolle Struktur des Textes.

Zusammen mit ACHIM VON ARNIM, der später seine Schwester Bettina heiratete, trat CLEMENS BRENTANO als Sammler und Herausgeber von Volks- und Kinderliedern hervor. 1805 erschien der erste Band ihrer Sammlung DES KNABEN WUNDERHORN, dem bis 1808 noch zwei weitere Bände folgten.

Im Konzept des Romantischen spielt Volks- und Kinderliteratur eine große Rolle, so gaben ja auch die Brüder GRIMM die heute noch sehr populären KINDER- UND HAUSMÄRCHEN (1812/15) heraus. Das Interesse am Volkstümlichen hat mehrere Gründe: 1.) Das Zurückgreifen auf archaische literarische Schichten ist zu interpretieren als Versuch, so etwas wie eine nationale Identität zu konstruieren. 2.) Das Eigenrecht des Kindes gegenüber den Erwachsenen hat seit dem Aufklärer Rousseau Tradition. Im Zusammenhang mit einer Umstrukturierung der Familie und einem neuen Familienbewusstsein der bürgerlichen Familie seit dem späten 18. Jahrhundert wächst das Interesse an Fragen der Erziehung und damit an Kinder- und Jugendliteratur. 3.) ARNIM sieht in Volksliedern Zeugnisse einer vergangenen Zeit gemeinsamen Arbeitens und gemeinsamen Feierns, also einer noch nicht von der Vereinzelungs- und Entfremdungserfahrung geprägten Zeit. Die Nation als politische Zielvorstellung wurde als aus allen Schichten zusammengesetztes Volk gedacht. Daher sollte die Wiederentdeckung der Volkspoesie die Trennung zwischen Bildungsdichtung und Volksliteratur wieder aufheben und damit der Regeneration von Literatur überhaupt dienen.

DES KNABEN WUNDERHORN hat enorme Wirkungen gezeigt auf Publikum, Literatur, Malerei und Musik. Als der erste Band erschien, war Heidelberg voller französischer Truppen, beim Erscheinen der anderen standen die Franzosen an der russischen Grenze; die politische Bedeutung des Buches muss sehr groß gewesen sein. Quellen waren für ARNIM und

BRENTANO Werke einzelner Autoren (Opitz, Spee, Grimmelshausen u. a.) Liedersammlungen, Zeitschriften, Fliegende Blätter, Bänkelgesänge und Aufzeichnungen mündlicher Tradition. Diese Texte erfuhren jedoch in unterschiedlichen Graden Bearbeitungen, ARNIM und BRENTANO wählten aus, arrangierten, ergänzten und dichteten um, was den Texten heute nicht mehr anzumerken ist. So kann diese Sammlung in genau so hohem Maße sowohl als Sammlung wie auch als Werk der beiden Dichter angesehen werden.

In diesem Kontext ist der volksliedhafte Ton von »Der Spinnerin Nachtlied« zu verstehen. Allerdings konstruiert BRENTANO den Volkston auf eine höchst artifizielle Weise. Aber darüber hinaus fällt an dem Gedicht eine äußerst musikalische Gestaltung auf. Analytisch beschreiben lässt sich die wundervolle Sprachmusik, die BRENTANO hier komponiert, kaum. Zwar lässt sich auf die Klangfügung der Vokale und Konsonanten, die Assonanzen und Alliterationen hinweisen, aber damit ist die Musikalität der Sprache nicht erfahrbar.

BRENTANO muss wohl große Musikalität und ein geniales Klanggefühl besessen haben, er soll ein sehr guter Gitarrist gewesen sein. In diesem Gedicht kommt BRENTANO der Vorstellung von Novalis sehr nahe: **Gedichte – bloß *Wohlklingend* und voll schöner Worte – aber ohne allen Sinn und Zusammenhang – höchstens einzelne Strophen verständlich.**[43] An anderen Gedichten BRENTANOS ist dieses musikalische Verfahren noch deutlicher zu erkennen:

Wiegenlied

Singet leise, leise, leise,
Singt ein flüsternd Wiegenlied,
Von dem Monde lernt die Weise,
Der so still am Himmel zieht.

5 Singt ein Lied so süß gelinde,
Wie die Quellen auf den Kieseln,
Wie die Bienen um die Linde
Summen, murmeln, flüstern, rieseln.

Ein rechter Sinn lässt sich aus diesen Zeilen kaum herauslesen. Die im Text beschworenen Laute stammen aus der unbelebten (**Quellen**) und belebten (**Bienen**) Natur. Laut Titel handelt es sich um ein Lied, das sich aus Worten am Rande des Sinns zusammensetzt. Der Sinn des Gedichtes ist vorrangig in seiner musikalischen Lautlichkeit zu sehen. Für das Verschmelzen der sinnlichen Wahrnehmung in der Synästhesie ist ein anderes Gedicht von BRENTANO berühmt geworden:

Fabiola
Hör', es klagt die Flöte wieder,
Und die kühlen Brunnen rauschen.

Piast
5 Golden wehn die Töne nieder,
Stille, stille, laß uns lauschen!

Fabiola
Holdes Bitten, mild Verlangen,
Wie es süß zum Herzen spricht!

10 Piast
Durch die Nacht, die mich umfangen,
Blickt zu mir der Töne Licht.

Zwar wird der Sinn dieses kurzen Dialogs, der dem Singspiel DIE LUSTIGEN MUSIKANTEN (1803) entnommen ist, etwas klarer aufgrund der Tatsache, dass Piast blind ist, doch bleibt diese musikalische Verschmelzung der verschiedenen Sinnesbereiche (**Golden wehn die Töne nieder**) ein Charakteristikum romantischen Ausdruckswillens, der in dieser Form bei BRENTANO seine vollkommenste Ausprägung findet.

1.3.2 Der Flug der Seele – Entgrenzungen

Joseph von Eichendorff: »Sehnsucht«
Vielen gilt EICHENDORFF bis heute als der Inbegriff romantischer Dichtung. Dabei gehörte er zu seiner Zeit weder zu den Avantgardisten des Romantischen – er ist einige Jahre jünger als diese –, noch gehörte er zu den zu Lebzeiten öffentlich gefeierten Dichtern. Was viele seiner Gedichte aber unsterblich gemacht hat, ist eine Vielzahl von Vertonungen, darunter auch von bedeutenden Komponisten wie Robert Schumann. Allein in den beiden letzten Dritteln des 19. Jahrhunderts sind über 5000 Vertonungen von EICHENDORFF-Texten nachzuweisen. Einige von EICHENDORFFS Texten haben sich auf diesem Wege vom Verfassernamen gelöst und führen anonym eine eigenständige Existenz.

Daran wird aber auch deutlich, was wesentlich zum Aufschwung der Lyrik am beginnenden 19. Jahrhundert beigetragen hat. Um die Jahrhundertwende beginnt die große Zeit des deutschen Kunstliedes, zu dem es in anderen Ländern kein Pendant gibt. Die Lieder von Beethoven, Schubert, Mendelssohn, Schumann und Brahms verschafften den Texten der deutschen Lyriker eine Bekanntheit und Dauer, die sie sonst vermutlich nicht erreicht hätten. Das bekannteste Beispiel in dieser Hinsicht sind die Gedichtzyklen von Wilhelm Müller DIE SCHÖNE MÜLLERIN und DIE WINTERREISE, die sich in Franz Schuberts Vertonungen bis heute einer ungebrochenen Beliebtheit und Bewunderung erfreuen, die sie ohne die Vertonung höchstwahrscheinlich nicht erreicht hätten. Den Hintergrund für diesen Aufschwung der Liedkunst bildet die Verbürgerlichung der Musikkultur seit dem späten 18. Jahrhundert. Die bürgerliche Familie und der Salon bilden die idealen Foren für die intime musikalische Form des begleiteten Sololieds; im Rahmen der bürgerlichen Vereinsbewegung geriet im 19. Jahrhundert die Pflege des deutschen Liedes im Gesangsverein zu einer nationalen Manifestation.

Die Biografie EICHENDORFFS verläuft wesentlich unspektakulärer als die einiger seiner Zeitgenossen. Am 10. März 1788 kam er als Freiherr in der Abgeschiedenheit Oberschlesiens zur Welt. Gerade dort aber erlebte er die Zerstörung der Natur aus Profitdenken heraus und die Zerstörung historisch gewachsener Strukturen des individuellen und sozialen Lebens besonders intensiv. Da sein Vater das Vermögen verspekulierte, war EICHENDORFF gezwungen, zeitlebens als Beamter sein Geld zu verdienen. Aus EICHENDORFFS Werk ist die Aufbruchsstimmung der frühen Romantik verschwunden, aus ihm spricht das Bewusstsein, einer späten Zeit anzugehören. Da allenthalben wahrgenommen wurde, dass die Poesie an der Schwelle des Verlustes ihrer Autonomie stand, EICHENDORFF aber nach wie vor an ihre Fundierung im Leben glaubte, wurde er von der frühliberalen Kritik als altmodisch abgetan. Die Entwicklung seiner Sprache, seiner Bild- und Motivwelt war 1815 bereits abgeschlossen und wurde danach nur noch weiterentwickelt und differenziert, und als er am 26. November 1857 starb, hatte er sich im Bewusstsein seiner Zeitgenossen bereits überlebt.

In dem Roman *DICHTER UND IHRE GESELLEN* singt Fiametta:

> Es schienen so golden die Sterne,
> Am Fenster ich einsam stand
> Und hörte aus weiter Ferne
> Ein Posthorn im stillen Land.
> 5 Das Herz mir im Leib entbrennte,
> Da hab ich mir heimlich gedacht:
> Ach, wer da mitreisen könnte
> In der prächtigen Sommernacht!
>
> Zwei junge Gesellen gingen
> 10 Vorüber am Bergeshang,
> Ich hörte im Wandern sie singen
> Die stille Gegend entlang:
> Von schwindelnden Felsenschlüften,
> Wo die Wälder rauschen so sacht,
> 15 Von Quellen, die von den Klüften
> Sich stürzen in die Waldesnacht.

> Sie sangen von Marmorbildern,
> Von Gärten, die überm Gestein
> In dämmernden Lauben verwildern,
> 20 Palästen im Mondenschein,
> Wo die Mädchen am Fenster lauschen,
> Wann der Lauten Klang erwacht
> Und die Brunnen verschlafen rauschen
> In der prächtigen Sommernacht. –
>
> **Fiametta legte die Gitarre schnell weg, verbarg ihr Gesicht an Fortunats Knien, und weinte bitterlich. –» Wir reisen wieder hin!« flüsterte ihr Fortunat zu. Da hob sie das Köpfchen und sah ihn groß an. »Nein«, sagte sie, »betrüg mich nicht!« –**[44]

Unter dem Titel »Sehnsucht« wurde das Gedicht in die Abteilung »Wanderlieder« der Gesamtausgabe aufgenommen, die EICHENDORFF selbst besorgte.

EICHENDORFF zeigt sich als Lyriker stark beeinflusst von der Sammlung DES KNABEN WUNDERHORN, so greift er immer wieder volksliedartige Elemente auf. Auch in diesem Gedicht verwendet er den charakteristischen dreihebigen Jambus, der allerdings auch mit zusätzlichen Senkungen versehen werden kann, und den Kreuzreim, der auch als unreiner Reim (**entbrennte – könnte**) in Erscheinung tritt. Untypisch ist in diesem Fall die achtzeilige Strophe, das Volkslied kennt in der Regel den Vierzeiler. Der Sprachrhythmus ist liedhaft fließend. Der gleichförmige Fluss der Sprachlaute lässt zunächst die verschiedenen Bildbereiche nicht deutlich unterscheidbar werden. Das Vokabular entspricht der romantischen Vorstellung einer volksnahen Sprache. Das Gedicht thematisiert ein nächtliches Naturerlebnis.

Die drei Strophen sind von drei zentralen Bildern getragen, die eng ineinander verwoben sind: ein lauschendes Ich am Fenster, zwei wandernde Gesellen und eine südliche Landschaft. Inhaltlich lassen sich zwei Teile unterscheiden, die auch durch den Doppelpunkt getrennt sind: Z. 1 bis 12 schildern die Wahrnehmung des Ich am Fenster, Z. 13 bis 24 geben das Lied der beiden Wanderer wieder. Darüber hinaus stellt aber die dreiteilige Strophenform einen symmetrischen Zusammenhang her. Vers 8 kehrt in Vers 24 als Kehrreim wieder. Die Situation des Lauschens am Fenster findet sich sowohl in der ersten (2) als auch in der letzten Strophe (21). Dem musikalischen Element des Posthorns (4) entspricht **der Lauten Klang** (22). Die Klanglichkeit der evozierten Naturbilder ist im gesamten Gedicht sehr verhalten, um es musikalisch auszudrücken, es herrscht pianissimo bis piano vor: **stillen Land** (4), **stille Gegend** (12), **rauschen sacht** (14), **verschlafen rauschen** (23).

Das Bild des Fensters ist metaphorisch zu lesen; das Fenster bezeichnet eine Grenze, die Schwelle zwischen innen und außen. Und diese Antithetik ist prägend für das ganze Gedicht. Dem Innen und Außen entspricht der Gegensatz zwischen der Einsamkeit (**ich einsam**) und der Gemeinschaft (**Zwei junge Gesellen**), zwischen der Statik (**stand**) und der Bewegung (**im Wandern**), Bindung und Freiheit. Das sind die Kontraste, die die beiden Hälften des Gedichtes bestimmen. Dieser Blick aus dem Fenster erinnert an eine charakteristische Perspektive in den Bildern von EICHENDORFFS Zeitgenossen, dem Maler Caspar David Friedrich. Sogartig ziehen viele von dessen Bildern den Blick des Betrachters aus einem Innen heraus oder von einem erhöhten Standpunkt auf eine magische Naturszene. So wird auch hier im Gedicht vom Ich außen zunächst die Natur in Gestalt des Sternenhimmels visuell wahrgenommen, zunächst mit **golden** attribuiert, dann als **prächtig** bewertet. Mit dem Sternenhimmel weitet sich das Naturbild sofort in eine unendliche Weite und Ferne und evoziert auch sofort auf einer metaphorischen Ebene die Konnotation des Kosmischen und Göttlichen. Die Weite und **Ferne** ist auch im akustischen Signal des **Posthorns**, dem Sinnbild für Reise und Wanderschaft, aufgehoben. So ist die Landschaft überhaupt fast mehr durch akustische als durch visuelle Wahrnehmungen gekennzeichnet: Singen der Wanderer, Rauschen der Wälder, Klang der Lauten, Rauschen der Brunnen. Damit bleibt die Landschaft merkwürdig unkonkret.

Im zweiten Schritt wird die Aufmerksamkeit auf das Wanderlied der beiden **Gesellen** wieder durch einen akustischen Reiz erregt. Das Wandermotiv tritt bei EICHENDORFF häufig auf, so handelt z. B. seine Novelle *AUS DEM LEBEN EINES TAUGENICHTS* von der traum- und märchenhaften Wanderschaft der Titelfigur durch die Welt. Merkwürdigerweise handelt das Lied der Gesellen jedoch zunächst von einer wilden, ungebändigten Natur. Es ist von **schwindelnden Felsenschlüften** und von **Klüften**, in die die Gewässer hinabstürzen, die Rede. Die Natur reißt Abgründe auf, Bilder einer bedrohlichen Elementarität. Dazu tritt das **sachte** Rauschen der Wälder in eine paradoxe Spannung. Danach zeigen sich Bilder einer kultivierten Natur (**Gärten, Lauben, Päläste, Brunnen**), die aber bedroht ist (**verwildern**). Auch mit **dämmernd** wird wieder das Motiv der Schwelle und Grenze aufgegriffen, der Grenze zwischen Tag und Nacht. Das eine wie das andere Naturbild kann auch als Blick in die Tiefe der eigenen Seele gesehen werden. Ebenso stehen die **Marmorbilder** für eine heidnische Vergangenheit und den Eros. In EICHENDORFFS Novelle *DAS MARMORBILD* ist die steinerne Figur der Venus, der Liebesgöttin der antiken Mythologie, Relikt einer verflossenen Zeit und symbolische Staffage eines Parks um einen italienischen Palast. Der **Palast**, das Schloss, die Burg sind in der Zeit EICHENDORFFS Topoi für das Geschichtliche einer vergangenen Zeit[45].

Das an südliche Gegenden, insbesondere Italien, erinnernde Bild der 3. Strophe hat mehrere bekannte literarische Vorlagen; die bekannteste ist vielleicht das Lied Mignons »Kennst du das Land, wo die Zitronen blühn« aus Goethes Roman WILHELM MEISTERS LEHRJAHRE. Gemeint ist jedoch nicht das reale Italien, das EICHENDORFF nie gesehen hat, sondern Italien als Metapher für das gelobte Land der Kunst.

Der Begriff *Sehnsucht* taucht im Text nicht auf. Die sehnsuchtsvolle Melancholie ist seine Tonart. Worauf sie sich richtet, wird nicht recht konkretisiert. Sie erwacht im erfüllten Moment des Naturerlebens und impliziert das Versprechen von Ferne und Entgrenzung. Es ist die Sehnsucht nach Bewegung und Wandlung, nach Überwindung der Begrenztheit, der Entfremdung von der Schöpfung. Sie meint neben der Ausweitung des Raumes auch die zeitliche Entgrenzung (sprachlich zeigt sich dies im wiederholten Übergang vom Präteritum ins Präsens).

Dass **Posthorn** und **Wandern** im beginnenden Eisenbahnzeitalter der Vergangenheit angehören und die ästhetische Gestaltung von Wald und Landschaft in der Industriegesellschaft in der Realität nicht mehr existieren, wussten die Zeitgenossen EICHENDORFFS. Es ist neben dem Lied die Kunst, die die Sehnsucht weckt. Ob sie sie zu erfüllen vermag, bleibt ob der Verunsicherungen in der symbolischen südlichen Kunstheimat fraglich.

Joseph von Eichendorff: »Mondnacht«
Hierbei handelt es sich um eines der bekanntesten Gedichte des 19. Jahrhunderts. Immer wieder stößt man auf lobende und bewundernde Würdigungen dieses kleinen Textes. Unter den zahlreichen Vertonungen von EICHENDORFF-Gedichten sind allein für »Mondnacht« im 19. Jahrhundert 41 Kompositionen gezählt worden. Darunter ragt allerdings das Meisterwerk von Robert Schumann heraus, in dem Text und Musik einander ebenbürtig sind.

> Es war, als hätt der Himmel
> Die Erde still geküßt,
> Daß sie im Blütenschimmer
> Von ihm nun träumen müßt.
>
> 5 Die Luft ging durch die Felder,
> Die Ähren wogten sacht,
> Es rauschten leis die Wälder,
> So sternklar war die Nacht.
>
> Und meine Seele spannte
> 10 Weit ihre Flügel aus,
> Flog durch die stillen Lande,
> Als flöge sie nach Haus.

Auch für dieses Gedicht wählt EICHENDORFF einen volksliedartigen Ton. Die drei Vierzeiler sind durch Kreuzreime verknüpft, wobei unreine Reime (**spannte – Lande**) und bloße Assonanzen (**Himmel – schimmer**) die volksliedartige Einfachheit ebenso unterstreichen wie die dreihebigen Jamben, die nur zwei rhythmische Unregelmäßigkeiten (**Weit** und **Flog**) aufweisen. Auch die Wortwahl verbleibt im volksliedartigen Bereich. Ein lyrisches Ich wird nur indirekt erkennbar in dem Possessivpronomen **meine**. In der ersten Strophe wird die Wahrnehmung des Ich, in der zweiten Strophe die Naturbeschreibung und in der dritten Strophe die Reaktion der Seele mitgeteilt. Symmetrische Entsprechungen stiften strukturellen Zusammenhang. Der Als-ob-Vergleich umklammert den Text in der ersten und letzten Zeile. Verbunden damit ist die Konjunktivform am Anfang und am Ende. Auch das **still** in der zweiten und zweitletzten Zeile schafft Symmetrie. Durch die Wiederholung der Pronominalkonstruktion aus der ersten Zeile **Es** in der 7. Zeile wird eine hälftige Zweiteilung angedeutet.

Wie in »Sehnsucht« ist das nächtliche Erleben einer erfüllten Naturszene das Grundthema des Gedichtes. Allerdings ist das, was in diesem Gedicht erfahren und mitgeteilt wird, an den Rand des Sagbaren gerückt. Darum wird auch ein Vergleich geschaffen, der dieses Zum-Ausdruck-Bringen noch ermöglichen soll. Die Besonderheit der Atmosphäre des Augenblicks kommt im Bild des Kusses zwischen Himmel und Erde zum Ausdruck, dem durch den Konjunktiv die reale Direktheit genommen wird. Die Szene wird gleichsam mit einem leicht nebligen Schleier überzogen. Dieses Bild der liebenden Vereinigung zwischen Himmel und Erde erinnert an den Urmythos von Uranos (der Personifikation des Himmels) und Gaia (der Personifikation der Erde), aus deren Vereinigung die Zyklopen und Titanen hervorgehen. Das mitteilende Ich ist mit allen Sinnen in diese Naturszene verstrickt: dem intuitiven (**Es war, als**), dem visuellen (**Blütenschimmer, wogten, sternklar**), dem akustischen (**rauschten**) und dem taktilen Sinn (**Die Luft ging**). Die Überwirklichkeit der Szene kommt auch in dem **Träumen** der Erde zum Ausdruck. In EICHENDORFFS Roman *DICHTER UND IHRE GESELLEN* lautet ein Satz **Der Mond trat eben hervor und verwandelte alles in Traum**.[46] Dieser Satz kann stellvertretend für den EICHENDORFF'schen Mondnacht-Topos stehen.

Die zweite Strophe schildert nachträglich ergänzend die Naturgegebenheiten, die zu dem Vergleich der ersten Strophe geführt haben. In dieser Strophe wechselt der Modus zum Indikativ, aus der Vorstellungswelt des Möglichen wird die Wahrnehmungswelt des Tatsächlichen. Im parataktischen Zeilenstil werden die verschiedenen Naturbilder aneinander gereiht: die **Luft** in den **Feldern**, die **Ähren**, die rauschenden **Wälder** und die **sternklare Nacht**. Trotz der bloßen Reihung werden Kausalitäten evoziert. Der Parallelismus zwischen den Versen 5 und 6 lässt die **Luft** als Ursache für das Wogen der **Felder** und **Rauschen** der Wälder erkennen. Das **So** (8) scheint auf den ersten Blick die Begründung für die Luftbewegung zu geben. Doch die sternklare Nacht als Auslöser für Windbewegungen? Dies erscheint nur auf den ersten Blick paradox. Mit den Sternen wird der Himmel assoziiert und damit schließt sich das Bild im Rückbezug zum Himmelskuss vom Anfang. Der mythische Himmelskuss wird dort ja schon als die Ursache der zauberhaften Erfülltheit des Naturzustandes gesehen.

Die dritte Strophe nennt mit der Seelentätigkeit des Ich die Konsequenz aus diesen Erfahrungen. Obwohl die ersten drei Verse der dritten Strophe wieder im Indikativ der Bestimmtheit bleiben, wird diese Bestimmtheit durch das metaphorische Sprechen erneut gebrochen. Die Metapher ist eine Form der uneigentlichen Rede. Die gegenmetrischen Betonungen **Wéit** und **Flóg**, die gleichzeitig einen Hebungsprall erzeugen, unterstreichen die Metapher vom Seelenflug. Mit dieser Metapher wird wieder ein Vorstellungsbereich angesprochen, der am Rande des Sagbaren liegt. Im Zusammenhang des Gedichtes wird sofort klar, dass der Vergleich **Als flöge sie nach Haus** in einem mystischen Sinne zu verstehen ist. Assoziativ knüpft der Bezug sofort zum **Himmel** des ersten Verses an. Nachträglich wird damit das Spiel mit der Doppeldeutigkeit des Wortes, das nur in der deutschen Sprache möglich ist, erkennbar; in **Himmel** sind die englischen Konnotationen sky und heaven gleichzeitig aufgehoben. Die absteigende Bewegung der ersten Strophe (**Himmel – Erde**) wird am Ende mit einer aufsteigenden beantwortet.

Gerhard Kaiser weist darauf hin, welch genau kalkulierte Bedeutung der Reimklang bei EICHENDORFF trägt:

> Die erste Strophe dagegen enthält die Assonanz von Himmel und Blütenschimmer, die von großer Ausdrucksmacht ist, denn sie entspricht als Verunsicherung des Reims der modalen Unsicherheit des Himmelskusses für die Erde und deutet darauf hin, daß die Erde allenfalls annäherungsweise dem Himmel entsprechen kann.[47]

Auf den urtümlichen Mythos von Gaia und Uranos ist bereits hingewiesen worden. Doch wird dieser heidnische Mythos ganz versteckt mit christlichen Motiven verknüpft. Die **Ähre** war früher ein Zeichen für die Fruchtbarkeitsgöttin Demeter, davon abgeleitet dann generell für Fruchtbarkeit, Tod und Auferstehung. Im Christlichen wird die Gottesmutter Maria häufig im Ährenkleid dargestellt. Häufig findet sich auch die Darstellung Marias in Verbindung mit der Mondsichel, dem von der Göttin Artemis abgeleiteten Keuschheits- und Fruchtbarkeitssymbol. Schließlich können Blüten (**Blütenschimmer**) und **Ähren** jahreszeitlich nur im Monat Mai zusammentreffen, dem Marienmonat. Es ist davon auszugehen, dass der Katholik EICHENDORFF zu Beginn des 19. Jahrhunderts mit solchen Bedeutungen vertraut war. Außerdem erklärt sich auf diese Weise der zunächst befremdliche Befund, dass EICHENDORFF dieses Gedicht, das sich auf den ersten Blick als Naturgedicht zu erkennen gibt, in der von ihm besorgten Gesamtausgabe seiner Gedichte in die Gruppe »Geistliche Lieder« einordnet. Es vollzieht sich der romantische Ansatz, im Sinne einer Universalpoesie Religion und Poesie zusammenzuziehen.

Das Ich spricht in diesem Gedicht eine erfüllte, erhabene Naturerfahrung aus, die zu seiner seelenhaften Entgrenzung, zur Heimkehr in den Himmel führt. Das Bild der Urzeugung wird durch christliche Fruchtbarkeitssymbole ergänzt. Aber das Ich nimmt sich im Gedicht vollkommen zurück, es ist keine aktiv handelnde Person, sondern passiv, Gegenstand des Geschehens. Doch bleibt die sehnsuchtserfüllende Rückkehr der Seele zu ihren Ursprüngen nicht ohne Fragezeichen. Die aufsteigende Flugbewegung geht in die Horizontale über, **Flog** <u>durch</u> **die stillen Lande.** Der Konjunktiv des Vergleichs **Als flöge** macht die Aussage wieder modal unbestimmt. Auch wird sie im Präteritum aus der Erinnerung berichtet. Ist die Seele angekommen, wird sie dies je erreichen? Nur in wenigen Texten der Zeit wird eine philosophische Grundüberzeugung so sinnfällig in Bilder gefasst wie hier:

> Der irdische Zweck der Menschheit ist, so lautet Fichtes Schlußfolgerung, nur Mittel zu einem höheren Zweck, durch den unser Dasein über die sinnliche Welt hinaus auf eine übersinnliche Welt verweist.
> Das Ich, welches den Entschluß gefaßt hat, der Stimme des Gewissens zu gehorchen, ist schon in diesem seinem Leben in die überirdische Welt eingetreten.[48]

1.3.3 ›... *zeitlos und raumlos ist der Nacht Herrschaft*‹[49] – *Die Nachtseite Joseph von Eichendorff:* »*Zwielicht*«

Zwielicht

Dämmrung will die Flügel spreiten,
Schaurig rühren sich die Bäume,
Wolken ziehn wie schwere Träume –
Was will dieses Graun bedeuten?

5 Hast ein Reh du lieb vor andern,
Laß es nicht alleine grasen,
Jäger ziehn im Wald und blasen,
Stimmen hin und wieder wandern.

Hast du einen Freund hienieden,
10 Trau ihm nicht zu dieser Stunde
Freundlich wohl mit Aug und Munde,
Sinnt er Krieg im tück'schen Frieden.

Was heut müde gehet unter,
Hebt sich morgen neugeboren.
15 Manches bleibt in Nacht verloren –
Hüte dich, bleib wach und munter!

Wenn »Mondnacht« das Bild einer blühenden, leuchtenden, duftenden, bergenden Gottesnatur entwirft, leistet »Zwielicht« das genaue Gegenteil: hier ist von einer schauerlichen, dunklen, bedrohenden Seite der Natur die Rede. Zum ersten Mal findet sich das Gedicht in EICHENDORFFS erstem Roman *AHNUNG UND GEGENWART* (1815), in der Gesamtausgabe der Gedichte von 1841 steht es in der Gruppe »Wanderlieder«. Der vollkommen anderen Grundtonart des Gedichtes entspricht bereits das Metrum, vierhebige Trochäen erzeugen einen Eindruck von Schwere. Der umschließende Reim ist strenger durchgeführt, nur ein unreiner Reim findet sich in Strophe 1: **spreiten – bedeuten**. Einerseits lassen die durchgehend weiblichen Kadenzen das trochäische Versmaß ungebrochen von Zeile zu Zeile fortströmen, andererseits findet sich kein Enjambement, das Gedicht ist durchgängig im Zeilenstil geschrieben.

Die erste Strophe zeichnet ein düsteres Naturbild. Mit **Dämmrung** ist wieder eine Schwellensituation bezeichnet, die Grenze zwischen Tag und Nacht, Hell und Dunkel. Die im **Flügel spreiten** aufgehobene Tiermetapher erzeugt eine bedrohliche Stimmung, sie lässt an einen Raubvogel denken, vielleicht eine Eule. Auch die **Bäume** erfahren eine Belebung, sie **rühren sich** und erzeugen damit eine schaurige Stimmung. Die Wolken werden mit **schweren Träumen** verglichen. Resümierend wird das Ganze als **Graun** bezeichnet, aber es wird auch sofort nach der Bedeutung dessen gefragt. Doch wer stellt die Frage? Das lyrische Ich, das nur dadurch erkennbar würde? Das wird nirgends beantwortet. Die zweite und dritte Strophe werden parallel mit dem konditional gemeinten **Hast** eingeleitet, beide erteilen jeweils eine Absage, Strophe 2 der Liebe, Strophe 3 der Freundschaft. Das **Reh**, als scheues, verletzliches, gefährdetes Tier, ist das Bild für das geliebte Mädchen. Diese Liebe ist gefährdet durch andere, die aus Zeitvertreib das Wild stellen, die **Jäger**. Drum sollte man es nicht unbeschützt lassen. Doch an wen richtet sich die appellative Aufforderung? Ist hier ein gut gemeinter Rat für eifersüchtige Liebhaber zu finden? Die Parallele zu dem Gedicht »Waldgespräch«, das sich ebenfalls in *AHNUNG UND GEGENWART* findet, deckt eine tiefere Dimension auf.

Waldgespräch

»Es ist schon spät, es wird schon kalt,
Was reitst du einsam durch den Wald?
Der Wald ist lang, du bist allein,
Du schöne Braut! Ich führ dich heim!«
5 »Groß ist der Männer Trug und List,
Vor Schmerz mein Herz gebrochen ist,
Wohl irrt das Waldhorn her und hin,
O flieh! Du weißt nicht, wer ich bin.«

So reich geschmückt ist Roß und Weib,
10 So wunderschön der junge Leib
»Jetzt kenn ich dich – Gott steh mir bei!
Du bist die Hexe Lorelei.«

»Du kennst mich wohl – von hohem Stein
Schaut still mein Schloß tief in den Rhein.
15 Es ist schon spät, es wird schon kalt,
Kommst nimmermehr aus diesem Wald!«

Wo es hier heißt **Stimmen hin und wieder wandern**, lautet dort die Entsprechung **Wohl irrt das Waldhorn her und hin**. Das Angebot des Geleits durch den schauerlichen Wald wird abgelehnt mit den Worten »**Groß ist der Männer Trug und List**«; im anderen Gedicht droht die Gefahr durch Jäger. Doch wird die Schöne als die **Hexe Lorelei** erkannt. Die Geschichte von Lorelei, die am Rhein auf einem hohen Felsen sitzt und durch das Kämmen ihres goldenen Haares und ihr Singen die vorbeifahrenden Schiffer verwirrt und in den Abgrund lockt, ist längst Gemeingut des deutschen Sagenschatzes geworden und war in der Romantik ein beliebtes literarisches Motiv. Allerdings ist nur wenigen bekannt, dass Clemens Brentano der Urheber dieses Mythos ist. Entscheidender für unseren Zusammenhang ist jedenfalls, dass mit dieser Anspielung die Dimension gespenstischer, zerstörerischer Naturmächte ins Spiel kommt, denen der Mensch schicksalhaft und hilflos ausgeliefert ist.

Dagegen ist es willentliche menschliche Niedertracht, die in der dritten Strophe thematisiert wird. Ohne Brechung durch ein Bild oder eine Metapher wird hier vor der möglichen Tücke des Freundes gewarnt, die allerdings auf die Grenzsituation **zu dieser Stunde** bezogen wird. Die letzte Strophe hebt die Ambivalenz der Nacht hervor. Einerseits ist sie für den Müden die Möglichkeit der Erholung und Regeneration, wobei **gehet unter** eine bedenkliche Formulierung ist bezogen auf jemanden, der zur Ruhe geht. So bleibt auf der anderen Seite **Manches [...] in Nacht verloren**. Vor diesen dunklen, zerstörerischen Mächten muss man auf der Hut bleiben.

Natur ist hier nicht der Ort der Erfahrung harmonischer Einheit mit dem All und der Schöpfung. In der Natur sind hier unbekannte, dunkle Mächte verborgen, die zerstörerisch wirken können, sich aber nicht auf einen Begriff bringen lassen. Sie gefährden sogar die Liebe und die freundschaftliche Treue. Aber sie wohnen innerhalb des Menschen, sie sind nur nicht von außen zugefügt. Es ist der Randbereich, die Grenzsituation des **Zwielichts**, die das Dunkle in uns wachrufen. EICHENDORFF sieht zwei polare Arten von Naturerfahrung, die der erfüllten Gottesnatur und die dunklen Mächte, für die die Gedichte »Mondnacht« und »Zwielicht« beispielhaft stehen. Er bringt diese Bereiche nicht in einem Gedicht zusammen, er lässt diesen Widerspruch unaufgelöst für sich stehen.

1.3.4 ›Fremd bin ich eingezogen, fremd zieh ich wieder aus.‹[50] – Ich und Gesellschaft

Joseph von Eichendorff: »Weihnachten«

Markt und Straßen stehn verlassen,
Still erleuchtet jedes Haus,
Sinnend geh ich durch die Gassen
Alles sieht so festlich aus.

5 An den Fenstern haben Frauen
Buntes Spielzeug fromm geschmückt,
Tausend Kindlein stehn und schauen,
Sind so wunderstill beglückt.

Und ich wandre aus den Mauern
10 Bis hinaus ins freie Feld,
Hehres Glänzen, heil'ges Schauern!
Wie so weit und still die Welt!

Sterne hoch die Kreise schlingen,
Aus des Schnees Einsamkeit
15 Steigt's wie wunderbares Singen –
O du gnadenreiche Zeit!

»Weihnachten« findet sich in der Gesamtausgabe der Gedichte in der Gruppe »Geistliche Lieder« in enger Nachbarschaft zu »Mondnacht«. Das Gedicht zeichnet sich durch Einfachheit und strenge Regelmäßigkeit aus. In den vier vierzeiligen Strophen schließen sich je zwei Verse durch den Kreuzreim und den regelmäßigen Wechsel zwischen weiblichen und männlichen Kadenzen zusammen. Der vierhebige Trochäus ist durchgängig regelmäßig, nur an der Stelle **Und ich wandre** verdient das eigentlich unbetonte Wörtchen **ich** vom Sinn her eine Betonung. Das Metrum erzeugt eine gewisse Schwere und Melancholie. EICHENDORFF komponiert in diesem Gedicht eine ausgewogene Sprachmusik durch Assonanzen (**Markt**

– **Straßen** – **verlassen**), Alliterationen (**Straßen** – **stehn** – **still**) und klanglich-melodische Bögen (**Sinnend geh ich durch die Gassen / Alles sieht so festlich aus.**).

Unter der Behaglichkeit dieser Weihnachtsatmosphäre verbirgt sich aber mehr. Das lyrische Ich befindet sich draußen. Dass es die Stadt als **verlassen** beschreibt, ist wohl eine Spiegelung innerer Befindlichkeit auf das Außen. Auch das **Sinnend** teilt einen gewissen Grad an Melancholie mit. Demgegenüber sind die Häuser **erleuchtet**, der Feststellung **Alles sieht so festlich aus** haftet etwas von Resignation an. Wie in »Sehnsucht« ist das Fenster hier wieder eine Grenze. In diesem Fall schaut das lyrische Ich aber nach innen. Das Bild, das sich ihm dort bietet, ist das Bild weihnachtlicher Idylle. **Tausend Kindlein** sind **beglückt** vom Schmuck des bunten Spielzeugs. Die **Frauen** und **Kindlein** sind das Abbild der Familie. Und die familiäre Weihnachtsfeier ist der Ort der Glückserfahrung.

Die anknüpfende Funktion von **Und** scheint hier nicht zu passen. Ein »Aber« erschiene hier angebrachter, um den Gegensatz zwischen lyrischem Ich und bürgerlicher Familie anzuzeigen. Doch wird ja in Wirklichkeit der Gedankengang aus der 1. Strophe **Sinnend geh ich** fortgesetzt. Statt zum Beispiel in ein Haus einzutreten und an der Weihnachtsfeier teilzunehmen, wandert das lyrische Ich aus der Stadt hinaus **ins freie Feld**. Die Naturerfahrung dort in der Weite und Stille der Welt ruft bei ihm eine religiöse Reaktion hervor: **heil'ges Schauern**. Der Glanz der Welt wird auch mit **hehr** attribuiert. Das Bild des Glänzens wird in der 4. Strophe durch die **Sterne** wieder aufgegriffen. Des **Schnees Einsamkeit** enthält wohl einen Anteil Projektion der inneren Befindlichkeit des Ichs. Die Empfindung des Ichs wird durch diese Erfahrung allerdings so angerührt, dass nur der Vergleich **wie wunderbares Singen** den Zauber der Situation in Worte zu fassen vermag. Hierin liegt eine Parallele zu dem Gedicht »Mondnacht«. **O du gnadenreiche Zeit!** ist wohl gleichzeitig der Wortlaut des imaginierten Gesanges und die Verlautbarung der inneren Empfindungen des Ichs.

Angesichts der herausgestellten Einsamkeit des Ichs mag diese Preisung der Gnade verwundern. Denn das Ich ist ausgeschlossen, gehört nicht zur Familie, hat hier keine Heimat. Es wandert aus. Allerdings ermöglicht das Auswandern erst dieses Naturerlebnis vom Glanz des Alls in der Schneelandschaft. Diese Gnadenerfahrung in der Einsamkeit der Natur hat auch etwas von Erwähltsein an sich, Auserwähltsein und Begabtsein mit der Fähigkeit, die Einheit von Ich und Natur zu erleben und zu begreifen.

In »Weihnachten« kommen einige charakteristische Gegebenheiten der Zeit des frühen 19. Jahrhunderts zum Ausdruck. Im Laufe der wirtschaftlichen, politischen und gesellschaftlichen Veränderungen erfährt auch die Familie einschneidende Wandlungen. In dieser Zeit meint »Familie« zwei verschiedene Formen: einerseits die dynastische Familie des Adels, die politische Macht und Grund besitzt und vererbt, andererseits die bürgerliche Familie, die im Zuge der Industrialisierung auf die Kleinfamilie reduziert wird. Diese bürgerliche Familie wird idealisiert, indem sie z. B. von dem Staats- und Gesellschaftstheoretiker Adam Müller als Keimzelle des Staates herausgestellt wird. 1806 leistet der Philosoph Friedrich Schleiermacher in dem in Dialogform verfassten Diskurs DIE WEIHNACHTSFEIER eine weitergehende Verklärung der bürgerlichen Familie, indem er sie mit der heiligen Familie am Weihnachtsabend gleichsetzt. Hier verbindet sich bürgerliche Innigkeit mit religiöser Symbolik. Davon ausgehend erfahren dann das Kind und die Kindlichkeit ihre eigene Verklärung. Die Anspielungen in EICHENDORFFS Gedicht treten bei diesem Hintergrund nun etwas deutlicher hervor.

Die Arbeitsteilung der Industriegesellschaft bringt für die Familie mit sich, dass der erwerbstätige Vater das Haus für seine Berufstätigkeit verlassen muss. Je höher sein Status in der Gesellschaft ist, umso mehr entfernt er sich dabei von der Familie, umso mehr wird diese berufliche Welt mit einer harten, feindlichen Welt verglichen. Demgegenüber werden das Haus und die Familie als Hort des Gemüts und der Gemütlichkeit gehütet. In der Familie gehen in der Folge Sentimentalität und Kommerz eine merkwürdige Mischung ein. Die infolge des breiter werdenden bürgerlichen Publikums anwachsende Unterhaltungskunst kultiviert die so entstehende Sentimentalität. Die Dichotomisierung zwischen einer anspruchsvollen und einer unterhaltend gemeinten Kunst nimmt hier ihren Ausgang.

Der anspruchsvollen Kunst erwächst hieraus aber ein neues Thema, die Philisterkritik. Mit Philister bezeichnet man einen kleinbürgerlich-engstirnigen Menschen, einen Spießbürger. Diese Bezeichnung ist vom biblischen Volk der Philister, die die Stämme der Israeliten kriegerisch bedrohten, einen anderen Glauben hatten als diese und ihnen auch zeitweise ihr Allerheiligstes, die Bundeslade, entwendet hatten, hergeleitet. Damit meinen die Romantiker auch jene, die aufgrund ihrer Engstirnigkeit oder ihrer mangelnden (ästhetischen) Bildung nicht die höheren Weihen der Poesie erlangen können oder denen ihre bürgerliche Saturiertheit dabei im Wege steht. Das Gegenbild wäre der künstlerische Mensch. EICHENDORFF hat beide Existenzmöglichkeiten in dem Gedicht »Die zwei Gesellen« ins Bild gefasst:

> Es zogen zwei rüst'ge Gesellen
> Zum erstenmal von Haus,
> So jubelnd recht in die hellen,
> Klingenden, singenden Wellen
> 5 Des vollen Frühlings hinaus.

Die strebten nach hohen Dingen,
Die wollten, trotz Lust und Schmerz,
Was Rechts in der Welt vollbringen,
Und wem sie vorübergingen,
10 Dem lachten Sinnen und Herz. –

Der erste, der fand ein Liebchen,
Die Schwieger kauft' Hof und Haus;
Der wiegte gar bald ein Bübchen,
Und sah aus heimlichem Stübchen
15 Behaglich ins Feld hinaus.

Dem zweiten sangen und logen
Die tausend Stimmen im Grund,
Verlockend' Sirenen, und zogen
Ihn in der buhlenden Wogen
20 Farbig klingenden Schlund.

Und wie er auftaucht' vom Schlunde,
Da war er müde und alt,
Sein Schifflein das lag im Grunde,
So still war's rings in die Runde,
25 Und über die Wasser weht's kalt.

Es singen und klingen die Wellen
Des Frühlings wohl über mir;
Und seh ich so kecke Gesellen,
Die Tränen im Auge mir schwellen –
30 Ach Gott, führ uns liebreich zu dir!

Der bürgerliche, philisterhafte der beiden Gesellen gründet eine Familie und schaut **behaglich ins Feld hinaus,** während der Unbehauste sich den magischen Naturmächten aussetzt. Trotz dessen unglücklichem Schicksal scheint die Sympathie aber nicht dem Philister zu gehören. Die Philisterkritik ist feststehendes Thema bei Novalis, Brentano[51] und E. T. A. Hoffmann, besonders Heinrich Heine gießt seinen beißenden Spott über diesen aus. Auch EICHENDORFF lässt die Titelfigur seiner Novellen *AUS DEM LEBEN EINES TAUGENICHTS* ständig solchen Philistern begegnen und schreibt seine Literatursatire *KRIEG DEN PHILISTERN*. Die spießbürgerliche Behaglichkeit der Familie bringt einen neuen Außenseiter und Heimatlosen hervor – den Künstler. Auch in Wilhelm Müllers Gedichtzyklus *DIE WINTERREISE*, der der Komponist Franz Schubert zu Weltgeltung verholfen hat, ist das lyrische Ich ein Einzelgänger, der in weltschmerzlerischem Untergangsbewusstsein seine Winterreise unternimmt. Im Englischen hat Lord Byron diesem Typus literarisches Leben verliehen. Der romantische Künstler ist nicht mehr mit der bürgerlichen Behaglichkeit und Saturiertheit zu versöhnen. Er ist derjenige, der vor den Fenstern steht und in die Wärme der Stube hineinschaut.

Allerdings empfindet er dies nicht als Unglück, sondern als Auszeichnung, da er dafür die Einheit mit All und Schöpfung erfährt. Aber auch dieses Bewusstsein wird ihm der Philister später streitig machen.

Karoline von Günderode: »Die Malabarischen Witwen«

In dieser Frau, denkt er, könnte ihr Geschlecht zum Glauben an sich selber kommen, lässt Christa Wolf Heinrich von Kleist am Ende ihrer Erzählung KEIN ORT. NIRGENDS (1979) über die Günderode denken. Diese Begegnung der beiden ist fiktiv, doch zeigt sie auf, wie das Interesse unserer Zeit an KAROLINE VON GÜNDERODE gewachsen ist. Nicht zuletzt das neue Selbstverständnis der Frauen nach einer tief greifenden Emanzipationsbewegung lässt uns nach Frauen in der Geschichte und ihrer Bedeutung fragen. Unter den wenigen bekannt gewordenen Lyrikerinnen des 19. Jahrhunderts ist vor Annette von Droste-Hülshoff vor allem die GÜNDERODE zu nennen. Der einen wie der anderen ist es in hohem Maße gelungen, individuellen weiblichen Ausdruck zu erlangen.

KAROLINE VON GÜNDERODE wird 1780 als Tochter eines badischen Kammerherren in Karlsruhe geboren. Nach dem frühen Tod des Vaters bleibt ihr keine andere Möglichkeit, als in ein evangelisches Damenstift in Frankfurt einzutreten, das ihr ein standesgemäßes Leben ermöglicht. Sie lernt bekannte Persönlichkeiten der Zeit kennen und tritt mit einigen, wie z. B. den Brentanos, in freundschaftliche Korrespondenz. 1804 lernt sie in Heidelberg den verheirateten Professor Creuzer kennen. Zwischen den beiden entspinnt sich ein Liebesverhältnis. Als Creuzer sich dann nach zwei Jahren für seine Frau entscheidet, ersticht sie sich mit einem kleinen Dolch, den sie schon vorher deutlich sichtbar bei sich getragen hatte. Bettine von Arnim, die Schwester Clemens Brentanos, setzt ihr später in ihrem Briefroman DIE GÜNDERODE (1840) ein literarisches Denkmal, das aber weniger dazu geeignet ist, die GÜNDERODE als Person näher kennen zu lernen; von Zeitgenossen wurde sie sehr unterschiedlich beurteilt. Ihre ersten literarischen Werke veröffentlichte sie unter dem Pseudonym Tian.

Die Malabarischen Witwen

Zum Flammentode gehn an Industranden
Mit dem Gemahl, in Jugendherrlichkeit,
Die Frauen, ohne Zagen, ohne Leid,
Geschmücket festlich, wie in Brautgewanden.

5 Die Sitte hat der Liebe Sinn verstanden,
Sie von der Trennung harter Schmach befreit
Zu ihrem Priester selbst den Tod geweiht,
Unsterblichkeit gegeben ihren Banden.

Nicht Trennung ferner solchem Bunde droht,
10 Denn die vorhin entzweiten Liebesflammen
In einer schlagen brünstig sie zusammen.

Zur süßen Liebesfeier wird der Tod,
Vereinet die getrennten Elemente,
Zum Lebensgipfel wird des Daseyns Ende.

Das Gedicht ist in der Form eines 14-zeiligen Sonetts geschrieben. Das Sonett ist eine romanische Gedichtform. Hochrangige Sonette liegen aus der Renaissance vor, z. B. von Petrarca oder Shakespeare. In der Barockzeit wird die Sonettform auch in der deutschen Lyrik übernommen, man meidet sie aber im 18. Jahrhundert. Erst mit dem Interesse der Romantik für romanische Literaturtradition kommt das Sonett in der deutschen Dichtung wieder in Mode. Das hier vorliegende Sonett ist wegen seiner Reimanordnung zum französischen Typus, dem Ronsard-Typ, zu rechnen. Die beiden Quartette bilden einen umschließenden Oktavreim (abba abba), die Terzette weichen von der klassischen Sextettordnung allerdings leicht ab, sie verknüpfen die beiden Terzette durch Schweifreim (cdd cee). Der Grundton der Sprache ist gehoben, grenzt hier und da schon an ein gestelzt wirkendes Pathos (**entzweiten Liebesflammen, schlagen brünstig**). Bereits Goethe hat das Thema des Feuertods indischer Witwen gestaltet, vielleicht hatte die GÜNDERODE besonderes Interesse für dieses Thema durch ihren Geliebten gewonnen, denn Creuzer war Mythenforscher. Diesen an sich barbarischen Brauch wertet sie allerdings vollständig um. Das Motiv des Liebestods hat Tradition seit dem Mittelalter.[52]

Sie sieht in diesem **Flammentode** die Möglichkeit zur endgültigen Vereinigung mit dem Geliebten. Der Tod auf dem Scheiterhaufen wird ins Bild einer erneuten Hochzeit gesetzt (**Brautgewanden**), die die Frauen gerne auf sich nähmen (**ohne Zagen, ohne Leid, in Jugendherrlichkeit**). Die Unzertrennlichkeit der Eheleute sei **der Liebe Sinn**. Die Personifizierung des Todes im **Priester** assoziiert wieder das Bild von der Eheschließung. Die freiwillige Vereinigung der Frau mit ihrem verstorbenen Mann im Tod bietet die Möglichkeit zur Überwindung des Todes (**Unsterblichkeit**). Wie bei vielen Sonetten findet sich zwischen den Quartetten und Terzetten eine gedankliche Zäsur. Die Wiederholung von **Trennung** aus Zeile 6 im Gegensatz zu **Bunde** betont noch einmal, was das Fatalste der Ehe wäre. Im Bilde der **Liebesflammen** wird nun die Vorstellung des Scheiterhaufens mit der Metapher für Liebe zusammengeführt. Die Vereinigung der Elemente im Tod wird als **Liebesfeier**, als **Lebensgipfel** verklärt. Während die GÜNDERODE hier in einigen Bildern und Formulierungen konventionell bleibt (**Liebesflammen, brünstig**), ist die zugrunde liegende Idee der Umwertung dieses Brauches durchaus originell und wird von einigen Zeitgenossen als gewagt empfunden worden sein.

In diesem Gedicht vereinigt sie zwei ihrer Lieblingsthemen, die Liebe und den Tod. Der Glaube, durch die Liebe den Tod zu überwinden, ist ein Gedanke, der die Zeitgenossen beschäftigte. Man denke etwa an Johann Peter Hebels berühmte Kalendergeschichte UNVERHOFFTES WIEDERSEHEN, in der die Braut dem gut konservierten Leichnam ihres als Bergmann tödlich verunglückten Bräutigams kurz vor ihrem Tod wieder begegnet und diese Wiederbegegnung als erneute Brautschaft mit endgültiger Vereinigung im Tode begreift. Ist nun der Opfertod der Frau wegen ihres Mannes als autonom weibliche Sicht zu werten? Wie verhielte sich die Sache beim Tode der Frau? Erschöpft sich die Erfüllung der Frau in der Aufopferung für den Mann?

Die Familie veränderte in der Zeit der Arbeitsteilung ihr Gesicht und damit auch die Ehe. Die Ehe in der agrarisch-handwerklich orientierten Gesellschaft war in erster Linie ein Zweckbündnis. Die Landwirtschaft war zu versorgen, der Haushalt zu führen, die Kinder zu erziehen. In der Großfamilie, zu der auch Mägde, Knechte, Gesellen, Lehrlinge zählten, verteilten sich die Aufgaben auf breiter Basis. Wenn die Eheleute sich darüber hinaus auch noch mochten, war dies von Vorteil. Die Kernfamilie zeigte da ein anderes Bild. Von Schleiermachers Idealisierung war schon die Rede. Auch andere Zeitgenossen idealisierten die Ehe, indem sie in ihr die Verbindung freier Individuen durch nichts als ihre gegenseitige Liebe sahen. Damit wird auch die Liebe zu einem Ideal erhoben. Gesellschaftlich nahmen die soziale Achtung und die Rechte der Frau zu. Z. B. erleichterte der ›Code Napoléon‹, ein Gesetzeswerk, das Napoleon den Deutschen gegeben hatte, die Ehescheidung auf der Basis des Zivilrechtes. Die Ehe wird zum literarischen Thema. So denkt beispielsweise Goethe in seinem Roman WAHLVERWANDTSCHAFTEN (1809) über die Verkomplizierung ehelicher Verhältnisse durch Dreiecks- und Vierecksverhältnisse nach. In den Intellektuellenkreisen, u. a. im Kreis um die Schlegels in Jena, hat sich die Rolle der Frau sicherlich auch verändert. Wenn Rahel Varnhagen, eine der herausragenden Frauengestalten des 19. Jahrhunderts, 1820 in einem Brief die herausfordernde Frage stellt: **Wenn Fichte's Werke Frau Fichte geschrieben hätte, wären sie dann schlechter?**[53], meldet sich damit ein solides Selbstbewusstsein zu Wort. Auf die berühmte Passage aus Friedrich Schillers »Lied von der Glocke« (1799) soll man im Jenaer Kreis mit herzhaftem Lachen und Spott reagiert haben:

> Der Mann muß hinaus / Ins feindliche Leben, / Muß wirken und streben / Und pflanzen und schaffen, / Erlisten, erraffen, / Muß wetten und wagen, / Das Glück zu erjagen. / […] / Und drinnen waltet / Die züchtige Hausfrau, / Die Mutter der Kinder, / Und herrschet weise / Im häuslichen Kreise, / Und lehrt die Mädchen / Und wehret den Knaben, / Und reget ohn Ende / Die fleißigen Hände, / Und mehrt den Gewinn / Mit ordnendem Sinn.

Aber in der Breite war dieses Modell Teil der Wirklichkeit, die Emanzipation der intellektuellen Frauen blieb Ideal. Die Arbeitsteilung brachte eine neue Beschränkung der Rolle der Frau mit sich, die Anerkennung der weiblichen Gleichberechtigung entwickelte sich rückläufig und die Ansätze der Emanzipation gerieten in Vergessenheit. Ein neuer Mythos der Männlichkeit entstand. Gerade die aus den Kriegen zurückgekehrten Bürgerssöhne kultivierten in den Burschenschaften ein häusliches Frauenideal, einer Frau, die als Bewunderin, Dienerin, Pflegerin, Gespielin und Erzieherin ihren Platz am heimischen Herd hatte. Im Grunde begrenzte die bürgerliche Kleinfamilie die Rolle der Frau ganz radikal auf einen Bewegungsradius, der gegenüber der früheren Gesellschaft eine deutliche Verengung bedeutete. Die Arbeitsteilung hatte sich auch hier nicht zum Guten ausgewirkt. Der Mythos der ehelichen Liebe konnte so, vor allem in einem katholischen Milieu, zur strengen Fessel werden.

Emanzipation und Eigenständigkeit meinen im frühen 19. Jahrhundert daher etwas ganz anderes als heute. Die Frau eignete sich männliche Attribute und Attitüden an, um Anerkennung zu erringen. Als Pendant und zur Unterstützung der männlichen Opferbereitschaft für die Nation zeigte sich die weibliche Kraft in der Selbstaufgabe und im Selbstopfer für den Mann. Der Komponist Ludwig van Beethoven singt das Hohelied der Gattenliebe in seiner Oper *FIDELIO*. Die weibliche Hauptfigur Leonore schleicht sich in Männerkleidern (!) in das Gefängnis ein, wo ihr Gatte Florestan ungerechtfertigt wegen einer politischen Intrige als Gefangener gehalten wird. In selbstloser Aufopferung gelingt ihr seine Rettung in letzter Minute vor der drohenden Ermordung durch seinen Gegner. Die Schlussszene gerät zur Apotheose der Gattenliebe.

Auch den indischen Frauen unterstellt GÜNDERODE die leichtherzige Opferbereitschaft für die eheliche Liebe. Ihr eigener Freitod ist allerdings weniger in diesem Sinne zu verstehen, eher war hierfür neben ihrer pessimistischen Weltsicht die Verzweiflung über die wiederholt misslungenen Beziehungen zu Männern, die sie in der Schlussstrophe des Sonetts »Überall Liebe« in Worte zu fassen versuchte, entscheidend:

> Verloren ist wen Liebe nicht beglücket,
> Und stieg er auch hinab zur styg'schen Flut,
> Im Glanz der Himmel blieb er unentzücket.

1.4 ›Deutschland, heilges Vaterland!‹ – Patriotische Lyrik

Unter dem Begriff romantische Universalpoesie können die Autoren dieses Kapitels kaum eingeordnet werden. In Literaturgeschichten finden ihre Namen, wenn überhaupt, nur am Rande Erwähnung, denn literarisch sind ihre Texte wenig bedeutsam, während man ihren Namen bei Straßennamen noch allerorten begegnen kann. Doch wäre eine Darstellung der Epoche unvollständig ohne die patriotische Lyrik, immerhin hatte sie in der Zeit eine große Publikumswirkung. Mit ihr begann eine Entwicklung, die im 20. Jahrhundert im Nationalsozialismus ihren fatalen Schlusspunkt fand.

Der Nährboden der klassizistischen, romantischen und nationalistischen Strömung war der gleiche. Gegen Ende der Aufklärung machte sich Unzufriedenheit über das Fehlen einer einheitlichen deutschen Nation breit. Die Defizite und Rückständigkeiten gegenüber England und Frankreich wurden vor allem damit in Verbindung gebracht. **Die Nation hat ihr letztes Gefühl von Gemeinschaft verloren, [...] Verwirrung, Erstarrung überall, [...] die Sklaven sind fertig**, diagnostiziert Ernst Moritz Arndt in seinem Werk GEIST DER ZEIT (1806). Die Ereignisse der Französischen Revolution riefen widersprüchliche Gefühle hervor. Es schloss sich eine expansive Machtpolitik Frankreichs an, die konterrevolutionären Allianzen der europäischen Fürsten wurden geschlagen. Mit Napoleon beutete ein siegreicher Eroberer sämtliche Länder schamlos aus. Die Soldaten, die im Zuge der Revolution für deren Ideale gekämpft hatten, übernehmen nun die Rolle des Besatzers. Zwischen den französischen Soldaten kämpften deutsche Söldner, die im Dienste von Fürsten standen, die sich mit Napoleon arrangiert hatten. All dies ergab eine äußerst verwirrende Situation, die die Idee einer deutschen Nation neben der ökonomischen, gesellschaftlichen und kulturellen nun auch zur militärischen Notwendigkeit werden ließ.

Ziel war dabei zunächst die Befreiung von der Besatzung Frankreichs. Als Ergebnis sollte eine deutsche Nation als moderner, liberaler Staat, womöglich eine Republik, entstehen. Die Frage **Was ist des Deutschen Vaterland?** beantwortet Arndt sich selbst in seinem Gedicht »Des Deutschen Vaterland«: **Das ganze Deutschland soll es sein!** Deutschland wird näher bestimmt: **So weit die deutsche Zunge klingt [...], Wo Eide schwört der Druck der Hand, / Wo Treue hell vom Auge blitzt.** Der Wahn vom großdeutschen Reich reicht also weiter zurück. Dass ein Sieg zur Konsolidierung der alten Machtverhältnisse führen musste, wie dies nach 1815 tatsächlich geschah, wäre abzusehen gewesen, wurde aber im berauschten Hass nicht wahrgenommen. Aus diesem Boden sog auch das Konzept von der romantischen Universalpoesie seine Nahrung. Denn das Interesse für die nationale Geschichte und Kultur, für Sprach- und Literaturgeschichte, für Volkslieder, Kinder- und Volksmärchen zielte ja darauf, eine nationale Identität zu konstituieren.

Der Nationalismus erteilt aber dem zentralen Glauben der klassischen und romantischen Strömung eine klare Absage, dem Glauben daran, dass Kunst auf ein humanitäres Ideal hin erzieherisch, bildend und weltverwandelnd wirksam sein kann. Wenn Ernst Moritz Arndt, der wichtigste Theoretiker des Widerstands gegen Napoleon und nationalistische Dichter, auch den Begriff Volk bemüht, dann mit der Absicht, die abhanden gekommene Nation durch diesen zu ersetzen. Er definiert den Begriff nicht mehr nur als eine soziale Schicht, sondern die über alle sozialen und politischen Trennungen hinweg existierende Ganzheit.

Mit der Französischen Revolution war erstmals Politik zu einer Massenbewegung geworden. Die Notwendigkeit der rhetorischen Beeinflussung der Massen ergab sich zwangsläufig. Der Spruch, das Lied erweisen sich als geeignete Instrumente. Das Singen als gemeinschaftstiftendes Handeln bewährte sich beim revolutionären Lied und der Nationalhymne. Die am Volkslied sich neu entzündende Singlust tat ihr Übriges dazu. Auf diese Modelle der Revolutionsliteratur greift die patriotische deutsche Dichtung zurück. In der Form der appellativen, agitatorischen Texte, die Franzosenhass, Liebe zum Vaterland und seinen Repräsentanten, Lob der deutschen Vergangenheit und des deutschen Volkscharakters zum Gegenstand haben, wird dies ebenso offenbar wie in aufpeitschenden, Mut machenden Soldatenliedern. Etwas versteckter vollzieht sich der Nationalismus bei Gedichten, die die deutsche Natur, den deutschen Wald besingen. Die gesamte in dieser Zeit erwachende Rheinromantik hat einen eindeutig vaterländischen Impetus. Auch viele namhafte Denker und Autoren lassen sich von der diesem Chauvinismus innewohnenden Inhumanität anstecken und zu einer martialischen Rhetorik hinreißen. Fichte, Schleiermacher, Humboldt, Jahn, Kleist, Brentano, Eichendorff, Uhland sind hier zu nennen. Bei ihnen versteckt sich dieser Zug aus heutiger Sicht verschämt hinter den humaneren Aspekten des Gesamtwerks. Theodor Körner und Ernst Moritz Arndt erreichten ihre Popularität in erster Linie aufgrund ihrer patriotischen Veröffentlichungen.

Die Geschichte des deutschen Nationalbewußtseins im 19. und 20. Jahrhundert ist ohne die politische Literatur der Napoleonischen Kriege nicht denkbar.[54] Wenn wir diese Entwicklung aus der Kenntnis der schrecklichen Konsequenzen, die der Nationalsozialismus im 20. Jahrhundert daraus gezogen hat, heute auch sehr kritisch beurteilen, müssen wir doch im Auge behalten, dass dem Nationalbewusstsein im frühen 19. Jahrhundert ein ganz anderer Stellenwert und eine ganz andere Motivation innewohnten.

Die möglichen Gefahren wurden allerdings schon früh vorausgeahnt. Arndt stilisiert Martin Luther hoch zu einem nationalen Leitbild, indem er die Reformation zur deutschen Revolution erklärt. So regt er für den Jahrestag der Reformation eine nationale Kundgebung auf der Wartburg an. Dort kommt es im nationalen Rausch zu Bücherverbrennungen, bei denen alles, was als zu französisch, zu ›welsch‹ empfunden wird, den Flammen überantwortet wird, u. a. auch der ›Code Napoleon‹, das in vielen Belangen segensreiche Gesetzeswerk Napoleons. Heinrich Heine, der als Jude in seiner Jugend in Düsseldorf mancher Erleichterungen durch den ›Code‹ teilhaftig wurde, kommentiert dies prophetisch in seinem ALMANSOR: **Das war ein Vorspiel nur, dort wo man Bücher / Verbrennt, verbrennt man auch am Ende Menschen.** Und tatsächlich führten die nationalsozialistischen Propagandisten gerne Zitate patriotischer Lyrik dieser Zeit auf den Lippen. Joseph Goebbels krönte am 18. Februar 1943 seine Verkündigung des totalen Krieges mit den Worten aus Theodor Körners Gedicht »Männer und Buben«: **Das Volk steht auf, der Sturm bricht los.**

Theodor Körner: »Aufruf«
Vielleicht ist es weniger der literarische Rang und der patriotische Gehalt seiner Gedichte, was KÖRNER seine ungeheure Popularität eintrug, sondern eher die Übereinstimmung zwischen Anspruch und Wirklichkeit. 1791 wurde er als Sohn von Friedrich Schillers engstem Freund Christian Gottfried Körner geboren. So machte er bereits im familiären Heim die Bekanntschaft vieler bedeutender Köpfe der Zeit und fand auch früh den Mut zu eigenen dichterischen Versuchen. 1813 tritt er freiwillig in das Freikorps des Majors Adolf von Lützow ein. Das Lützow'sche Freikorps war militärisch bedeutungslos[55], hatte aber einige bekannte Namen (z. B. Eichendorff) in seinen Reihen. Die Farben des Freikorps, schwarze Uniform mit rotem Kragen und goldenen Knöpfen, wurden nach 1815 die republikanischen Farben und später die Nationalfarben Deutschlands. Dies und nicht zuletzt auch das Schicksal KÖRNERS hat später zu einem fast legendären Ruf des Korps geführt. Dort schreibt er als Soldat weiterhin patriotische Gedichte und Soldatenlieder, die er seinen Kameraden vorliest oder mit diesen auf bekannte Melodien singt. Am 26. August 1813 fällt KÖRNER in einem Gefecht. Dieser Tod im Kampf verlieh dem Dichter einen legendären Ruf und seinem Werk eine Aura der Wahrhaftigkeit, die jede Kritik an ihm zur Pietätlosigkeit machte. Sein Vater gab 1814 die Gedichte seines Sohnes unter dem Titel LEYER UND SCHWERT heraus. Dieser Zyklus besaß in der Vertonung Carl Maria von Webers bis ins 20. Jahrhundert hinein große Popularität.

Aufruf

Frisch auf, mein Volk! Die Flammenzeichen rauchen,
   Hell aus dem Norden bricht der Freiheit Licht.
Du sollst den Stahl in Feindes Herzen tauchen;
Frisch auf, mein Volk! – Die Flammenzeichen rauchen,
5   Die Saat ist reif; ihr Schnitter, zaudert nicht!
Das höchste Heil, das letzte, liegt im Schwerte!
   Drück dir den Speer ins treue Herz hinein;
»Der Freiheit eine Gasse!« – Wasch die Erde
   Dein deutsches Land, mit deinem Blute rein!

10 Es ist kein Krieg, von dem die Kronen wissen;
　　Es ist ein Kreuzzug, 's ist ein heil'ger Krieg!
　Recht, Sitte, Tugend, Glauben und Gewissen
　Hat der Tyrann aus deiner Brust gerissen;
　　Errette sie mit deiner Freiheit Sieg!
15 Das Winseln deiner Greise ruft: »Erwache!«
　　Der Hütte Schutt verflucht die Räuberbrut,
　Die Schande deiner Töchter schreit um Rache,
　　Der Meuchelmord der Söhne schreit nach Blut.

　Zerbrich die Flugschar, laß den Meißel fallen,
20 　Die Leier still, den Webstuhl ruhig stehn!
　Verlasse deine Höfe, deine Hallen!
　Vor dessen Antlitz deine Fahnen wallen,
　　Er will sein Volk in Waffenrüstung sehn.
　Denn einen großen Altar sollst du bauen
25 　In seiner Freiheit ewgem Morgenrot;
　Mit deinem Schwert sollst du die Steine hauen,
　　Der Tempel gründe sich auf Heldentod.

　Was weint ihr, Mädchen, warum klagt ihr, Weiber,
　　Für die der Herr die Schwerter nicht gestählt,
30 Wenn wir entzückt die jugendlichen Leiber
　Hinwerfen in die Scharen eurer Räuber,
　　Daß euch des Kampfes kühne Wollust fehlt?
　Ihr könnt ja froh zu Gottes Altar treten!
　　Für Wunden gab er zarte Sorgsamkeit,
35 Gab euch in euren herzlichen Gebeten
　　Den schönen, reinen Sieg der Frömmigkeit.

　So betet, daß die alte Kraft erwache,
　　Daß wir dastehn, das alte Volk des Siegs!
　Die Märtyrer der heilgen deutschen Sache,
40 　Oft ruft sie an als Genien der Rache,
　　Als gute Engel des gerechten Kriegs!
　Luise, schwebe segnend um den Gatten!
　　Geist unsers Ferdinand, voran dem Zug!
　Und all ihr deutschen freien Heldenschatten,
45 　Mit uns, mit uns und unsrer Fahnen Flug!

　Der Himmel hilft, die Hölle muß uns weichen!
　　Drauf, wackres Volk! Drauf! ruft die Freiheit, drauf!
　Hoch schlägt dein Herz, hoch wachsen deine Eichen,
　Was kümmern dich die Hügel deiner Leichen?
50 　Hoch pflanze da die Freiheitsfahne auf!
　Doch stehst du dann, mein Volk, bekränzt von Glücke,
　　In deiner Vorzeit heilgem Siegerglanz:
　Vergiß die treuen Toten nicht und schmücke
　　Auch unsre Urne mit dem Eichenkranz!

An diesem Gedicht ist weniger die Aussageabsicht interessant, sie liegt auf der Hand. Das Gedicht ist ein emotional stark aufgeladener Aufruf zum Freiheitskrieg. Vielmehr ist die Strategie der martialischen Rhetorik bemerkenswert. Das Gedicht appelliert offen zu einem gemeinsamen heldenhaften Handeln und zu gemeinsamem religiösen Tun. Zentrale Begriffe sind die Wörter **Volk** und **Freiheit**, die auch wiederholt in enger Verknüpfung auftauchen. **Volk** meint einerseits die Volksgemeinschaft, die nun nicht mehr für einen Monarchen kämpft: **Es ist kein Krieg, von dem die Kronen wissen**. Andererseits ist damit aber auch das erwählte, das Gottesvolk gemeint: **Er will sein Volk in Waffenrüstung sehen**. Der **Norden** als Quelle von **der Freiheit Licht** meint die Vorstellung der Deutschen als Volk germanischer Abstammung. Die **Flammenzeichen** symbolisieren sowohl reale zeitgenössische militärische Nachrichtentechnik andererseits aber auch urgermanisches heidnisches Brauchtum. Das Handeln der Gegenwart wird aus der Geschichte begründet.

Die **Freiheit** ist nur durch das Töten des Feindes zu erlangen: **Du sollst den Stahl in Feindes Herzen tauchen**. KÖRNER verwendet als Bild im kriegerischen Kampf nur dann Feuerwaffen, wenn er sie mit dem Jagen assoziiert. Damit wird dem kriegerischen Töten seine moralische Fragwürdigkeit genommen. Jagen ist nicht dieser Frage ausgesetzt. Hier verwendet er dafür gar das Bild der Ernte: **Die Saat ist reif; ihr Schnitter zaudert nicht!** Noch weniger als der Jäger braucht der Schnitter bei der Ernte die moralische Hinterfragung seiner Handlung zu fürchten. Gleichzeitig ist im Wort **Schnitter** aber auch die Bedeutung des biblischen Schnitters, des Sensenmannes als Allegorie des Todes, aufgehoben. Der religiöse Bildbereich zieht sich leitmotivisch durch das gesamte Gedicht: **Kreuzzug, heil'ger Krieg, Altar, Märtyrer, heilig, Gebet, Frömmigkeit** und **Gott** (22 f.). Der Krieg wird sakralisiert.

Der Rechtfertigung des eigenen Handelns dient auch die Hervorhebung der Schandtaten des Feindes: Raub (**Räuberbrut**), Zerstörung (**Schutt**), Vergewaltigung (**Schande**), **Meuchelmord**. Die Notwendigkeit der Sühnung solcher Taten wird durch die Familienbande noch dringlicher: **Greise, Töchter, Söhne**. Es ist der Kampf für hohe moralische Werte: **Recht, Sitte, Tugend, Glauben und Gewissen**. Geadelt wird der Kampf der Befreiung durch das Selbstopfer: **Mit deinem Blute rein, Heldentod, Märtyrer, Urne**. Das Sterben im gerechten Kampf ist reine Männersache, die durch ihre erotische Auflading (**Wollust**) den Neid der **Mädchen** und **Weiber** erregt. Hier zeigt sich ein wichtiger Aspekt des Männlichkeitsmythos': der Krieg als männliches Heldenfest, das die Frau als Krankenschwester und Bewunderin ins zweite Glied rückt.

Als wichtige Vorbilder für diesen selbstlosen Kampf nennt das Gedicht

Arnold Winkelried, indem es dessen legendären Ausruf zitiert: **Der Freiheit eine Gasse!**. Mit diesen Worten soll der Schweizer sich 1386 angeblich in der Schlacht gegen Österreich unter Einsatz seines Lebens erfolgreich in die gegnerische Schlachtordnung geworfen haben. **Luise** und **Ferdinand** bezeichnet zwei Märtyrer des Kampfes gegen Napoleon, gemeint ist die preußische Königin Luise, die 1807 in Tilsit dem siegreichen Napoleon persönlich entgegengetreten sein soll, um bessere Friedensbedingungen für Preußen zu erwirken. Napoleon soll sie höhnisch behandelt haben. Nach ihrem frühen Tod 1810 wurde sie rasch zur Volkslegende stilisiert, und viele Dichter versuchten sich an dem Stoff. Mit **Ferdinand** ist wohl der im Napoleonischen Krieg gefallene preußische Prinz Louis Ferdinand gemeint.

Die rhetorische Strategie des Gedichtes ist somit klar: deutliche Polarisierung Freund – Feind, Begründung der eigenen Aufgabe aus der Geschichte, Sakralisierung des kriegerischen Handelns, Orientierung an legendären Vorbildern. Es handelt sich um eine ungeheuer stark emotional aufgeladene Sprache und Bildlichkeit. Die Rhetorik und Propaganda neuzeitlicher Demagogen unterscheidet sich hiervon in keiner Weise.

2   ›aber der große Weltriß ...‹ – Biedermeierzeit[56]. Zwischen Restauration und Revolution (1815–1848)

Ach, teurer Leser, wenn du über jene Zerrissenheit klagen willst, so beklage lieber, daß die Welt mitten entzwei gerissen ist. [...] Wer von seinem Herzen rühmt, es sei ganz geblieben, der gesteht nur, daß er ein prosaisches, weitabgelegenes Winkelherz hat. Durch das meinige ging aber der große Weltriß, und eben deswegen weiß ich, daß die großen Götter mich vor vielen anderen begnadigt und des Dichtermärtyriums würdig geachtet haben.[57]

Heinrich Heine artikuliert hier als einer der Betroffenen die Grundhaltung, die die Dichter dieser so ungeheuer widersprüchlichen Zeit zu prägen scheint; Heine nennt es **Weltriß**, in der Literaturgeschichtsschreibung hat sich der Begriff Weltschmerz etabliert. Die Epoche der Biedermeierzeit wurde durch z. T. diametral gegensätzliche Kräfte geprägt, die teilweise gleichzeitig wirkten und sich dialektisch-antagonistisch gegenseitig bedingten und befruchteten. Es ist eine Epoche, die größtenteils gezielt den Rückzug ins Private und Apolitische vollzog, die die großen Programme aufgab, an deren Ende aber trotzdem die große 48er-Revolution stand. In der Paulskirche wurden Konzepte diskutiert, die unserer modernen Staatsauffassung sehr nahe kommen.

Um den Zeitrahmen der Epoche abzustecken, bieten sich kaum innerliterarische Grenzmarken, wie Epoche machende Werke oder programmatische Entwürfe, an. Sie stellt sich als relative Einheit mit der Romantik dar und wird auch im Ausland häufig mit dieser zusammengefasst. Ein Kahlschlag erfolgte erst nach 1848, als sich der programmatische Realismus radikal gegen die Biedermeierzeit wandte. So müssen zunächst Ereignisse und Prozesse der Fundamentalgeschichte als Kulisse erstellt werden, vor deren Hintergrund dann das literarische Bild zu zeichnen ist. Denn die politisch-historischen Ereignisse griffen z. T. ganz konkret in die literarische Produktion (Zensur) ein, bestimmten ganz wesentlich die Geisteshaltung der Epoche mit und die Literaten reagierten auf die Ereignisse (politische Dichtung).

Historisch bezeichnet man diese Epoche zwischen 1815 und 1848 als Zeitalter der Restauration. Die Befreiungskriege hatten mit der vernichtenden Niederlage der Franzosen unter Napoleon geendet, aber der äußeren Befreiung folgte keine innere Freiheit. Auf dem Wiener Kongress 1815 bemühten sich die siegreichen Fürsten um eine Wiederherstellung der alten Ordnung. Unter der Federführung des österreichischen Fürsten Metternich, der auch die zentrale politische Gestalt dieser Epoche wurde, teilte man Europa neu auf und stellte die alte Ordnung unter den Leitlinien Restauration der Ordnung, Legitimation der Macht und Solidarität der Fürsten wieder her; nationale, liberale und demokratische Bemühungen wurden unterdrückt. Ein deutscher Nationalstaat wurde nicht gegründet, sondern im Deutschen Bund (1815–66) schlossen sich 39 souveräne Mitgliedsstaaten zusammen. Der Bundestag, der in Frankfurt tagte, setzte sich aus Gesandten der einzelnen Fürsten zusammen und war keine Volksvertretung. Allerdings wurde als kleiner Fortschritt in vielen der Mitgliedsstaaten Verfassungen (außer u. a. Preußen) erlassen, die die Rolle der Fürsten und der Staatsorgane festschrieben. Als die liberalen und nationalen Kräfte, getragen u. a. von den Burschenschaften, zu weiteren Unruhen beitrugen, nahm der Bundestag die politisch motivierte Ermordung des Dichters Kotzebue zum Anlass, 1819 in den Karlsbader Beschlüssen und 1820 in der Wiener Schlussakte die Zensur zu verankern: Alle Druckerzeugnisse mit einem bestimmten Umfang unterlagen der Zensur der Behörden.

Im Rahmen der Julirevolution von 1830 in Paris wurde König Karl X. zur Abdankung gezwungen. Die erneute revolutionäre Unruhe wirkte sich auf andere Länder aus, in Italien und Polen erhoben sich Aufstände. In Deutschland fühlte sich v. a. eine Gruppe, die als das *Junge Deutschland* bezeichnet wird, bestärkt. Das Hambacher Fest als liberale Kundgebung brachte 1832 dreißigtausend Menschen zusammen. 1833 wurde die Frankfurter Polizeiwache gestürmt. Dies führte 1835 zum Verbot der Jungdeutschen durch den deutschen Bundestag. 1834 wurde der deutsche Zollverein gegründet, der den Ausbau des rückständigen Eisenbahnwesens ermöglichte und eine Vorstufe zur politischen Einigung und Industrialisierung Deutschlands darstellte. 1840 bestieg Friedrich Wilhelm IV. den preußischen Königsthron, auf den sich anfangs die liberalen Hoffnungen richteten, denn er ließ zunächst die Zensur lockern und erließ eine Amnestie für verurteilte Demagogen. Doch auch diese Hoffnung erwies sich bald als trügerisch, die versprochene Verfassung kam nie zustande.

1848 gingen erneut von Frankreich revolutionäre Unruhen aus. Der Februarrevolution in Frankreich folgten im März – daher die Bezeichnung *Vormärz* – Unruhen in den wichtigen deutschen Zentren Wien, Berlin, München, die dann im Mai die erste gewählte Nationalversammlung in der Frankfurter Paulskirche ermöglichten. Zwar macht die Wirtschaft in dieser Zeit einige Schritte in Richtung einer kapitalorientierten Wirtschaft, indem z. B. 1810 bereits die Zünfte abgeschafft worden waren, aber trotzdem bleibt die Wirtschaft spätmerkantilistisch geprägt. Industrie, Technik und Verkehrswesen waren unentwickelt, die Großstadtbildung setzte erst später richtig ein. Die Gesellschaft war dezentral organisiert. Die Befreiungskriege hinterließen den Menschen zunächst einmal eine enorme Finanznot.

Agrarkrisen (Missernten, Schädlingsbefall) führten aufgrund mangelhafter Transportmöglichkeiten zu Hungersnöten. Die Handwerker- und Bauernbefreiung zog Verarmung nach sich, die sich daran anschließende Landflucht verstärkte die Not in den wachsenden Städten. Die beginnende Produktion industrieller Rohstoffe und Kosumgüter brachte steigende Gewinne mit sich, das Problem der gerechten Verteilung des Reichtums stellte sich. Der Adel blieb die dominierende Gesellschaftsschicht, Klassengegensätze bahnten sich an. Auf der einen Seite war der neu entdeckte Individualismus prägend, andererseits stellte sich eine zunehmende Kollektivierung ein: Vereine wurden gegründet, die großen Städte mit ihrem Vergnügungsangebot wurden gezielt als Schutz des Vereinzelten in der Masse gesucht. Die Epoche wurde die Mutter des Marxismus und Sozialismus. 1848 erschien Karl Marx' *KOMMUNISTISCHES MANIFEST*.

Die zunehmende Verbürgerlichung veränderte auch den literarischen Markt. Lesegesellschaften, Lesecafés, gesellschaftliche Salons florierten. Die verbesserte Drucktechnik förderte die Massenproduktion, die auch Verbreitung fand. Eine Menge von Taschenbüchern und Almanachen entstand, fragwürdigste Dilettantenliteratur wurde gedruckt. Das Gefühl für literarische Qualität war bei den Lesern gering entwickelt. Aber auch hochrangige Autoren schrieben für solche Organe und scheuten sich nicht vor der Trivialisierung ihrer Werke. Erstfassungen waren oft schwach und erfuhren Jahre später häufig eine wohltuende Bearbeitung.

Aus dieser vielfältigen Widersprüchlichkeit wird die Geisteshaltung des Weltschmerzes einigermaßen begreifbar. Der Weltschmerz ist keine Erfindung des Biedermeier. Bereits Goethe hat in seinem Roman *DIE LEIDEN DES JUNGEN WERTHER* 1775 den Prototypen des Weltschmerzlers gestaltet. Der Dichter Jean Paul hat den Begriff geprägt. Heines **Weltriß** meint das Gleiche. Der Philosoph Arthur Schopenhauer hat in seinem Werk *DIE WELT ALS WILLE UND VORSTELLUNG* (1818) die erste Weltschmerzlehre geliefert. Weltschmerz ist ein gesamteuropäisches Phänomen und der englische Dichter Lord Byron gilt als das große Vorbild weltschmerzlerischer Dichtung. Die Begeisterung der Byroniden für den griechischen Freiheitskampf in den 20er-Jahren, an dem Byron teilnimmt und in dessen Verlauf er stirbt, und später für die polnische Revolution zeigt die politische Basis des Weltschmerzes. Das Hamletfieber der Byroniden setzt das Wertherfieber des späten 18. Jahrhunderts mit seiner grotesken Selbstmordepidemie fort. Die Weltschmerzpoeten sind teilweise labile Naturen mit Neigung zu Nervenkrankheiten oder Exzessen. Die einen überlassen sich fantastischen Ausschweifungen (Platen, Waiblinger), der Trunksucht (Grabbe), verfallen dem Wahnsinn (Lenau) oder begehen Selbstmord (Lessmann), die anderen (Mörike, Droste) weichen der erkannten Gefährdung durch besondere

Lebensformen aus. Beispielsweise weigerte sich Mörike, der in seinem Roman *MALER NOLTEN* die Zerrissenheit gestaltet hat, später die modische Novelle *DIE ZERRISSENEN* eines nachrangigen Dichters auch nur in die Hand zu nehmen.

Gemeint ist immer, daß das Leiden, die Zerrissenheit nicht nur den einzelnen Leidenden oder Zerrissenen zeichnet, sondern die Welt als ganzes, und daher als metaphysisches Phänomen anerkannt werden muß.[58] Das eigene Leiden als Leiden der Welt anzusehen, tritt als Massenphänomen auf. Der Weltschmerzler tritt mit einer christlichen Erwartung an die Welt heran und sucht nach dem alles ordnenden, allliebenden und allrichtenden Gott. Da er diesen aber nicht findet, beklagt er seinen Schmerz in Vorwürfen an die Welt, statt sich damit abzufinden. Auch fühlt er sich nicht zur Revolte dagegen fähig. Ihm bleibt nur die Klage über diesen Nihilismus. So wird Hamlet zur Symbolfigur des Weltschmerzlers. Durchlebt haben den Weltschmerz wohl alle Dichter, aber viele schützten sich vor ihm durch Humor oder aggressive Ironie und überließen sich ihm nicht, **während in den Weltschmerzpoeten die nihilistische Grundstimmung der Nachkriegszeit unverhüllt zutage tritt.**[59]

Der Literat und Düsseldorfer Theaterintendant Karl Leberecht Immermann tituliert in seiner autobiografischen Schrift *DIE JUGEND VOR FÜNFUNDZWANZIG JAHREN* (1839) die deutschen Familienväter als **entwickeltere oder unentwickeltere Hamlete. Deutschland ist Hamlet!** dichtet Ferdinand Freiligrath (»Hamlet«). Hamlet in Shakespeares gleichnamigem Drama ist der Prototyp des zwischen Vater und Mutter stehenden gespaltenen und gelähmten Menschen[60], der seinen adäquaten Ausdruck in einem melancholisch-zynischen Witz findet und im Wahnsinn seine Maske sucht. Seinen Zwiespalt kann er nicht durch die Tat lösen, sondern sieht einzig im Tod die Erlösung von seiner Qual. Diese Haltung war wohl auch mit Schuld an dem Scheitern der Revolution.

Der Hauptgrund des geistigen und gemütlichen Schwankens bleibt das Bewußtsein von der Größe der vergangenen Arbeit und von der scheinbaren Kleinheit oder der unreinen Natur der Ausbeute.[61] Die Restauration hatte alle Hoffnungen, für die man in den Befreiungskriegen gekämpft hatte, zunichte gemacht. Die nationale Enttäuschung zeigte sich in einer allgegenwärtigen Resignation. Die Aufstände und Aktionen, die sich gegen die anhaltende Zersplitterung der Nation richteten, scheiterten allesamt. Gemessen an der Vorgängergeneration musste man sich klein und unfähig fühlen, das Gefühl, in einer banalen Epoche zu leben, gehörte wesentlich zum Weltschmerz. Der Polizeistaat reagierte auf alles mit Unfreiheit und Repression. Armut verstärkte die gesellschaftlichen Spannungen, doch statt Reformen durchzuführen, behauptete sich der Adel erneut als dominante

Schicht. Das Gefühl der Selbstentfremdung, das die vorangegangenen Generationen schon thematisiert hatten, verstärkte sich im Zuge der zunehmenden Kollektivierung. Auch die Religion bot nicht mehr die Sicherheit hinsichtlich übergreifender Werte. Im Gegenteil, gegen Ende der Epoche machte sich die Philosophie in Person von David Friedrich Strauß, Ludwig Feuerbach und Karl Marx daran, Gott zu verabschieden.

Im politischen Leben trafen vier große politische Strömungen aufeinander: Liberalismus, Nationalismus, Konservativismus und der frühe Sozialismus. In der Tradition der Aufklärung und der Französischen Revolution zielte der Liberalismus darauf, den Staat gegenüber dem Einzelnen zu begrenzen und die Freiheit des Einzelnen vor der Übermacht des Staates zu sichern. Daher forderte der Liberalismus Menschen- und Bürgerrechte, Gewaltenteilung und den Rechtsstaat. Die Nation wollte an der Regierung Anteil nehmen. Daneben konnte die Forderung nach einer Mehrheitsregierung treten, Liberalismus war aber nicht unbedingt identisch mit Demokratie. Als abschreckendes Beispiel hatte man immer noch den Terror der Jakobiner im Verlauf der Französischen Revolution vor Augen. Der Nationalismus setzte die nationalstaatlichen Bestrebungen des frühen 19. Jahrhunderts fort. Ziel war es, die Kulturnation mit der Staatsnation zur Deckung zu bringen. Bis 1848 wurde der Nationalismus zur stärksten politischen Kraft. Der Konservativismus als Gegner der genannten Richtungen wollte zurück zu den Zuständen vor 1789. Der Philosoph Hegel bildete mit seinem dialektischen Geschichtsbild und der Integration der Historie in philosophische Weltdeutung den Ausgangspunkt für eine politische Richtung, die sich später als Sozialismus oder Kommunismus konkretisieren wird.

Auch in der Literatur sind gegensätzliche Stiltendenzen zu unterscheiden. Zum Ersten ragt die *romantische Tradition* weit in diesen Zeitraum hinein, z. B. Eichendorff und Tieck leben noch lange und stellen ihre literarische Publikation keineswegs ein, sondern gelangen zu höchstem Ansehen.

Zum *Biedermeier* im eigentlichen Sinne sind in unserem Kontext in erster Linie Eduard Mörike, Annette von Droste-Hülshoff, August von Platen, Nikolaus Lenau und Friedrich Rückert zu rechnen. Das *Biedermeier* ist insofern schwer zu fassen, als es kein Programm hatte. Es ist gekennzeichnet durch einen Rückgriff auf die vorromantischen Traditionen Rokoko und Empfindsamkeit. Die kleinen Formen dienen einer geselligen Kultur. Viele der Autoren zeigen eine deutliche landschaftliche Bindung, der enger begrenzte Bereich der Heimat ersetzt die abstraktere Dimension Nation. Man kehrt wieder zum sachlich-nüchternen Empirismus des 18. Jahrhunderts zurück, die in der Dichtung genannten Dinge sind nicht immer sofort symbolisch und ästhetisch relativiert, lassen insgesamt aber doch stets die höhere Ordnung durchscheinen. Das Personal der Werke sind nicht mehr die Taugenichtse und Bohemiens der Romantik, sondern Menschen, die in einem harten Alltag leben. Die übernatürlichen Kräfte und die starken Leidenschaften werden als beunruhigend empfunden, wogegen man die bergende Idylle sucht. Dies zeigt sich auch in den Biografien Mörikes und der Droste, die sich selbst eine zurückgezogen **diätische**[62] Lebensform verordneten. Im *Biedermeier* ist eine Renaissance einer entschieden christlichen Literatur zu verzeichnen. Damit ist nicht nur die religiöse Erbauungsliteratur gemeint, die im Zusammenhang mit einer von der offiziellen Politik als Damm gegen die Revolution geförderten geistlichen Restauration zu sehen ist und im Zusammenhang mit dem Verbot der Jungdeutschen eine besondere Förderung erfuhr. Bei der Droste finden sich viele Gedichte, die das Religiöse in einer anderen Art thematisieren als dies bei den Klassikern, Hölderlin oder den romantischen Dichtern geschieht.

Bieder bedeutete ursprünglich heroisch, edel, treu. So lässt z.B. Friedrich Schiller seine Dramenfigur Maria Stuart ihrem edlen Bewacher Sir Paulet mit den Worten **Ich hab Euch stets als Biedermann erfunden**[63] ein Kompliment machen. Bieder wurde zum Modewort und erfuhr eine deutliche Abnutzung. In der trivialen Verbindung mit -meier wurde es endgültig zum Allerweltswort. Zum abwertenden Schimpfwort wurde es erst nach 1848 durch die Satire DIE GEDICHTE DES SCHWÄBISCHEN SCHULMEISTERS GOTTLIEB BIEDERMEIER UND SEINES FREUNDES HORATIUS TREUHERZ der Parodisten Adolf Kußmaul und Ludwig Eichrodt, die 1850–57 in den Münchner *Fliegenden Blättern* erschien. Biedermeier[64] wird folgendermaßen charakterisiert:

> Beide aber, Biedermeier und Schartenmeier, werden bald zu den fossilen Überresten jener vormärzsündflutlichen Zeit gehören, wo Teutschland noch im Schatten kühler Sauerkrautköpfe gemütlich aß, trank, dichtete und verdaute, und das übrige Gott und dem Bundestag anheimstellte.[65]

Ludwig Pfau hat die Ambivalenzen des Herrn Biedermeier im gleichnamigen Gedicht in Verse gesetzt: […] **Gemäßigt stimmt er bei den Wahlen, / Denn er mißbilligt allen Streit; / Obwohl kein Freund vom Steuerzahlen, / verehrt er sehr die Obrigkeit.** […] Der Refrain lautet: **Und leiht sein Geld auf Wucher aus.**[66] Dieser Spott der späteren Generation soll vor allem die Neigung des Biedermeier zum Beharren und die Neigung der schwäbischen Dichter zu kleinen Formen treffen. Man selber wurzelte in einer Phase des wirtschaftlichen Aufschwungs und konnte mit der Zerrissenheit nichts mehr anfangen. Dass dahinter auch zum Teil eine bewusste Zähmung der als unheimlich erfahrenen Leidenschaften lag und die Epoche immerhin die große Revolution geschafft hatte, machte sie darüber hinaus verdächtig.

Zur oppositionellen Richtung des *Jungen Deutschland* sind Heinrich

Heine, Theodor Mundt, Karl Gutzkow und Ludwig Börne zu rechnen. **Wir müssen etwas tun, was Ersatz ist für das, was wir tun könnten. Es muß wenigstens ebenso groß sein wie unsere Vorstellung. Wir ergreifen die Feder.**[67] Solche Äußerungen wie die Karl Gutzkows haben schon eher programmatischen Charakter. Literatur wird in den Zusammenhang politischen Handelns gesetzt. Ausgehend von der politischen Publizistik Börnes oder den REISEBILDERN Heines definieren sie Literatur als Geschichtsschreibung der Gegenwart, daher werden publizistische Formen dem lyrischen Sprechen vorgezogen. In politischer Hinsicht war man sich nur hinsichtlich der Ablehnung der Restauration einig, ansonsten war kein Konsens festzustellen, im Gegenteil man griff sich gegenseitig öffentlich in sehr scharfer Form an. Begeistert durch die Julirevolution von 1830 favorisierte man eine Literatur, die kritisch in die Tagespolitik eingriff und sich dazu neuer, publizistischer Formen bediente. Polemisch griff man auch Goethe und sein Literaturverständnis an. Im Zusammenhang mit dieser antirestaurativen politischen Agitation kam es dann 1832 zur gigantischen Manifestation des Hambacher Festes, 1833 zur Stürmung der Frankfurter Polizeiwache und 1834 zu dem politischen Flugblatt DER HESSISCHE LANDBOTE. Für dessen demagogischen Aufruf **Friede den Hütten, Krieg den Palästen** war der Dichter Georg Büchner, der aber nicht zum *Jungen Deutschland* zu rechnen ist, verantwortlich. Büchner konnte sich nur knapp durch abenteuerliche Flucht der Verhaftung entziehen. Unter dem Vorwurf der Pornografie in einem Roman Gutzkows erließ der Deutsche Bundestag 1835 vollkommenes Publikationsverbot für die namentlich genannten Autoren des *Jungen Deutschland*. Als den brillantesten und damit auch gefährlichsten Kopf unter diesen Publizisten schätzten die Politiker der Restauration, unter ihnen Metternich persönlich, mit Recht Heinrich Heine ein. Als Folge emigrierten viele Autoren u. a. nach Paris. Es fanden sich trotzdem viele Wege, die Zensur zu umgehen.

Heine konnte für sich nie ganz die Diskrepanz auflösen zwischen virtuosem Formbewusstsein und politisch engagierter Dichtung, zwischen aristokratischer Haltung und liberalen Forderungen. Die zum Kapiteleingang zitierte Passage aus seinen *REISEBILDERN* zeigt auf, dass er die Erkenntnisfähigkeit des Weltrisses als Begnadigung und **Dichtermärtyrtum** auffasst, dessen Entgegensetzung **Winkelherz** an das romantische Konzept vom Philister erinnert. Er erkannte genau, dass im Falle einer von ihm gewünschten proletarischen Revolution auch die aristokratische geistige und künstlerische Tradition, für die er als virtuoser Sprachbeherrscher stand, ebenso zerschlagen würde.

Die literarische Strömung des *Vormärz* half mit, das politische Klima für die Märzrevolution 1848 vorzubereiten. In den 40er-Jahren verstärkte sich ein politischer Gärungsprozess: Das wirtschaftlich mächtiger gewordene Bürgertum drängte energischer auf politische Veränderungen. Friedrich Wilhelm IV. verweigerte weiterhin die versprochene Verfassung. Hungersnöte verschärften die Lage der Bevölkerung. Eine Gruppe von Schülern Georg Friedrich Hegels traten mit Schriften an die Öffentlichkeit, die für die Ideologiebildung im Bürgertum des *Vormärz* prägend wurden: Ludwig Feuerbach, Karl Marx, Friedrich Engels. Diese *Jung-* oder *Linkshegelianer* genannte Gruppe radikalisierte das Werk Hegels deutlich, zielte auf die Destruktion des Christentums und trug zur Verschärfung der politischen Konfrontation bei. Vor allem Hegels Ansatz der Geschichtlichkeit des Menschen wurde aufgegriffen, allerdings im Materialismus dann ›vom Kopf auf die Füße gestellt‹. 1848 erschien Karl Marx' DAS KOMMUNISTISCHE MANIFEST. In dieser Phase kam der Lyrik eine besondere Rolle zu. Die Popularität der Lyrik überhaupt, die rasche Verbreitung, die Nachdrucke auf Flugblättern und die Singbarkeit machten die Lyrik zum Massenkommunikationsmittel der ersten Wahl und zur Waffe der Agitation. Man knüpfte an die Lyrik der Freiheitskriege (Arndt, Körner) und die Publizistik des *Jungen Deutschland* an. Mit pathetischer Rhetorik wie in Hoffmann von Fallerslebens »Deutschlandlied« (**Deutschland, Deutschland über alles**), das noch heute in verkürzter Fassung als deutsche Nationalhymne fungiert, wurde die Lyrik zur populären Zweckliteratur. Als Vorbereiter des politischen Umsturzes lehnte man natürlich die Haltung des Weltschmerzes entschieden ab. Als Autoren des *Vormärz* sind zu nennen Ferdinand Freiligrath, Georg Herwegh, August Heinrich Hoffmann von Fallersleben, Georg Weerth.

Ohne aus dem Auge zu verlieren, dass die hier umschriebenen Tendenzen teilweise gleichzeitig zu beobachten sind und sich in ihrer Gegensätzlichkeit bedingen, kann ein Verlaufsmodell, das hervorhebt, welcher Aspekt sich in welcher Phase innovativ oder akzentsetzend in den Vordergrund schiebt, den Überblick über die Biedermeierzeit erleichtern:

- 1815–1820: Wiener Kongress, Restauration, nationale Agitation der Burschenschaften und enttäuschten Befreiungskriegsteilnehmer
- 1820–1830: Karlsbader Beschlüsse, Zensur, Resignation, Rückzug ins Apolitische
- 1830–1835: Julirevolution, Junges Deutschland
- 1835–1840: Verbot, erneut ruhige und zurückgezogene Phase
- 1840–1848: Vormärz.

2.1 ›Die Endschaft der *Goetheschen Kunstperiode*‹[68] – Platen und Heine

2.1.1 Nihilistische Weltklage – August von Platen

Obwohl einzelne Texte AUGUST GRAF VON PLATENS in kaum einer Anthologie fehlen, wird er als Dichter sehr unterschiedlich beurteilt. Die einen tun ihn als eklektischen Klassizisten ab, andere stilisieren seine politische Lyrik hoch. Unverkennbar ist jedoch, dass er mit einer Gruppe seiner Gedichte einen lyrischen Ton getroffen hat, der bis heute nicht vergessen wurde und wichtige Dichter (z. B. George) nach ihm nicht unmaßgeblich beeindruckt hat.

PLATEN stammte aus einer besitzlosen Adelsfamilie. 1796 wurde er als Kind aus zweiter Ehe seines Vaters geboren. In seiner Erziehung war in erster Linie seine Mutter prägend. Sie weckte in ihm die Neigung zu romanischen Traditionen, v. a. im Bereich des Literarischen. Eine Offizierslaufbahn brach er zeitig wieder ab, ebenso ein juristisches Studium. Die Entdeckung seiner homosexuellen Neigung veranlasste ihn seinen Studienort zu wechseln und wurde zu einem der Hauptthemen in seiner wechselvollen Lebensgeschichte, die zwischen Selbstverneinung und Selbstbehauptung hin und her schwang. Einige Jahre später muss er wohl als einer der gebildetsten Dichter seiner Zeit angesehen werden. Er hatte elf Sprachen erlernt, um deren Literaturen im Originaltext studieren zu können, was er exzessiv betrieb und was ihn zu seiner eigenen Produktion inspirierte. Später wanderte er nach Italien aus, das er unermüdlich besichtigte. 1835 starb er jung an unsinnigem Medikamentengebrauch.

> Es liegt an eines Menschen Schmerz, an eines Menschen Wunde nichts,
> Es kehrt an das, was Kranke quält, sich ewig der Gesunde nichts;
> Und wäre nicht das Leben kurz, das stets der Mensch vom Menschen erbt,
> So gäbs Beklagenswerteres auf diesem weiten Runde nichts!
> 5 Einförmig stellt Natur sich her, doch tausendförmig ist ihr Tod,
> Es fragt die Welt nach meinem Ziel, nach deiner letzten Stunde nichts.
> Und wer sich willig nicht ergibt dem ehrnen Lose, das ihm dräut,
> Der zürnt ins Grab sich rettungslos und fühlt in dessen Schlunde nichts;
> Dies wissen alle, doch vergißt es jeder gerne jeden Tag,
> 10 So komme denn in diesem Sinn, hinfort aus meinem Munde nichts!
> Vergeßt, daß euch die Welt betrügt und daß ihr Wunsch nur Wünsche zeugt,
> Laßt eurer Liebe nichts entgehn, entschlüpfen eurer Kunde nichts!
> Es hofft ein jeder, daß die Zeit ihm gebe, was sie keinem gab,
> Denn jeder sucht ein All zu sein, und jeder ist im Grunde nichts.

Das Gedicht repräsentiert die persische Strophenform des Ghasels, die auch Goethe in seinem Zyklus WEST-ÖSTLICHER DIVAN verwendet. PLATEN hat 1820 eigens beschlossen Persisch zu lernen und 1821 bereits seine 30 ersten Ghaselen veröffentlicht. Die Form des Ghasel beruht auf einer beliebigen Anzahl von Langverspaaren, Beits genannt. Jeweils der zweite Vers des Verspaars enthält ein Reimwort am Ende, das aber in allen Beits jeweils an gleicher Stelle wiederkehrt (**nichts**). Im ersten Verspaar, dem so genannten Königsbeit, tritt das Reimwort in beiden Versen auf. Zum artistischen Kunststück wird diese Strophenform durch den Radif (Überreim), ein Wort oder eine Wortgruppe, das oder die dem Reimwort vorangestellt ist und ebenfalls wiederholt wird (**Wunde, Gesunde, Runde, ...**). Unser Ghasel **Es liegt an eines Menschen ...** entspricht genau dieser Formung. Inhaltlich thematisiert das persische Ghasel ähnliche Motive wie die antike Anakreontik: Lebensgenuss, Lob des Weins und der Liebe. Diesen seinen Zeitgenossen noch aus der Anakreontik des Rokoko vertrauten Zug mancher seiner Ghaselen leugnete PLATEN nicht; in einem Brief an Gustav Schwab (17.3.1828) meint er, die Anakreontik habe **doch auch ihren wirklichen Werth in der Poesie**.[69]

Die aus der Form sich ergebende Gefahr der Monotonie nutzt PLATEN in diesem Ghasel genial zur Darstellung des profunden Nihilismus. Nihilismus ist **jene Einheit des Verschiedenen, die Faszination wie das Grauen vor einer leeren, gottlosen Welt, vor einem Raum ungehemmter Freiheit des Menschenlebens wie auch der menschlichen Nichtigkeit im Tode**.[70] In seinem Gestus erinnert das Gedicht deutlich an Barock-Lyrik, es beklagt in einer konstruierten Rhetorik die Vanitas, die Nichtigkeit des Lebens. Der erste Abschnitt nennt Schmerz, Wunde (1), Krankheit (2), Tod (3, 4) als negative Daseinserfahrungen, die dadurch verstärkt werden, dass sie nichts zählen. Paradoxerweise wird angesichts dessen die Kürze des Lebens als Vorzug (3, 4) gewertet. Der **Einförmig**keit der Natur und der Ziel- und Zwecklosigkeit des Daseins steht die **Tausendförmig**keit des Todes entgegen. Die Ergebenheit ist die einzige Haltung, die diesem Schicksal angemessen erscheint. Doch die Haltung des Menschen ist paradox, er vergisst sein Wissen darum täglich. Die Aufforderung **Laßt eurer Liebe nichts entgehn** erinnert an das barocke Carpe-diem-Motiv[71]: Genieße angesichts der Nichtigkeit das verbleibende Bisschen aus vollen Zügen. Die letzten beiden Verse fassen sentenzenartig die Aussagen zusammen, den Gegensatz zwischen der vergeblichen Eitelkeit und Hybris des Menschen und der gleichgültigen Allmacht des Nichts. Doch anders als im Barock wendet sich der unpersönliche Sprecher nicht an einen Gott oder ein Jenseits als Hoffnungsziel. Es bleibt das reine Nichts.

Auch die Rhetorik des Gedichtes erinnert an das gestellte Pathos der Barockzeit. Periphrase (4), antithetischer Parallelismus (5), Archaismus (**dräut**, 7). Wortspiele (**Wunsch nur Wünsche**, 11), Chiasmus (12) sind aus der Überredungsrhetorik entliehener Zierrat. Diese im Grunde anachronistischen Momente überträgt PLATEN auf seine Zeit. Die hier artikulierten Erfahrungen des existenziellen Nihilismus lassen Parallelen zu Literatur und Philosophie erkennen. Goethe hatte seiner Romanfigur Werther schon viel früher ähnliche Empfindungen in den Mund gelegt, Parallelen zu Schelling, bei dem PLATEN-Vorlesungen gehört hat, lassen sich aufzeigen. Bemerkenswert ist jedoch, wie PLATEN hier die lyrische Form für die Aussage in Anspruch nimmt. Die Eintönigkeit spiegelt sich im monoton wiederholten **nichts**. Alle Verschiedenartigkeit mündet immer wieder im **nichts**. Lediglich der Tod ist **tausendförmig**. Die Erfahrung ist universal, sie betrifft *einen* Menschen (6) ebenso wie *den* Menschen schlechthin. Und es ist kein liebender oder strafender Gott oder sonst eine metaphysische Instanz, die dafür verantwortlich wäre. Ein unbestimmtes Es drängt sich in den Vordergrund, es lebt sogar im Menschen (**Es hofft ein jeder**). In der abschließenden radikalen Antithese **All** – **nichts** (14) behält das **nichts** das letzte Wort.

In seinem Gedicht »Tristan« kleidet PLATEN diesen Nihilismus in die Form eines als elegische Klage gestalteten Lobes der Schönheit. Der Genuss von Schönheit und Liebe steigert sich in der dritten Strophe zur Todessehnsucht: **wie ein Quell versiechen, /** [...] **der Luft ein Gift entsaugen /** [...] **den Tod aus jeder Blume riechen**. Diese Todesverfallenheit hat aber auch etwas von einer Auszeichnung an sich: **wird für keinen Dienst auf Erden taugen**. Die Hybris des Auserwählten, und der Dichter ist auserwählt, steckt darin. Es ist dies auch nicht die Selbstaussprache eines lyrischen Ichs, sondern die Aussage wird durch eine unpersönliche Distanzierung auf eine allgemeine Ebene gehoben. Darin kann man PLATENS Absage an die seit Goethe geläufige Erlebnislyrik sehen. PLATEN gestaltet hier bereits eine dichterische Haltung, die v. a. am Ende des 19. Jahrhunderts eine wichtige Rolle (George, Hofmannsthal) spielen wird. Der Dichter wird zum Auserwählten, dem es vergönnt ist, wahre Schönheit zu schauen, wofür er mit Untauglichkeit zur irdischen Existenz zu zahlen hat. Der Dichter wird im doppelten Wortsinn zum Seher.

Damit wendet er sich aber auch von dem als pöbelhaft empfundenen Geschmack des breiten Lesepublikums ab, was mit der zunehmenden Verbürgerlichung des Lesemarktes tatsächlich ein Problem wurde. PLATEN kann den Wechsel der Adressaten von Lyrik von einer kleinen, homogenen Oberschicht zu einer größeren, diffusen Masse nicht so recht verwinden, er bleibt in der seit dem antiken Dichter Horaz bekannten Tradition des ›poeta doctus‹, des elitären, gelehrten Dichters. Gegen die Volkstümlichkeit der Romantik setzt er das Pathos und die gesuchte Esoterik, die Hinwendung zu einem ausgewählten, eingeweihten Publikum. Über die Verkennung durch die Zeitgenossen kann einen solchen Dichter nur die

Hoffnung auf den Nachruhm trösten. Die gleich gesinnten und verständnisvollen Leser spricht der Autor in seinen Veröffentlichungen dann wie eine Gemeinde an.

Mit seinem weltschmerzlerischen Nihilismus ist PLATEN ein charakteristischer Vertreter seiner Zeit, stilistisch sind seine Gedichte rückwärtsgewandt. Der Glaube und der Wille des Idealismus, mit Literatur die Welt verändern zu können, waren ihm fremd, ganz zu schweigen von einem politischen Impuls, wie ihn das *Junge Deutschland* verspürte.

2.1.2 Destruktion der Romantik – Heinrich Heine

Heine und Konsorten
Handwerksmäßiger Bänkelgesang, bockfüßige Geilheit
Macht euch, nebst Wahnsinn, deutsche Gemüter geneigt.

August Graf von Platen (1829)

Diesen unflätigen Angriff Platens gegen sich, den Platen in seinem Drama DER ROMANTISCHE ÖDIPUS (1928) noch durch antisemitische Ausfälle zu überbieten versuchte, parierte HEINE mit polemischer Schärfe in seinem Reisebericht DIE BÄDER VON LUCCA (1829): [...] **ich muß wieder auf den Refrain zurückkommen: der Graf Platen ist kein Dichter.**

Von einem Dichter verlangt man zwei Dinge: in seinen lyrischen Gedichten müssen Naturlaute, in seinen epischen oder dramatischen Gedichten müssen Gestalten sein.[72] Wo Platen die formale Vollkommenheit als höchstes Kriterium des wahren Dichters fordert: **Jegliche Silbe verrate den Dichter, wofern er es ganz ist**[73], die sich nach Möglichkeit an antiken Versmaßen oder Gedichtformen zu beweisen hat, bewertet HEINE die Verfügung über Natürlichkeit und Gefühl höher. HEINE wäre wohl kaum einverstanden gewesen, mit Platen in einem Kapitel zusammengebracht zu werden. Wer sich mit Lyrik im 19. Jahrhundert auseinander setzt, kommt an HEINRICH HEINE (1797–1856) nicht vorbei, er ist eine zentrale Figur. Da jedoch in der gleichen Reihe ein eigener Band[74] erschienen ist, der sich ausschließlich mit der Lyrik HEINES befasst, soll er hier nur kurz berücksichtigt werden um die Aspekte und Entwicklungslinien zu verdeutlichen, für die er in unserem Zusammenhang wichtig ist.

Zu den vielleicht als modisch zu bezeichnenden Attitüden der Zeit gehörte der Weltschmerz, jenes Gefühl der Hinfälligkeit wegen mangelnder metaphysischer und gesellschaftlicher Sinngebung, das Gefühl, in einer banalen Epoche zu leben und daher alle Konventionen missachten zu können und sich ständig unter pessimistischen Vorzeichen selbst reflektieren zu müssen. Das große weltschmerzlerische Vorbild in der europäischen Literatur war Lord Byron, den HEINE sehr schätzte, dessen Gedichte er übersetzte und dem er in »Childe Harold« ein literarisches Grabmal gesetzt hat.

Elise von Hohenhausen, in deren Berliner Salon HEINE verkehrte, rief ihn zum deutschen Byron aus. Die Haltung des Weltschmerzes wird außer in DIE BÄDER VON LUCCA, wo HEINE vom **Weltriß** schreibt, auch in einigen seiner Gedichte deutlich:

> Ich unglücksel'ger Atlas! eine Welt,
> Die ganze Welt der Schmerzen, muß ich tragen,
> Ich trage Unerträgliches, und brechen
> Will mir das Herz im Leibe.
>
> 5 Du stolzes Herz! du hast es ja gewollt!
> Du wolltest glücklich sein, unendlich glücklich,
> Oder unendlich elend, stolzes Herz.
> Und jetzto bist du elend.[75]

In der Allegorie des Atlas steckt die Verherrlichung des eigenen Dichtertums. Denn der Dichter ist nicht nur der Erwählte, der in der Lage ist, die Unzulänglichkeit der Welt zu erkennen und zu durchschauen, sondern auch bereit, diese auferlegten **Schmerzen** märtyrerhaft zu tragen. Damit artikuliert sich ein neues Selbstverständnis des Dichters, das dem der romantischen Universalpoesie fremd ist, höchstens zu den dunkleren Bereichen des Romantischen in Bezug gesetzt werden kann.[76] Manche anderen Gedichte HEINES scheinen dem Romantischen noch sehr nahe zu stehen:

> Die Lotosblume ängstigt
> Sich vor der Sonne Pracht,
> Und mit gesenktem Haupte
> Erwartet sie träumend die Nacht.
>
> 5 Der Mond, der ist ihr Buhle,
> Erweckt sie mit seinem Licht,
> Und ihm entschleiert sie freundlich
> Ihr frommes Blumengesicht.
>
> Sie blüht und glüht und leuchtet,
> 10 Und starret stumm in die Höh';
> Sie duftet und weinet und zittert
> Vor Liebe und Liebesweh.

Wie in vielen Gedichten HEINES geht es hier um eine unerfüllte und unerfüllbare Liebe. Dabei stellt er sich in die Tradition des italienischen Dichters Francesco Petrarca (1304–1374), der immer wieder die Ferne und Unerreichbarkeit seiner Geliebten besingt. Aber anders als bei Petrarca liegt die Unerreichbarkeit der Geliebten bei HEINE nicht an deren hohem Stand oder Tugendhaftigkeit, sondern an der abweisenden Kälte und Grausamkeit der Frau. Anders als im romantischen Liebesgedicht wird nicht die vollkommene Harmonie der Liebespartner und die metaphysische Verweisung der Liebe gefeiert.

Auch **Lotosblume** und **Mond** verbildlichen die Unmöglichkeit des Zusammenkommens. Dabei verwendet HEINE allerdings mit **Lotosblume** ein Bild, das gegenüber den Rosen, Veilchen, Lilien und Narzissen nicht dem Bildervorrat der deutschen Lyriktradition entnommen ist, sondern sich durch ungewöhnliche Exotik auszeichnet. Dieses Exotische hat auch seine metaphorische Funktion, da die **Lotosblume** in der Welt des Tages (der Wirklichkeit) fremd ist und sich für die Nacht aufspart. Da verschwendet sie sich für den fernen **Buhlen**, von dessen Licht sie abhängt, der aber keinerlei Reaktion erkennen lässt. Durch diese Nichtbeachtung ist sie in ihrem **Liebesweh** allein gelassen.[77] Es scheint dies also kein Gedicht über eine gescheiterte oder unmögliche Liebe zu sein, sondern über die Unmöglichkeit von Liebe und Glück schlechthin. FRANZ GRILLPARZER vermisst an HEINE die **Wahrheit der Empfindung**[78], womit er treffend die innere Distanz und Reserviertheit, die allen Dichtungen HEINES innewohnt, charakterisiert hat:

> Ich hab im Traum geweinet,
> Mir träumte, du lägest im Grab.
> Ich wachte auf, und die Träne
> Floß noch von der Wange herab.
>
> 5 Ich hab im Traum geweinet,
> Mir träumt', du verließest mich.
> Ich wachte auf, und ich weinte
> Noch lange bitterlich.
>
> Ich hab im Traum geweinet,
> 10 Mir träumte, du bliebest mir gut.
> Ich wachte auf, und noch immer
> Strömt meine Tränenflut.

Das Gedicht ist durch einen sehr regelmäßigen Aufbau gekennzeichnet. Wiederholungen und geringfügige Variationen ergeben ein sehr kunstvolles Gefüge, das auch in der letzten Strophe die ironische Wendung möglich macht. Das Weinen ist hier nicht mehr durch das Ende der Liebesbeziehung begründet, sondern gerade durch deren Fortdauern. Dass HEINE durch solche **Unflätherei** und **hanswurstische Anhängsel**[79] seine Zeitgenossen verunsicherte und sie an seiner Ernsthaftigkeit zweifeln ließ, liegt auf der Hand. Sein tiefer liegendes Anliegen ist es, die Rezeptionserwartungen einer durch die Romantik geprägten Leserschaft zu verunsichern und die grundlegende Frage nach einer neuen Sprache aufzuwerfen.

Wahrhaftig

Wenn der Frühling kommt mit dem Sonnenschein,
Dann knospen und blühen die Blümlein auf;
Wenn der Mond beginnt seinen Strahlenlauf,
Dann schwimmen die Sternlein hintendrein;
5 Wenn der Sänger zwei süße Äuglein sieht,
Dann quellen ihm Lieder aus tiefem Gemüt; –
Doch Lieder und Sterne und Blümelein,
Und Äuglein und Mondglanz und Sonnenschein,
Wie sehr das Zeug auch gefällt,
10 So macht's doch noch lang keine Welt.

Das Gedicht findet sich in dem Zyklus BUCH DER LIEDER, in dem HEINE im Jahr 1827 die lyrische Produktion der frühen Jahre gesammelt herausgab. Der Band erreichte nach anfangs zögerndem Erfolg allein zu seinen Lebzeiten 13 Auflagen. Nicht zuletzt ist die Popularität dieses Bandes auf die unzähligen Vertonungen der Texte zurückzuführen, wobei diese Kompositionen häufig eine unbegreifliche Verkennung der HEINE'schen Intentionen aufweisen.

In ironischer Brechung thematisiert das Gedicht »Wahrhaftig« das Dichten über Natur und die Liebe. Wie viele Gedichte HEINES ist das zehnzeilige Gedicht scheinbar recht schlicht gebaut, es lehnt sich an volksliedartige Muster an. Die ersten acht Verse enthalten jeweils vier Hebungen mit unregelmäßigen Füllungen, wobei jeweils das **Wenn** eine Unregelmäßigkeit einbringt, da es nicht ganz ohne rhythmische Betonung gelesen werden kann. Durch den auftaktigen Charakter erhält die rhythmische Bewegung Leichtigkeit, die HEINE durch musikalische Flexibilität im Sprachrhythmus unterstützt. Auch der Reim lässt keine strenge Reglementierung erkennen: abba cc aa dd lautet der Aufbau, wobei die c-Reime **sieht – Gemüt** unrein sind. Das Fehlen eines lyrischen Ichs schafft eine unmerkliche Distanz zu den Aussagen.

Formal wie inhaltlich ist nach dem sechsten Vers eine Zäsur zu erkennen. Die ersten drei Verspaare werden durch die wiederholte **Wenn-Dann**-Klammer zusammengehalten, die Zäsur durch den Gedankenstrich nach Vers 6 und das adversative **Doch** (7) leiten zum inhaltlichen Resümee über. Die dreifache **Wenn-Dann**-Konstruktion suggeriert jeweils das Verhältnis von Ursache und Wirkung. **Frühling** und **Sonnenschein** rufen zwangsläufig die Blumen wach; **Mond** und Sterne gehören ebenso klar zueinander. Dass die **Sternlein** allerdings **hintendrein** *schwimmen* [Hervorhebung von T. G.], kann nicht als schlüssiges Bild bewertet werden. Eine erste Verstörung macht sich breit. Die dritte Kausalkette **Sänger – süße Äuglein – Lieder aus tiefem Gemüt** überzeugt nicht hinsichtlich ihrer Zwangsläufigkeit.

Das **Doch** kündigt einen Gegensatz zu diesen scheinbar stimmigen Bildern an. Das Arsenal des ersten Gedichtteils wird in polysyndetischer Reihung in veränderter, aber präzise konstruierter Reihenfolge rekapituliert. Die zusammenfassende Bezeichnung **Zeug** (9) lässt den Leser vollends stutzen. Mit diesem ungekonnten, aus der banalen Alltagssprache entlehnten Wort wird eine bisher vielleicht erzielte poetische (romantische?) Stimmung aufgebrochen. Die fehlenden Hebungen der letzten beiden Verse lassen zwangsläufig beim Lesen innehalten um dem Stilbruch in der Sprachebene kopfschüttelnd nachzusinnen. Sämtliche Requisiten des Stimmungshaften verwirft das Verdikt, dass sie **keine Welt** machten. Liest man nun nach dem Erstaunen über diese ironische Wendung das Gedicht von vorne, wird deutlich, wie HEINE den Überraschungseffekt der Pointe subtil vorbereitet hat; auch der erste Teil ist nicht ohne Parodie: Die Stilmittel, z. B. die Häufung der ü- und äu-Laute (1–5) und die Attribuierung des Gemüts als **tief**, wirken in ihrer Zusammenstellung übertrieben. Die Häufung der Diminutive wirkt wie eine Satire, das Pathos von **Strahlenlauf** passt nicht dazu. Der Satzbau im zweiten Teil (Anakoluth) ist vollkommen misslungen. Der endgültige Bruch der Stilebene in **Zeug** und **macht's** setzt den deutlichen Schlusspunkt in dieser Entwicklung.

Dass das Gedicht keine ernst gemeinte Erlebnislyrik sein kann, macht schon das Fehlen eines lyrischen Ichs deutlich, es ist vielmehr ein Gedicht *über* Erlebnislyrik. Das Stereotype, den Mangel an Originalität macht schon der erste Teil mit seinen konditional-konsekutiven Konstruktionen deutlich. Dieses Verfahren hat er in einem anderen Gedicht aus dem BUCH DER LIEDER in ein treffendes Bild gekleidet: **Nun ist es Zeit, daß ich mit Verstand / Mich aller Torheit entled'ge; / Ich hab so lang als ein Komödiant / Mit dir gespielt die Komödie. // Die prächt'gen Kulissen, sie waren bemalt / Im hochromantischen Stile, / Mein Rittermantel hat goldig gestrahlt / Ich fühlte die feinsten Gefühle.**[80]

Die Schönheit dieser Kulissen und Requisiten gesteht HEINE durchaus zu, doch zielt seine Kritik in zwei Richtungen: 1. Kritik an Lyrik als Erlebnisersatz, 2. Kritik an Lyrik und Literatur, die zu wenig Realitätsbezug hat. Damit entdeckt sich auch die Ironie des doppeldeutigen Titels »**Wahrhaftig**«. Damit hat HEINE sich von den Konzepten der romantischen Universalpoesie verabschiedet, die ähnlich wie der Klassizismus daran glaubte, die Welt durch eine in sich abgeschlossene Kunst verändern zu können. Wenn auch ein Berührungspunkt HEINES mit Platen darin besteht, dass HEINE ein Meister der Sprach- und Formbeherrschung war und sich dessen in einem aristokratischen Selbstbewusstsein bewusst war, müssen doch die großen Unterschiede herausgestellt werden. HEINE bleibt bei einfachen lyrischen Formen und lehnt einen selbstgenügsamen Artismus (L'art pour l'art) entschieden ab. Er wendete sich engagierten literarischen, v. a. publizistischen,

Formen zu, mit denen er ganz gezielt die Zensur herausforderte und wofür er mit Emigration, Verbot und steckbrieflicher Verfolgung zahlte.

Kehren wir noch einmal zum Motiv **Lotosblume** zurück, denn auch HEINE griff dieses Gedicht kurz vor dem Ende seines Lebens noch einmal auf:

Lotosblume

> Wahrhaftig, wir beide bilden
> Ein kurioses Paar,
> Die Liebste ist schwach auf den Beinen,
> Der Liebhaber lahm sogar.
>
> 5 Sie ist ein leidendes Kätzchen,
> Und er ist krank wie ein Hund,
> Ich glaube, im Kopf sind beide
> Nicht sonderlich gesund.
>
> Vertraut sind ihre Seelen,
> 10 Doch was jedem von beiden bleibt fremd
> Was bei dem andern befindlich
> Wohl zwischen Seel und Hemd.
>
> Sie sei eine Lotosblume,
> Bildet die Liebste sich ein;
> 15 Doch er, der blasse Geselle,
> Vermeint der Mond zu sein.
>
> Die Lotosblume erschließet
> Ihr Kelchlein im Mondenlicht,
> Doch statt des befruchtenden Lebens
> 20 Empfängt sie nur ein Gedicht.

Eine gnadenlosere Selbstparodie kennt die Literaturgeschichte wohl kaum. Das Gedicht findet sich im Zyklus »Nachlese« im Teil »Aus der Matratzengruft« in der Gruppe »Für die Mouche« (Nr. 25) und ist in HEINES Todesjahr 1856 entstanden. Die Titel der Gruppen weisen auf biografische Hintergründe hin: Seit 1848 war HEINE wegen einer Rückenmarksschwindsucht ans Bett gefesselt. Zunehmende Lähmungen bereiteten ihm unglaubliche psychische und physische Qualen. Trotzdem schrieb er an seiner **Matratzengruft** weiter. Seit 1855 besuchte den 58-jährigen Dichter regelmäßig die 27-jährige Deutsche Elise Krinitz, die er mit dem Kosenamen **Mouche** bezeichnete und in Briefen zuweilen mit **Lotosblume** ansprach. Mit tragischer Selbstironie nimmt HEINE in diesem Gedicht aufs Korn, dass ihm, der zeitlebens sich für den handfesten irdischen Genuss eingesetzt hat, zwangsläufig nur noch eine platonische Liebe (3. Strophe) möglich ist. Die Bilder aus dem frühen Gedicht, die für die Unmöglichkeit der Liebesbeziehung standen, erhalten in diesem Kontext eine tragische Note, welcher Tragik HEINE allerdings in seiner ironischen Manier die emotionale Schärfe nimmt.

Das **Gedicht**, das sie nur [e]mpfängt, kann nur ein schaler Ersatz für konkrete Wirklichkeit (**statt des befruchtenden Lebens**) sein. Die frühe Skepsis Heines gegenüber der Funktion und Bedeutung der Literatur, seine Präferenz der engagierten Polemik hat sich also bis ans Ende seines Lebens erhalten. **Empfängt sie nur ein Gedicht**, thematisiert den grundlegenden Zweifel an der Welthaltigkeit von Lyrik. Allerdings steckt in dem Akt des Schreibens dieses Gedichtes ein innerer Widerspruch, denn trotz seines Zweifels schreibt er das Gedicht doch immerhin und nimmt seine Aussage in gewissem Grade zurück. Damit ist der grundlegende innere Zwiespalt Heines in seiner Einstellung zur Lyrik umrissen.

2.2 Diätische Lebensformen – Biedermeier

2.2.1 *Eduard Mörike: »Krank seitdem«*

Von dem frühen Urteil über Mörike, dass er ein harmloser Nachfahre der Klassiker, ein **Mensch in Schlafrock und Pantoffeln** (Karl Gutzkow), kurz der Inbegriff des biedermeierlichen Menschen, sei, hat sich einiges trotz der längst eingetretenen Revision bis in unsere Tage erhalten. Doch wie lässt sich damit ein solches Gedicht verbinden?

> Ein Irrsal kam in die Mondscheingärten
> Einer einst heiligen Liebe.
> Schaudernd entdeckt ich verjährten Betrug.
> Und mit weinendem Blick, doch grausam,
> 5 Hieß ich das schlanke,
> Zauberhafte Mädchen
> Ferne gehen von mir.
> Ach, ihre hohe Stirn,
> War gesenkt, denn sie liebte mich;
> 10 Aber sie zog mit Schweigen
> Fort in die graue
> Welt hinaus.
>
> Krank seitdem,
> Wund ist und wehe mein Herz.
> 15 Nimmer wird es genesen!
>
> Als ginge, luftgesponnen, ein Zauberfaden
> Von ihr zu mir, ein ängstig Band,
> So zieht es, zieht mich schmachtend ihr nach!
> – Wie? wenn ich eines Tags auf meiner Schwelle
> 20 Sie sitzen fände, wie einst, im Morgen-Zwielicht,
> Das Wanderbündel neben ihr,
> Und ihr Auge, treuherzig zu mir aufschauend,
> Sagte, da bin ich wieder
> Hergekommen aus weiter Welt!

Das Gedicht ist 1824 entstanden und bildete zunächst einen Teil von Mörikes Roman *MALER NOLTEN*. 1838 erschien es verändert und gekürzt in der ersten Ausgabe der Gedichte als drittes von fünf Gedichten in dem Zyklus *PEREGRINA*. Sein Thema ist die Verstoßung der Geliebten nach entdecktem Betrug. Das Gedicht ist reimlos, die Verse unterschiedlich lang, das Metrum frei, wobei allerdings trochäisch-daktylische Versfüße überwiegen. In der äußeren Gliederung sind drei ungleichmäßige Abschnitte zu erkennen, die auch ungefähr den Gedankengang widerspiegeln. Der erste Abschnitt (1–12) blickt zurück in die Vergangenheit der Verstoßung wegen des Betrugs. Der zweite inhaltliche Abschnitt müsste allerdings bis Z. 18 gefasst werden, die gegenwärtigen Leiden des Ichs kommen zur Sprache. Der letzte Abschnitt bringt die potenzielle Zukunftsvision, wie eine mögliche Rückkehr sich gestalten könnte.

Die Liebe zu dem Mädchen wird als eine besondere geschildert und mit **heilig** attribuiert. Die Metapher **Mondscheingärten** lässt an etwas Traumhaftes, Verzaubertes, Paradiesisches denken. Der **Zauberfaden** (16) greift diese Dimension später wieder auf. **Gärten** assoziiert das Behütete, Umhegte dieser Beziehung. Das Mädchen scheint dieser Liebe würdig gewesen zu sein; als **schlank, zauberhaft**, mit **hoher Stirn** wird sie beschrieben. In diesen paradiesischen Zustand bricht die Verstörung ein: ein **Irrsal**. Irrsal beinhaltet verschiedenes, das Sich-Irren, das Irre-Sein, das Schick*sal*. Der **Betrug** bildet sicherlich eine gravierende Schuld, denn er lässt das Ich schaudern, doch ist das Ich sich seiner nicht eindeutig sicher. Als **grausam** qualifiziert es die eigene Handlung und vollzieht sie **mit weinendem Blick**, denn es gibt keine Verunsicherung hinsichtlich ihrer Zuneigung – **sie liebte mich**. Ihr gesenkter Blick und ihr **Schweigen** sind ebenso geheimnisvoll wie stiller Vorwurf an ihn. Er vollzieht nicht nur die Trennung von ihr, sondern gleich ihre radikale Vertreibung in die **Ferne** […] **Fort in die graue / Welt hinaus**. Dieser Zeilensprung, der das Nomen von seinem zugehörigen Adjektiv trennt, wirkt ausgesprochen modern und expressiv.

Dieser Sprachgestus setzt sich in der 2. Strophe fort. Die Verstoßung der Geliebten zieht innere Verletzungen des Ichs nach sich, wird als Selbstbestrafung erlebt. **Krank seitdem / Wund ist und wehe mein Herz**. Die Zukunftsprognose ist pessimistisch: **Nimmer wird es genesen!** Durch die exponierte Einzelstellung gewinnen diese drei Verse an expressivem Pathos hinzu. Denn gedanklich bilden sie keine in sich geschlossene Einheit. Ein magisches **es** verbindet das lyrische Ich untrennbar mit der fernen Geliebten durch einen **Zauberfaden**.

Die gedankliche Zäsur markiert der Gedankenstrich. Das Fragezeichen lässt nach dem fragenden **Wie** innehalten und dieses zum Ausruf erstarren. Am syntaktischen Ende der Frage steht ein Ausrufezeichen, kein Fragezeichen. Das konditionale **wenn** leitet die konjunktivisch formulierte Zukunftsvision von der Rückkehr der Geliebten ein. Diese vermischt sich mit der Erinnerung an das **einst**. So wie in dieser Vision muss das Mädchen einmal aufgetaucht sein mit einem **Wanderbündel** [...] **aus weiter Welt, auf der Schwelle** sitzend. Dies mag die geheimnisvolle Reaktion des Mädchens aus der ersten Strophe etwas erhellen und erklärt zugleich den merkwürdigen Titel des Zyklus': PEREGRINA. Das lateinische Wort peregrinus bedeutet so viel wie ausländisch, fremd, Pilger, Kreuzfahrer. Peregrina ist somit die Fremde, die Wanderin, die Heimatlose.

Diese Vision scheint aber keine Sehnsucht zu artikulieren, sondern eher Unsicherheit, Ratlosigkeit, ja Furcht. Die Frage nach dem Wie bleibt unbeantwortet, wie soll er sich in diesem Falle denn verhalten? Erst das 5. Gedicht aus dem PEREGRINA-Zyklus gibt die – pessimistische – Antwort: **Sie küßt mich zwischen Lieben noch und Hassen, / Sie kehrt sich ab, und kehrt nie mehr zurück.** Es wird nicht deutlich, ob das Ich seine Geliebte überhaupt zurückhaben will. Dazu ist das Gedicht zu sehr durch Unentschiedenheit, Zerrissenheit geprägt. Bilder für diesen Zwischenbereich des Weder–Noch sind die **Schwelle** und das **Morgen-Zwielicht**. Auch im eben zitierten 5. Gedicht heißt es: **zwischen Lieben noch und Hassen**.

In der MÖRIKE-Forschung ist es eine unbestrittene Ansicht, dass die Peregrina dieses Zyklus' und die Figur der Zigeunerin Elisabeth in MALER NOLTEN ein Vorbild aus der Biografie MÖRIKES haben. MÖRIKE lernte während seines Studiums in den Osterferien des Jahres 1823, also im Alter von 19 Jahren, in Ludwigsburg eine junge Kellnerin namens Maria Meyer kennen. Durch ihre ungewöhnliche Schönheit, ihre Bildung und ihr Verhalten und ihre geheimnisvolle Herkunft fühlte er sich ungeheuer zu ihr hingezogen. Sie war als uneheliches Kind zur Welt gekommen und hatte ein abenteuerliches Leben hinter sich, war, aus der Fremde kommend, irgendwann in Ludwigsburg aufgetaucht. Es entstand eine leidenschaftliche Liebe. Von seinem Studienort Tübingen aus führte MÖRIKE einen Briefwechsel mit ihr. Diese Liebe erlebte er als zutiefst beunruhigend, als dämonisch, als beängstigende erotische Verlockung. Sie stürzte ihn in schwere innere Konflikte. Als Maria Meyer 1804 in Tübingen auftauchte, nachdem sie vorher eine Zeit lang verschwunden war, und ihn um ein Wiedersehen bat, verweigerte er diese Begegnung und floh nach Stuttgart zu seiner Familie. Er hat Maria nie wieder gesehen. Später hat MÖRIKE selbst alle Briefe und biografischen Aufzeichnungen, die diese Beziehung betrafen, sorgfältig vernichtet.

Die Verwirrung, Verstörung und Verzweiflung MÖRIKES spiegeln sich in verschlüsselter Form im MALER NOLTEN und den darin in einer Frühfassung enthaltenen PEREGRINA-Gedichten. Die Verängstigung durch das Elementare und Kreatürliche legt MÖRIKE im *MALER NOLTEN* einer Romanfigur in den Mund; die leicht veränderte Gedichtfassung hiervon in dem späteren Gedicht »Nachts« lautet: **Im Erdenschoß, im Hain und auf der Flur, / wie wühlt es jetzo rings in der Natur / Von nimmersatter Kräfte Gärung!** Auch dort resultiert in der zweiten Strophe unentschlossene Zerrissenheit: **Mein Herz, wie gerne machtest du dich los! / Du schwankendes, dem jeder Halt gebricht, / Willst, kaum entflohn, zurück zu deinesgleichen.** In seinem Lebenswandel versuchte MÖRIKE sich in der Folge gezielt von Situationen freizumachen und fern zu halten, die ihn in Krisen stürzen konnten. Man hat dies verschiedentlich als Naivität, Schlichtheit, biedermeierliche Beschaulichkeit und Behaglichkeit missgedeutet.

EDUARD MÖRIKE wurde am 8. September 1804 in Ludwigsburg als siebtes von dreizehn Kindern geboren. Sein Vater, herzoglicher Leibmedicus, starb, als Eduard 13 Jahre alt war. Die Familie siedelte nach Stuttgart über, wo ein Onkel sich um die weitere Ausbildung MÖRIKES kümmerte. Er wurde für die protestantische Priesterlaufbahn bestimmt und durchlief den üblichen Bildungsweg des württembergischen Theologen mit Lateinschule, theologischem Seminar und Tübinger Stift. Während dieser Zeit schloss er wichtige Bekanntschaften und Freundschaften, z. B. lernte er durch seinen Freund Waiblinger auch den in geistiger Umnachtung in Tübingen lebenden Friedrich Hölderlin kennen. 1823/24 ereignete sich die oben skizzierte Begegnung mit Maria Meyer, die MÖRIKE als so unheilvoll erlebte. Die daraus erwachsende seelische Krise verstärkte sich noch, als kurz nach seiner Flucht zur Familie in Stuttgart sein geliebter Bruder August vermutlich durch eigene Hand starb. 1826 legte er sein theologisches Examen ab. Seine schulischen und universitären Leistungen waren stets nur mittelmäßig, was wohl manchen veranlasst hat, seine intellektuelle Begabung zu unterschätzen, doch ist davon auszugehen, dass MÖRIKE die gründliche wissenschaftliche und rhetorische Schulung aufgenommen und genossen hat. In diese Zeit fallen auch seine ersten Dichtungen, darunter auch schon eine Reihe von formvollendeten Werken. Nach dem Examen folgten verschiedene Stationen als Vikar, die er zunehmend als Belastung empfand. Wiederholte Erkrankungen zwangen ihn zur vorübergehenden Beurlaubung. 1829 kam es zu einer Verlobung, die allerdings 1833 wieder gelöst wurde. 1834 bewarb er sich nach diesen Wanderjahren erfolgreich um die kleine Pfarrei Cleversulzbach in der Gegend von Heilbronn mit ca. 600 Einwohnern.

Die Verborgenheit und friedliche Stille dieser idyllischen Landgemeinde hat er sehr genossen. Doch aus seinem Briefwechsel wissen wir, dass er sich diese Zurückgezogenheit als ›Diät‹ selbst verordnet hat. Sein Roman *MALER NOLTEN* thematisiert noch die Zerrissenheit, das unentschlossene

Schwanken zwischen Lebensgier und Todestrunkenheit. Die Nichtsesshaftigkeit der eigenen Vikariatszeit hat er als belastend empfunden. In dieser Abgeschiedenheit erlaubt er sich selbst die Beschäftigung mit Dichtung nur in geringen Dosen: [Ich] **darf weder viel schreiben, noch lesen, noch denken und muß mir gerade dasjenige am meisten vom Leibe halten, was mir sonst Leben und Athem ist.**[81] Sogar den Kontakt mit Freunden versagt er sich; er lehnt einen Besuch von Hermann Kurz ab, da ihm die geistige Anregung dieses Dichterkollegen zu anstrengend wäre.[82] Auch die Dichtung scheint ihm gesundheitsgefährdend: **Was mein Verhältnis zur Poesie betrifft, so ist's für jetzt eigentlich nur die Sehnsucht eines Liebhabers zur Liebsten, der sich diäthalber enthalten muß.**[83] Doch in der **Mitten / Liegt holdes Bescheiden** formuliert er diese Haltung in seinem Gedicht »Gebet« sentenzhaft in den letzten beiden Versen. Seine Lebenssituation und -haltung wird auch zum Gedichttitel: »Verborgenheit«. Die erste und letzte Strophe dieses Textes lauten:

> Laß, o Welt, o laß mich sein!
> Locket nicht mit Liebesgaben,
> Laßt dies Herz alleine haben
> Seine Wonne, seine Pein!

Zwangsläufig entfernt er sich so von den anderen Dichtern der Zeit und hält in seinen Briefen auch nicht mit seinen vernichtenden Urteilen über sie zurück: **Kränklichkeit, Schmerzensprahlerei, Zerrissenheit**[84], **kranke Desperationskoketterie und Verzweiflungsexpektorationen**[85] prangert er an, nicht zuletzt im Hinblick auf Heine. Vielleicht war seine Kur die richtige Maßnahme, immerhin ist er nicht an der inneren Zerrissenheit gescheitert und zu Grunde gegangen wie andere Dichter (z.B. Lenau). Trotzdem zwangen ihn 1843 anhaltende Krankheit und Schwäche im Alter von 39 Jahren um seine vorzeitige Pensionierung zu bitten. Er lebte in der folgenden Zeit sehr zurückgezogen von seiner bescheidenen Pension, heiratete mit 47 Jahren doch noch, zog vorübergehend nach Stuttgart, wo er aber die Geschäftigkeit der Großstadt und die Belastung durch den beginnenden Ruhm nicht ertrug und sich wieder ins Ländliche zurückzog.

So gut das Verdikt der Zeitgenossen auch zu verstehen ist, mit naiv und schlicht kommt man diesem Dichter nicht angemessen bei. Er war ein durchaus gebildeter und kunstsinniger Intellektueller, was nicht zuletzt sein Briefwechsel mit F. Th. Vischer belegt. Der Hegelianer Vischer war einer der führenden Ästhetiker der Zeit und die Briefe bilden eines der interessantesten kulturgeschichtlichen Dokumente des 19. Jahrhunderts. **Mörike wird – was etwas heißen will – von Vischer lange Zeit nicht nur auf dem Gebiete der Dichtung, sondern auch in Fragen des »Bewußtseins« als Autorität betrachtet.**[86] MÖRIKE hat der deutschen Dichtung einen ganz eigenen Ton hinzugefügt, den Theodor Storm in einem Brief an MÖRIKE mit **Tiefe** bezeichnet hat. In dieser nur auf sich selbst bezogenen Eigenständigkeit entwickelt MÖRIKE eine Reife und Größe, worin eine gewisse Parallele zu Goethe gesehen werden kann. Goethe bildet für ihn auch ein wichtiges Vorbild, was er in dem Gedicht »Antike Poesie« klar ausspricht: **Wie? soll ich endlich keinen Meister sehn? / Will keiner mehr den alten Lorbeer pflücken? / – Da sah ich Iphigeniens Dichter stehn: // Er ist's an dessen Blick sich diese Höhn / so zauberhaft, so sonnewarm erquicken. / Er geht, und frostig rauhe Lüfte wehn.**

Septembermorgen

Im Nebel ruhet noch die Welt,
Noch träumen Wald und Wiesen:
Bald siehst du, wenn der Schleier fällt,
Den blauen Himmel unverstellt,
5 Herbstkräftig die gedämpfte Welt
In warmem Golde fließen.

Das Morgengrauen, die Dämmerung stellen sich als erfüllter Moment dar. Ein reines Stimmungsbild wird gezeichnet, in dem sich kein lyrisches Ich zwischen Natur und **du** schiebt. Der Betrachter ist unmittelbar mit dem Naturbild konfrontiert. Die unmittelbare Widerspiegelung trägt das Gewand der scheinbaren Schlichtheit, die Raffinesse entdeckt sich erst auf den zweiten Blick.

Alle Metaphern bleiben zurückhaltend, sind aber doch treffend; **ruhet, träumen, Schleier** sind aus dem menschlichen Bereich entlehnt. Lediglich **Herbstkräftig** stößt in die Nähe sprachlicher Kühnheit vor. Die sinnliche Sprache vereint optische (**siehst, blauen, Golde**) mit akustischen (**ruhet, träumen, gedämpfte**) und taktilen Reizen (**warmem**). Auf der musikalischen Ebene schaffen Alliterationen (**Welt – Wald – Wiesen; Welt – warmem**), Assonanzen (**Wiesen – siehst; Herbstkräftig – gedämpfte – Welt**) und Reime (**Wald – Bald**) kunstvolle Verknüpfungen auch über Vers- und Syntaxgrenzen hinweg. Metrum und Rhythmus treten in sanfte Spannungen, wenn in Vers 1 **noch** keinen Akzent trägt, in Vers 2 aber einen erhält. **Bald** und **Herbstkräftig** variieren ebenfalls das metrische Schema. Sowohl die Syntax als auch der Reim rufen in der Mitte eine Stauung hervor. Der Satz **Bald siehst du [...] in warmem Golde fließen** wird von Vers 3 bis Vers 6 gespannt, Himmel, Licht und Farbe treten als retardierende Einschübe (**wenn**) dazwischen. Ebenso wirkt der Dreierreim **fällt – unverstellt – Welt** (Verklammerung mit Vers 1!) stauend. Durch diesen Stau erfährt der letzte Vers eine Betonung und wirkt wie eine harmonische Abrundung.

Es ist der Moment, der jeden Augenblick das Aufbrechen erwarten lässt.

Die Verse 1 und 2 setzen das **noch,** Vers 3 setzt das **Bald** dagegen, das durch das zwischen temporal und konditional unentschiedene **wenn** in der Schwebe gehalten wird. Das **ruhet** (1) bildet mit dem letzten Wort **fließen** (6) eine dialektische Klammer. Das Gedicht zeichnet sich durch sorgfältig abgewogene Proportionen und die Unaufdringlichkeit der Mittel aus. Alles wirkt wie selbstverständlich. Die Unmittelbarkeit des Stimmungsbildes schafft fast schon eine Form der Poésie pure. In dieser Zurücknahme jeder rhetorischen Auffälligkeit nimmt das Gedicht schon manche Aspekte des Realismus vorweg. Unter MÖRIKES Gedichten bleibt »Septembermorgen« auch ohnegleichen. In dieser Gestaltung des erfüllten Augenblicks stellt MÖRIKE sich deutlich in die Goethe-Nachfolge. Anders als bei diesem (**Wie herrlich leuchtet / Mir die Natur;** »Mailied«) nimmt sich hier allerdings das lyrische Ich völlig zurück. »Septembermorgen« kann ebenbürtig neben manche Naturgedichte Goethes gestellt werden, beispielsweise lässt es an »Wanderers Nachtlied« denken. Bei Rilkes »Vorfrühling« werden wir an späterer Stelle ähnliche Beobachtungen machen. Das spätere Gedicht »Auf eine Lampe« (1846) kann ebenfalls zu Vergleichen mit Rilke oder Meyer herausfordern:

> Noch unverrückt, o schöne Lampe, schmückest du,
> An leichten Ketten zierlich aufgehangen hier,
> Die Decke des nun fast vergeßnen Lustgemachs.
> Auf deiner weißen Marmorschale, deren Rand
> 5 Der Efeukranz von goldengrünem Erz umflicht,
> Schlingt fröhlich eine Kinderschar den Ringelreihn.
> Wie reizend alles! lachend, und ein sanfter Geist
> Des Ernstes doch ergossen um die ganze Form –
> Ein Kunstgebild der echten Art. Wer achtet sein?
> 10 Was aber schön ist, selig scheint es in ihm selbst.

Seit Meyer und Rilke ist der Begriff Dinggedicht zu einem festen Terminus in der Lyriktheorie geworden. Ein Dinggedicht beschreibt unter Rücknahme des Ichs einen Gegenstand durch objektiv-distanzierte Einfühlung. Durch die Verfahren lyrischer Beschreibung soll dabei das Wesen des Dings erfasst werden. Häufig gewinnt dabei der Gegenstand symbolische Bedeutung. »Auf eine Lampe« kann als solches Dinggedicht bezeichnet werden. Die Gestaltung ist antikisierend, reimlose sechshebige Jamben (Senar) erzeugen einen gleichmäßigen, ruhigen Sprachfluss. Inhaltlich lassen sich zwei Abschnitte erkennen. Teil 1 (1–6) beschreibt den Gegenstand die Lampe, Teil 2 (7–10) schließt Betrachtungen darüber an.

Die Beschreibung erfolgt recht präzise, Ort und Beschaffenheit der Lampe werden beschrieben. Sie hängt an **Ketten** von der **Decke** eines **fast vergeßnen Lustgemachs.** Die Lampe besteht aus einer **weißen Marmorschale** mit Efeukranz als metallener Applikation. Ob die **Kinderschar** als Bemalung oder als

Relief zugefügt ist, wird nicht deutlich. Die durch diese Beschreibung hervorgerufenen visuellen Vorstellungen können durchaus in den Bereich des Antiken weisen und entsprächen so der äußeren Form des Gedichts.

Die Betrachtung bewertet diese Lampe als **Kunstgebild der echten Art**, da Heiterkeit (**lachend**) in Form der tanzenden Kinder und **Ernst** sich darin vereinigen. Die Lampe wird zum Symbol für Kunst, die sich in einem besonderen, aber abgeschlossenen Raum befindet (**Lustgemach**). Von da aus erlangen auch die anderen Elemente symbolische Bedeutung. Kinder (Eroten?) und Efeu stehen für sinnliche und vegetative Kräfte. Das **Efeu** ist die Pflanze der Unsterblichkeit und Treue und der **Kranz** repräsentiert die in sich geschlossene und in sich zurückkehrende einheitliche und ganzheitliche Kreisform. Als wahres Kunstwerk zeichnet es sich durch Selbstgenügsamkeit aus: **selig scheint es in ihm selbst**. Das **scheint** bringt jedoch eine Verstörung ein. Im Zusammenhang mit Lampe liegt der Doppelsinn des Wortes nahe: das Ausstrahlen und das Angesehenwerden. Doch was **scheint**, muss nicht *sein*.

Liest man das Gedicht unter dem Aspekt der Zeit erneut, bestätigt sich diese Offenheit. Denn es ist von einer vergehenden, fast vergangenen Zeit die Rede: **Noch** und **fast vergeßnen**. **Goldengrün** impliziert den Zahn der Zeit, der sich in Form von Oxidation als grünliche Patina bemerkbar macht. Die rhetorische Frage **Wer achtet sein?** trägt die negative Beantwortung schon in sich. Der Widerspruch gegen die Nichtbeachtung der Kunst im **aber** wird durch das **scheint** zusätzlich abgeschwächt. Mörike schreibt ein Dinggedicht über einen Kunstgegenstand und verbindet damit die Feststellung, dass Kunst eine Randexistenz führe und nicht beachtet werde. Ähnlich sehen dies Baudelaire und später George. Bei Meyer und Rilke wird die Kunst aber immer der Mittelpunkt sein. Auch werden sie dem Leser nicht mehr Auflösung des symbolischen Rätsels an die Hand geben wie der Schluss dieses Gedichtes.

2.2.2 Persönliches Gethsemane – Annette von Droste-Hülshoff

Vielen gilt Annette von Droste-Hülshoff bis heute als die größte deutschsprachige Dichterin. Dass ihr dabei aber häufig der Geruch des Provinziellen anhaftet, liegt auch an ihrer zurückgezogenen Lebensweise. Neben ihren familiären Bedingungen waren vielleicht auch die als Bedrohung empfundenen Veränderungen der Restaurationszeit ein Grund, warum sie, ähnlich wie Mörike, die großen gesellschaftlichen Zentren der Zeit nie bereist hat, sondern sich immer mit ländlicher Abgeschiedenheit zufriedengegeben hat. Am 10. Januar 1897 wurde sie auf der Wasserburg Hülshoff bei Münster geboren. Eine sich anbahnende Beziehung zu einem bürgerlichen Studenten führte 1819/20 dazu, dass ihr ihre Familie die ihr zugedachte soziale Rolle sehr eindringlich vor Augen hielt. Die DROSTE fügte sich bis an ihr Lebensende klaglos in ihre familiäre Rolle, die darin bestand, ihre Mutter auf Reisen zu begleiten, Tanten und Onkel als Kranke zu pflegen oder ihnen im Sterben Beistand zu leisten, ja sogar die Zensur ihres Bruders an ihren literarischen Werken hinzunehmen. Die spätere Beziehung zu dem siebzehn Jahre jüngeren Levin Schücking bereicherte sie und inspirierte sie in den Jahren 1839–41, allerdings stilisierte sie sie zu einer Mutter-Sohn-Beziehung. Es einer Rahel Varnhagen, die einen vierzehn Jahre jüngeren Mann heiratete und in ihrer Ehe ein beträchtliches gesellschaftliches Ansehen erreichte, gleich zu tun, schaffte sie nicht. Ihr Lebenskreis blieb auf die ländliche Gegend um Münster, Köln, Bonn und Meersburg am Bodensee beschränkt. Dort starb sie auch am 24. Mai 1848 mitten im Trubel der erfolgreichen bürgerlichen Revolution.

Das Spiegelbild

Schaust du mich an aus dem Kristall
Mit deiner Augen Nebelball,
Kometen gleich, die im Verbleichen;
Mit Zügen, worin wunderlich
5 Zwei Seelen wie Spione sich
Umschleichen, ja, dann flüstre ich:
Phantom, du bist nicht meinesgleichen!

Bist nur entschlüpft der Träume Hut,
Zu eisen mir das warme Blut,
10 Die dunkle Locke mir zu blassen;
Und dennoch, dämmerndes Gesicht,
Drin seltsam spielt ein Doppellicht,
Trätest du vor, ich weiß es nicht,
Würd ich dich lieben oder hassen?

15 Zu deiner Stirne Herrscherthron,
Wo die Gedanken leisten Fron
Wie Knechte, würd ich schüchtern blicken;
Doch von des Auges kaltem Glast,
Voll toten Lichts, gebrochen fast,
20 Gespenstig, würd, ein scheuer Gast,
Weit, weit ich meinen Schemel rücken.

Und was der Mund umspielt so lind,
So weich und hülflos wie ein Kind,
Das möcht in treue Hut ich bergen;
25 Und wieder, wenn er höhnend spielt,
Wie von gespanntem Bogen zielt,
Wenn leis es durch die Züge wühlt,
Dann möcht ich fliehen wie vor Schergen.

Es ist gewiß, du bist nicht Ich,
30 Ein fremdes Dasein, dem ich mich
Wie Moses nahe, unbeschuhet,
Voll Kräfte, die mir nicht bewußt,
Voll fremden Leides, fremde Lust;
Gnade mir Gott, wenn in der Brust
35 Mir schlummernd deine Seele ruhet!

Und dennoch fühl ich, wie verwandt,
Zu deinen Schauern mich gebannt,
Und Liebe muß der Furcht sich einen.
Ja, trätest aus Kristalles Rund,
40 Phantom, du lebend auf den Grund,
Nur leise zittern würd ich, und
Mich dünkt – ich würde um dich weinen!

Das Gedicht ist 1841/42 entstanden und greift mit dem Spiegelmotiv die sich in der Zeit in verschiedenen literarischen Motiven artikulierende Identitätsproblematik auf. Heine tritt in seinem Gedicht »Still ist die Nacht« seinem eigenen **Doppeltgänger** beobachtend gegenüber. Peter Schlemihl verkauft in Chamissos gleichnamiger Novelle sein eigenes Schattenbild an den Teufel.

Das Gedicht gestaltet die Erfahrung der Selbstfremdheit aus. Das Ich betrachtet sein eigenes Spiegelbild und nimmt von diesem gleich deutliche Distanz: **du bist nicht meinesgleichen**. Es redet dieses mit **du** an und verschiebt den eigenen Akt des Anschauens auf das Bild. Der sofort auftretenden metrischen Verunsicherung mit dem Hebungsprall der ersten beiden Wörter **Scháust dú** entspricht auch die Verschwommenheit des evozierten Bildes. **Nebelball, dämmerndes Gesicht, Doppellicht, Kometen**. Der gebrochene Blick des Spiegelbildes kommt in der Metapher **Nebelball** zum Ausdruck, was durch den Vergleich mit verbleichenden **Kometen** verstärkt wird. Statt der klaren Sterne stehen hier die durch das Weltall irrenden, vergehenden und nebelhaften Himmelskörper als Vergleichsmedium zur Verfügung. Dieses Geisterbild wird vom Ich auch als **Phantom** bezeichnet. In diesen Bildkomplex fügt sich die Metonymie **Kristall** für Spiegel nahtlos ein, sie erinnert an die Kristallkugel der Wahrsager und Geisterbeschwörer, die Geisterbilder erscheinen lässt.

Zwei kühne Neologismen **eisen** (von Eis) und **blassen** (von blass) verdeutlichen die Einstellung des Ich zu seinem Spiegelbild. Im ersten Schritt ist es ein Erschrecken, dann stellt sich die Frage: **Würde ich dich lieben oder hassen?**, falls das Bild aus seinem Spiegel hervorträte. An dem Bild werden zwei Wesenshälften, **Zwei Seelen**, erkannt, die sich feindselig wie **Spione [...] Umschleichen**. Die eine drückt sich in der **Stirne**, dem Sitz der

Gedanken, aus. Kälte, totes Licht, Gespenstigkeit flößen dem Ich Respekt, ja Furcht ein, wenn auch eine gewisse Bewunderung für den **Herrscherthron** der Stirn mitschwingt. Der **Mund** löst eine zweifache Reaktion aus. Die sich ausdrückende Hilflosigkeit weckt das Schutz- und Hegebedürfnis gegenüber dem **Kind**. Aber der leise Hohn, der sich auch zeigen kann, bringt die Angst vor dem scharfen Urteil der **Schergen** mit sich.

Das dreifache **fremd** in Strophe 5 betont das Erschrecken vor der Fremdheit in der eigenen Physiognomie: **du bist nicht ich**. Sie ist bestimmt von **Kräfte[n], die mir nicht bewußt**. Die Begegnung mit diesem fremden **Dasein** ist aber auch von religiöser Demut geprägt, wie der Vergleich mit der biblischen Figur **Moses**, der sich seinem Gott in gebotener Ehrfurcht **unbeschuhet** nähert. Die furchtbare Möglichkeit, dass diese fremde **Seele** in der eigenen Brust zu Hause sein könnte, wäre ein Fall für die göttliche Gnade. Trotzdem wird dies als gar nicht so unwahrscheinlich gewertet, dem Konditionalsatz fehlt die Konjunktivform. Das Ich fühlt sich dem fremden Wesen doch **verwandt**. Die letzte Strophe greift mit **Phantom** und der Vorstellung des aus dem Spiegel heraustretenden Bild auf den Gedichtanfang zurück. Die vorher alternative Möglichkeit der Reaktion wird hier zu einer Lösung geführt: **Liebe muß der Furcht sich einen**. Das Erschrecken mildert sich ab und macht der Trauer Platz (**weinen**).

In der intensiven Selbstbeobachtung erkennt das Ich an sich selbst Seiten, die es erschrecken und ihm Furcht einflößen. Es sind hier nicht mehr die beiden freundschaftlich vertrauten Seelen von Goethes Faust, die in ihrem Antagonismus die Antriebsfeder für sein Streben bilden. Hier sind es Seelen, die sich belauern. Schichten treten zu Tage, die dem Ich fremd sind. Das Ich erkennt, um es mit Sigmund Freuds Worten zu sagen, sein Es. Der französische Dichter Rimbaud hat es so ausgedrückt: **Denn »Ich« ist ein anderer**[87]. Die Droste drückt hier die Erfahrung der Ich-Spaltung, der Selbst- und Weltentfremdung aus. »Das öde Haus« beschäftigt sich mehr mit der Fremdheit der äußeren Welt:

> Tiefab im Tobel liegt ein Haus,
> Zerfallen nach des Försters Tode,
> Dort ruh ich manche Stunde aus,
> Vergraben unter Rank und Lode;
> 5 's ist eine Wildnis, wo der Tag
> Nur halb die schweren Wimpern lichtet;
> Der Felsen tiefe Kluft verdichtet
> Ergrauter Äste Schattenhag.

Ich horche träumend, wie im Spalt
10 Die schwarzen Fliegen taumelnd summen,
Wie Seufzer streifen durch den Wald,
Am Strauche irre Käfer brummen;
Wenn sich die Abendröte drängt
An sickernden Geschiefers Lauge,
15 Dann ist's als ob ein trübes Auge,
Ein rotgeweintes drüber hängt.

Wo an zerrißner Laube Joch
Die langen magern Schossen streichen,
An wildverwachsner Hecke noch
20 Im Moose Nelkensprossen schleichen,
Dort hat vom tröpfelnden Gestein
Das dunkle Naß sich durchgesogen,
Kreucht um den Buchs in trägen Bogen,
Und sinkt am Fenchelstrauche ein.

25 Das Dach, von Moose überschwellt,
Läßt wirre Schober niederragen,
Und eine Spinne hat ihr Zelt
Im Fensterloche aufgeschlagen;
Da hängt, ein Blatt von zartem Flor,
30 Der schillernden Libelle Flügel,
Und ihres Panzers goldner Spiegel
Ragt kopflos am Gesims hervor.

Zuweilen hat ein Schmetterling
Sich gaukelnd in der Schlucht gefangen,
35 Und bleibt sekundenlang am Ring
Der kränkelnden Narzissen hangen;
Streicht eine Taube durch den Hain,
So schweigt am Tobelrand ihr Girren,
Man höret nur die Flügel schwirren
40 Und sieht den Schatten am Gestein.

Und auf dem Herde, wo der Schnee
Seit Jahren durch den Schlot geflogen,
Liegt Aschenmoder feucht und zäh,
Von Pilzes Glocken überzogen;
45 Noch hängt am Mauerpflock ein Rest
Verwirrten Wergs, das Seil zu spinnen,
Wie halbvermorschtes Haar und drinnen
Der Schwalbe überjährig Nest.

> Und von des Balkens Haken nickt
> 50 Ein Schellenband an Schnall' und Riemen,
> Mit grober Wolle ist gestickt
> »Diana« auf dem Lederstriemen;
> Ein Pfeifchen auch vergaß man hier,
> Als man den Tannensarg geschlossen;
> 55 Den Mann begrub man, tot geschossen
> Hat man das alte treue Tier.
>
> Sitz' ich so einsam am Gesträuch
> Und hör' die Maus im Laube schrillen,
> Das Eichhorn blafft von Zweig zu Zweig,
> 60 Am Sumpfe läuten Unk' und Grillen –
> Wie Schauer überläuft's mich dann,
> Als hör' ich klingeln noch die Schellen,
> Im Walde die Diana bellen
> Und pfeifen noch den toten Mann.

»Das öde Haus« ist 1843/44 entstanden und zeichnet das Bild eines trostlosen Verfalls. Am Anfang und am Ende bringt das lyrische Ich sich wie ein Rahmen selbst zur Sprache. Durch dessen Tätigkeiten des genauen Aufnehmens, Empfindens und Fantasierens gewinnt das Gedicht an Erlebnischarakter. Auch die akustische Ebene wird nur am Anfang (**horche, Seufzer**) und am Ende (**Maus, Eichhorn, Unk' und Grillen, Schellen**) angesprochen. Dazwischen liegt die minutiöse Wiedergabe der detaillierten Beobachtung und Betrachtung. Solch ein Detailrealismus findet sich bei der DROSTE immer wieder. In diesem Charakterzug erinnern ihre Gedichte häufig an frühere Epochen, z. B. die Gedichte des Johann Peter Uz aus der Aufklärung, der seine Naturschilderungen mit akribischer Detailzeichnung ausstattet. Das Biedermeier greift auch ganz bewusst im Sinne einer Restauration auf Epochen vor Goethe zurück. Sprachlich sowie von der literarischen Haltung her finden sich immer wieder Anklänge an Rokoko oder gar Barock. Bei der DROSTE entsteht aus dieser Übernahme einer literarischen Tradition und dem Willen zu einer leidenschaftlichen Selbstaussage eine Spannung, die die Härte und Sprödigkeit vieler Gedichte erklärt.

Die sorgfältige Zerlegung der Kulisse des öden Hauses reicht bis in die Zerlegung der einzelnen Details: der **Libelle Flügel** und ihr **kopflos**er **Panzer**. So entsteht ein desolates Bild der Zerstörung und des Verfalls. Nichts und niemand scheint die Orientierung zu besitzen, **Fliegen taumeln, Käfer** sind **irre**, das **trübe Auge** ist **rotgeweint**. Die Libelle ist wohl Opfer der **Spinne** geworden. Was lebt, hat sich verirrt oder gefangen, der **Schmetterling** hat **sich gaukelnd in der Schlucht gefangen**; die **Taube schweigt**, wenn sie sich in die Schlucht verirrt. Was hier wächst, zeugt von Gefährdung und Morbidität: die **Schossen streichen**, die **Nelkensprossen schleichen**. Wo das

Gedicht das Menschliche in den Blick nimmt, ändert sich daran nichts. Der **Herd**, Sinnbild der Heimstatt und bei Goethe (*Prometheus*) der Gottgleichheit des Menschen, glüht nicht mehr, sondern ist von Moder und Schimmel überzogen. Das Nest bietet auch keine Geborgenheit mehr, sondern ist verlassen. Werg, Halsband, Pfeife sind die vergessenen Relikte des Menschen und zeugen so nur von Untergang und Tod.

Warum das lyrische Ich sich aber so gerne hier aufhält, wird nicht deutlich. Denn **Dort ruh ich manche Stunde aus** beinhaltet die Wiederholung des Aufenthaltes hier, was durch das erneute Aufgreifen in der letzten Strophe bestätigt wird. Was macht die Faszination der Morbidität, der Widerwärtigkeit aus? Es sind Bilder aus einer psychischen Tiefenschicht, die in diesem Haus vorhanden sind. Schon die Lage des Hauses im **Tobel** (Schlucht) hat symbolischen Charakter, ebenso die beschriebenen schwellenden Wucherungen (Moos, Aschenmoder, Pilzes Glocken) aus der Feuchtigkeit (sickern, tröpfeln, durchgesogen, Sumpf) heraus. Eine ausführliche psychoanalytische Symboldeutung kann hier nicht gegeben werden, diese Andeutungen mögen genügen. Auf das betrachtende Ich übt das alles jedenfalls eine geheimnisvolle Anziehung aus.

Das öde Haus ist das Bild für eine fremde Welt, der ein entfremdetes Ich beobachtend gegenübersteht. Die Laute, die es am Ende in seiner Fantasie wahrnimmt, klingen aus der Vergangenheit herüber. »Das öde Haus« ist das Bild für eine vom Ruin bedrohte (von Gott verlassene?) Welt. Diese als bedrohlich erlebte Tiefenschicht blieb der Droste zwar fremd, aber sie blieb fixiert auf sie. Die Genese dieser Bedrohungserfahrung liegt einerseits in der Individualbiografie der Droste begründet, bildet aber auch einen psychohistorischen Aspekt der Biedermeierzeit, der über das Individuelle hinweggreift. Die Droste versuchte diese Tiefenschicht durch eine religiös geprägte Oberschicht zu beherrschen.

Am letzten Tage des Jahres (Sylvester)

Das Jahr geht um,
Der Faden rollt sich sausend ab,
Ein Stündlein noch, das letzte heut,
und stäubend rieselt in sein Grab
5 Was einstens war lebendge Zeit.
Ich harre stumm.

S' ist tiefe Nacht!
Ob wohl ein Auge offen noch?
In diesen Mauern rüttelt dein
10 Verrinnen, Zeit! mir schaudert, doch
Es will die letzte Stunde sein
Einsam durchwacht.

Gesehen all,
Was ich begangen und gedacht,
15 Was mir aus Haupt und Herzen stieg,
Das steht nun eine ernste Wacht
Am Himmelsthor. O halber Sieg,
O schwerer Fall!

Wie reißt der Wind
20 Am Fensterkreuze, ja es will
Auf Sturmesfittigen das Jahr
Zerstäuben, nicht ein Schatten still
Verhauchen unterm Sternenklar.
Du Sündenkind!

25 War nicht ein hohl
Und heimlich Sausen jeder Tag
In der vermorschten Brust Verließ,
Wo langsam Stein an Stein zerbrach,
Wenn es den kalten Odem stieß
30 Vom starren Pol?

Mein Lämpchen will
Verlöschen, und begierig saugt
Der Docht den letzten Tropfen Oel.
Ist so mein Leben auch verraucht,
35 Eröffnet sich des Grabes Höhl
Mir schwarz und still?

Wohl in dem Kreis,
Den dieses Jahres Lauf umzieht,
Mein Leben bricht: Ich wußt es lang!
40 Und dennoch hat dies Herz geglüht
In eitler Leidenschaften Drang.
Mir brüht der Schweiß

Der tiefsten Angst
Auf Stirn und Hand! – Wie, dämmert feucht
45 Ein Stern dort durch die Wolken nicht?
Wäre es der Liebe Stern vielleicht,
Dich scheltend mit dem trüben Licht,
Daß du so bangst?

Horch, welch Gesumm?
50 Und wieder? Sterbensmelodie!
Die Glocke regt den ehrnen Mund.
O Herr! ich falle auf das Knie:
Sey gnädig meiner letzten Stund!
Das Jahr ist um!

Das Silvester-Gedicht ist das letzte Gedicht in dem Zyklus Das GEISTLICHE JAHR, der aus insgesamt 72 Gedichten besteht und jedem Sonntag und Festtag des Kirchenjahres je ein Gedicht widmet. Die ersten 25 Gedichte dieses Zyklus' bis zum Ostermontag hatte die DROSTE bereits 1820 geschrieben. Den zweiten Teil schrieb sie dann auf Bitten von Freunden hin im Jahr 1839, das Silvester-Gedicht wurde im Januar 1840 abgeschlossen. Von den Texten des früheren Teils, die durchweg liedhafter sind, unterscheiden sich die Texte des zweiten Teils durch stärker reflektierenden Charakter. Im gesamten Zyklus gibt es aber nur zwei Gedichte, die hinsichtlich der Form gleich sind. Das Silvester-Gedicht bildet in doppelter Hinsicht Rahmen. Einerseits schließen sich jeweils der erste und letzte Vers jeder Strophe durch den Reim und das Metrum (jeweils nur 2 Hebungen gegenüber 4 Hebungen der andern Verse) zusammen, andererseits greift der letzte Vers des Gedichtes den Eingangsvers wieder auf. Das sehr starre Metrum des Gedichtes wird durch häufige Enjambements sogar über die Strophengrenze hinweg geschmeidiger gemacht.

Sprachlich zeigt sich das Gedicht traditionsverbunden, es greift Bilder und Metaphern auf, die an barocke Sprache und Auffassung erinnern: **Faden, Lämpchen, eitler Leidenschaften**. Auch die Sprache des christlichen Kultes stand Pate: **Grabes Höhl, O Herr, ich falle auf das Knie**. Andererseits gewinnt die Sprache durch Kühnheiten expressiven Charakter: **Mir brüht der Schweiß**. DROSTE scheint ihren früheren Zweifel, ob künstlerisch ausgeschmückte Texte nicht der erforderlichen Demut religiösen Sprechens widersprächen, überwunden zu haben.

Inhaltlich gestaltet das Gedicht die einsame religiöse Besinnung anlässlich des Zeitenwechsels in der Silvesternacht nach. Diese religiöse Besinnung gestaltet sich nicht in einer abstrakten Weise, sondern nähert sich dem Erlebnishaften. Die zeitliche und räumliche Situation wird konkret fixiert, das Hier und Jetzt betont: **Ein Stündlein noch, das letzte heut [...] In diesen Mauern**. Äußere Gegebenheiten greifen in die Situation ein: **Wie reißt der Wind / Am Fensterkreuze** und **Die Glocke regt den ehrnen Mund**, verwandeln sich dabei zum Teil in religiöse Symbole: **Fensterkreuze**. Das zu Ende gehende Jahr ruft beim lyrischen Ich den Gedanken an den bevorstehenden eigenen Tod hervor. Das Todesmotiv durchzieht das gesamte Gedicht: **Der Faden rollt sich sausend ab, sein Grab, letzte Stunde, Himmelsthor, Mein Lämpchen will / Verlöschen, Ist so mein Leben auch verraucht, Grabes Höhl, Mein Leben bricht, Sterbemelodie**. Das Jahr wird zum Sinnbild des Lebens.

Anlässlich dieser Endzeitstimmung kommen dem Ich Selbstzweifel, ob es die Prüfungen des jüngsten Gerichts bestehen wird: **Stein an Stein zerbrach**. Die Bedeutung der Bilder erschließt sich oft nicht auf den ersten

Blick. Die gedanklichen und gefühlsmäßigen Verfehlungen könnten der Prüfung im Wege stehen: **Was mir aus Haupt und Herzen stieg, / Das steht nun eine ernste Wacht / Am Himmelsthor.** Das Ich empfindet sich selbst als **Sündenkind**, es bezichtigt sich selbst **eitler Leidenschaften**. Diese Formulierung lässt wieder an barocke Vorbilder denken, auch der Gedanke, dass das feste Gebäude den unerschütterlichen Glauben an Gott und das zerstörte die Gottesferne der Seele versinnbildliche, bildet eine Reverenz an die Tradition. Wenn also **In der vermorschten Brust [...] langsam Stein an Stein** zerbrochen ist, wundert es nicht, dass das Ich angesichts solcher Todsünde von existenziellen Ängsten geplagt wird: **Mir brüht der Schweiß // der tiefen Angst / Auf Stirn und Hand.** Doch die Hoffnung durch **der Liebe Stern** ermöglicht am Ende doch noch eine vertrauensvolle und zuversichtliche Zuwendung zu Gott: **O Herr! ich falle auf das Knie: / Sey gnädig meiner letzten Stund!** Allerdings erfahren die wiederholten existenziellen Fragen, die das Gedicht durchziehen, am Ende keine eindeutige Beantwortung.

Warum beschäftigt sich DROSTE so intensiv mit diesen lebensbedrohenden Themen? Einerseits verbleibt sie mit dem Topos von der eitlen Welt, der Nichtigkeit des Daseins und der Gnade in Gott in der Tradition des Barock. Vielleicht ist dieses Interesse auch durch ihre biografische Situation und ihre lebenslange Kränklichkeit bedingt. Andererseits ist dieses Bemühen, eine religiöse Gebrauchslyrik zu schreiben, auch im Kontext der restaurativen Bemühungen zu sehen. Die politische Restauration sollte auch durch eine christlich-moralische Restauration untermauert werden, solche Bemühungen gehören zur Epochencharakteristik der Biedermeierzeit. Man darf auch nicht vergessen, dass die DROSTE diesen Zyklus auf Drängen von Freunden fortgesetzt hat, unter denen sich in religiöser Hinsicht sehr konservative Geister befanden.

Aber die in diesem Gedicht angedeuteten Zweifel passen nicht ganz in das Konzept einer fraglosen Restauration. Das Ich bezichtigt sich selbst der Gottesferne: **Stein an Stein zerbrach.** In dem Gedicht aus dem gleichen Zyklus »Am fünf und zwanzigsten Sonntage nach Pfingsten« deutet solche Zweifel noch tief greifender an: **Daß ich Unglauben nicht benützt, / Des Frevels Banner zu erhöhn; / Und der Entschluß gewann den Raum, / Ob mir gefällt der Lebens Baum, / Zu lieben meines Gottes Traum / Und auch dem Todten Kränze noch zu flechten.** Wer sich bewusst entschließt sich vom Unglauben fernzuhalten, sieht sich selbst gefährdet. Wer den Gedanken eines toten Gottes überhaupt denkt, hängt nicht dem eindimensionalen Dogmatismus an. Sie wagt es nicht Gedanken nachzugehen, die Friedrich Nietzsche später lautstark verkünden wird. Nicht zuletzt diese Zweifel sind es, die ihren Rang als Dichterin ausmachen. Alles andere wäre epigonenhaft und anachronistische Erbauungslyrik. In der **Einsam durchwachten** Silvesternacht ringt das lyrische Ich um sein individuelles Gottesverhältnis und erringt sich den Trost. Es ist für das Ich ein persönliches Gethsemane.

2.3 ›Vor der Freiheit sei kein Frieden‹ – Vormärz

Berücksichtigt man die Auflagenzahlen der Werke der 40er-Jahre des 19. Jahrhunderts, muss man feststellen, dass weder Mörike noch die Droste beim Publikum im Mittelpunkt der Aufmerksamkeit standen. Die Gedichte von Herwegh, Freiligrath, Hoffmann von Fallersleben, Heine erreichten für die damalige Zeit hingegen immense Auflagenstärken. Dagegen finden sie (außer Heine) in der jüngeren Germanistik weniger Beachtung, was sich nicht zuletzt daraus erklärt, dass sie eine parteiliche Lyrik schufen, die für die politische Aktualität gedacht war. Für die politische Agitation war Lyrik das ideale Medium. Lyrik war zu Beginn des Jahrhunderts ohnehin zu großer Popularität gelangt, außerdem ließen sich Gedichte gut auf Flugblättern, Plakaten, in Taschenbüchern und Zeitungen nachdrucken und somit rasch verbreiten. Die klanglich und rhythmisch überformte Sprache prägte sich gut ein und eignete sich gut für gemeinschaftsstiftende Lieder und Hymnen, zumal in der Zeit der aufkommenden und florierenden Gesangsvereine. Die Kontrafaktur, das ist die Unterlegung einer bekannten Melodie mit einem neuen Text, war viel geübte Praxis.

Ferdinand Freiligrath: »Freie Presse«

In seiner frühen lyrischen Produktion hatte FERDINAND FREILIGRATH (1810–1876) Gedichte geschrieben, die auf den ersten Blick nicht als politisch, national oder revolutionär zu erkennen sind. Sie handeln in pathetischer Tonart von unerhörten Abenteuern heidnisch-wilder Helden in exotischen Ländern. Er selbst verstand diese **Wüsten- und Löwenpoesie** als **die allerentschiedenste Opposition gegen die zahme Dichtung**[88]. In seinem Gedicht »Aus Spanien«, in dem er den machohaften Hinrichtungstod eines spanischen Generals hymnisch feiert, hatte er in Anlehnung an Goethe verkündet: **Der Dichter steht auf einer höhern Warte, / Als auf den Zinnen der Partei.** Das hatte ihm einerseits die öffentliche Belobigung des preußischen Königs inklusive einer staatlichen Pension eingebracht. Andererseits hatte er sich damit die öffentliche Zurechtweisung Georg Herweghs in dem Gedicht »Die Partei. An Ferdinand Freiligrath« eingehandelt. Herwegh übernimmt FREILIGRATHS Strophenform, lässt aber jede Strophe mit einer Bekräftigung der Parteilichkeit enden. Er fordert sogar: **O wählt ein Banner, und ich bin zufrieden, / Ob's auch ein andres denn das meine sei.** FREILIGRATH akzeptierte die Lektion, gab – im Gegensatz zu Emanuel Geibel (vgl. Kap. 3.1.1) – seine Pension zurück und stellte sich in der folgenden

Zeit klar auf die Seite revolutionärer Agitation. Dass er in den 70er-Jahren dann nationalpatriotische Gedichte schrieb, wird an späterer Stelle nochmals Thema sein. Diese wechselhafte Lebensgeschichte macht ihn für uns heute schwer beurteilbar.

Freie Presse

Festen Tons zu seinen Leuten spricht der Herr der Druckerei:
»Morgen, wißt ihr, soll es losgehn, und zum Schießen braucht man Blei!
Wohl, wir haben unsre Schriften: – morgen in die Reihn getreten!
Heute Munition gegossen aus metallnen Alphabeten!
5 Hier die Formen, hier die Tiegel! auch die Kohlen facht' ich an!
und die Pforten sind verrammelt, daß uns niemand stören kann!
An die Arbeit denn, ihr Herren! Alle, die ihr setzt und preßt!
Helft mir auf die Beine bringen dieses Freiheitsmanifest!«

Spricht's, und wirft die ersten Lettern in den Tiegel frischer Hand.
10 Von der Hitze bald geschmolzen brodeln Perl' und Diamant;
Brodeln Kolonel und Korpus; hier Antiqua, dort Fraktur
Werfen radikale Blasen, dreist umgehend die Zensur.

Dampfend in die Kugelformen zischt die güldne Masse dann: –
So die ganze lange Herbstnacht schaffen diese zwanzig Mann;
15 Atmen rüstig in die Kohlen; schüren, schmelzen unverdrossen,
Bis in runde, blanke Kugeln Schrift und Zeug sie umgegossen!

Wohlverpackt in grauen Beuteln liegt der Vorrat an der Erde,
Fertig, daß er mit der Frühe brühwarm ausgegeben werde!
Eine dreiste Morgenzeitung! Wahrlich, gleich beherzt und kühn
20 Sah man keine noch entschwirren dieser alten Offizin!

Und der Meister sieht es düster, legt die Rechte auf sein Herz:
»Daß es also mußte kommen, mir und vielen macht es Schmerz!
Doch – welch Mittel noch ist übrig, und wie k a n n es anders sein? –
Nur als Kugel mag die Type dieser Tage sich befrein!

25 Wohl soll der Gedanke siegen – nicht des Stoffes rohe Kraft!
Doch man band ihn, man zertrat ihn, doch man warf ihn schnöd in Haft!
Sei es denn! In die Muskete mit dem Ladstock laßt euch rammen!
Auch in solchem Winkelhaken steht als Kämpfer treu beisammen!

Auch aus ihm bis an die Hofburg fliegt und schwingt euch, trotz'ge Schriften!
30 Jauchzt ein rauhes Lied der Freiheit, jauchzt und pfeift es hoch in Lüften!
Schlagt die Knechte, schlagt die Söldner, schlagt den allerhöchsten Toren,
Der sich d i e s e freie Presse selber auf den Hals beschworen!

Für die r e c h t e freie Presse kehrt ihr heim aus diesem Strauß:
Bald aus Leichen und aus Trümmern graben wir euch wieder aus!
35 Gießen euch aus stumpfen Kugeln wieder um in scharfe Lettern –
Horch! ein Pochen an der Haustür! und Trompeten hör ich schmettern!

Jetzt ein Schuß! – und wieder einer! – Die Signale sind's Gesellen!
Hallender Schritt erfüllt die Gassen, Hufe dröhnen, Hörner gellen!
Hier die Kugeln! hier die Büchsen! Rasch hinab! – Da sind wir schon!«
40 Und die erste Salve prasselt! – Das ist Revolution!

Das Gedicht steht unter den 1845 veröffentlichten sechs revolutionären Gedichten unter dem Titel ÇA IRA. Dieser Titel zitiert ein bekanntes Lied der Französischen Revolution von 1789. So entwirft dieses Gedicht auch die Fiktion vom Kugelgießen als Vorbereitung auf einen revolutionären Barrikadenkampf. Die Szene spielt in einer Druckerei, in der die Arbeiter nach der Fertigstellung der vorbereitenden **Schriften** nun zu den notwendigen Handlungen schreiten und ihre Bleilettern in Kugeln umgießen. Am Ende des Gedichtes werden die ersten Anzeichen der revolutionären Kämpfe geschildert. Für die Zeit nach den Kämpfen hofft man, die aus den **Leichen** und **Trümmern** wieder geborgenen Kugeln wieder in **scharfe Lettern** zurückgießen zu können.

Der Gedichttitel »Freie Presse« bezeichnet das zentrale Ziel der Bemühungen. Die Freiheit des Gedankens ist durch Zensur beschränkt: **Wohl soll der Gedanke siegen – [...] / Doch man band ihn, man zertrat ihn, doch man warf ihn schnöd in Haft! – Nur als Kugel mag die Type dieser Tage sich befrein!** »Freie Presse« bezeichnet aber auch das zentrale strukturbildende Element des Gedichtes, das Wortspiel und den Doppelsinn. Die durch Zensur gebundene Presse befreit sich in Form von Kugeln, das Wort wird doppelsinnig: d i e s e freie Presse – r e c h t e freie Presse. Dieses raffinierte Spiel mit dem Doppelsinn durchzieht das ganze Gedicht: **dieses Freiheitsmanifest; radikale Blasen, dreist umgehend die Zensur; brühwarm; eine dreiste Morgenzeitung; in solchem Winkelhaken; rauhes Lied der Freiheit.** Der Verantwortliche für die Zensur wird benannt: **die Hofburg** in Wien ist als Amtssitz des **allerhöchsten Toren** des österreichischen Kanzlers Metternich, des Drahtziehers der Restauration, identifizierbar.

Die Sprache des Gedichtes ist ungewöhnlich. Wörter aus einer niederen Stilebene wie z. B. **verrammeln** werden gewählt. Fachbegriffe aus der Druckersprache (**Perl'**, Diamant, Kolonel, Korpus, Antiqua, Fraktur, Winkelhaken) sind bis in die Reimbildung hinein integriert, ebenso Begriffe der politischen Agitation(**Freiheitsmanifest**). Die achthebigen Langzeilen sind ungewöhnlich, statt eines liedhaften Rhythmus' entfalten sie einen erzählerischen rhetorischen Gestus. Die längeren Redepassagen des Druckereibesitzers erinnern an Schillers »Das Lied von der Glocke«, Freiligraths Zeitgenossen werden diese Anspielung zweifellos verstanden haben. Andererseits tritt dadurch der Druckereibesitzer als patriarchalischer Unternehmer auf.

Der Unternehmer ist die treibende Kraft der Aktion, die **zwanzig Mann** sind nur ausführende Organe. Das Ziel der Revolution ist die Presse- und damit Meinungsfreiheit, ein primär bürgerliches Interesse. Nicht die Lebens- oder Arbeitssituation der Arbeiter kommt zur Sprache. Bei den Kämpfen der Märzrevolution haben sich die Bürger, als ihren Interessen scheinbar Genüge getan war, sehr rasch von den Barrikaden verabschiedet. Das Gedicht repräsentiert seine Stoßrichtung revolutionären Bemühens, seinen literarischen Rang gewinnt es vor allem durch den genialen Einfall vom Umgießen der Bleilettern.

Georg Herwegh: »Aufruf«
Die politische Biografie von GEORG HERWEGH (1817–1825) verlief weniger wechselhaft als die von FREILIGRATH. Er war von Anfang an der Ansicht, dass eine demokratische Literatur für das Volk verständlich sein müsste. Sein erster Lyrikband GEDICHTE EINES LEBENDIGEN (1841) traf offenbar genau den Nerv der Zeit. Der erst 23-jährige Autor war in aller Munde, bereits nach zwei Jahren ging der Band in die 6. und 7. Auflage. Es gründeten sich HERWEGH-Vereine, und als er aus der Schweiz Deutschland bereiste, bereitete man ihm einen triumphalen Empfang, veranstaltete Fackelzüge und Festbankette zu seinen Ehren. Eine Audienz beim preußischen König versuchte er für politische Beeinflussung zu nutzen, sie führte aber nur zu seiner polizeilichen Ausweisung. Seine Anhänger nahmen ihm diesen Alleingang übel. Später siedelte er nach Paris über, wo er Karl Marx kennen lernte. Während der 48er-Revolution versuchte er mit einem 700 Mann starken Freiwilligenheer aus Frankreich den Deutschen zu Hilfe zu kommen. Die Truppe wurde zerschlagen, HERWEGH konnte sich der steckbrieflichen Verfolgung nur durch abenteuerliche Flucht in die Schweiz entziehen. Dort lebte er in Armut, blieb seiner politischen Überzeugung aber treu und schwenkte nicht ins national-liberale Lager um wie viele andere nach dem Scheitern der Revolution. 1863 schrieb er das »Bundeslied für den Allgemeinen deutschen Arbeiterverein«, um das ihn dessen Gründer Ferdinand Lasalle gebeten hatte.

Aufruf

Reißt die Kreuze aus der Erden!
Alle sollen Schwerter werden,
Gott im Himmel wird's verzehn.
Laßt, o laßt das Verseschweißen!
5 **Auf den Amboß legt das Eisen!**
Heiland soll das Eisen sein.

Eure Tannen, eure Eichen –
Habt die grünen Fragezeichen
Deutscher Freiheit ihr gewahrt?
10 Nein sie soll nicht untergehen!
Doch ihr fröhlich Auferstehen
Kostet eine Höllenfahrt.

Deutsche, glaubet euren Sehern,
Unsre Tage werden ehern,
15 Unsre Zukunft klirrt in Erz;
Schwarzer Tod ist unser Sold nur,
Unser Gold ein Abendgold nur,
Unser Rot ein blutend Herz!

Reißt die Kreuze aus der Erden!
20 Alle sollen Schwerter werden,
Gott im Himmel wird's verzeihn.
Hört er unsere Feuer brausen
und sein heilig Eisen sausen,
Spricht er wohl den Segen drein.

25 Vor der Freiheit sei kein Frieden,
Sei dem Mann kein Weib beschieden
Und kein golden Korn dem Feld;
Vor der Freiheit, vor dem Siege
Seh' kein Säugling aus der Wiege
30 Frohen Blickes in die Welt!

In den Städten sei nur Trauern,
Bis die Freiheit von den Mauern
Schwingt die Fahnen in das Land;
Bis du, Rhein, durch *freie* Bogen
35 Donnerst, laß die letzten Wogen
Fluchend knirschen in den Sand.

Reißt die Kreuze aus der Erden!
Alle sollen Schwerter werden,
Gott im Himmel wird's verzeihn.
40 Gen Tyrannen und Philister!
Auch das Schwert hat seine Priester,
Und wir wollen Priester sein.

Der »Aufruf« richtet sich an eine nicht näher bestimmte (Volks-?)Gemeinschaft, die für **Freiheit** gegen **Tyrannen und Philister** aufstehen soll. Die martialische Rhetorik des 1841 veröffentlichten Gedichtes lässt die patriotische Lyrik der Befreiungskriege als Vorbild erkennen. Bereits der Gedichteingang zeigt Parallelen zu einem Gedicht von Ernst Moritz Arndt: **Der Gott, der Eisen wachsen ließ, / Der wollte keine Knechte, / Drum gab er Säbel Schwert und Spieß / Dem Mann in seine Rechte** (»Vaterlandslied«).

Mit seinem Kampfaufruf bleibt das Gedicht aber konturlos auf das Stimmungshafte beschränkt. Konkrete Anlässe oder Zielvorstellungen kommen nicht zur Sprache. Der Motiv- und Metaphernkomplex für Kampf und Waffen durchzieht das ganze Gedicht. In paradoxem Ansatz zieht der sich nicht selbst nennende Sprecher des Gedichtes das Kämpfen dem **Verseschweißen** vor. Der Kampf erscheint als einzige Möglichkeit statt einer politischen Lösung.

Der Kampf wird mit nationaler Bedeutung aufgeladen: **Deutsche**. Die **Tannen** und **Eichen** sind spätestens seit dem frühen 19. Jahrhundert Symbole deutscher Natur und Heimat. Die Nationalfarben **Schwarz-Gold-Rot** werden symbolisch umgedeutet, und der **Rhein**, dem Vatersymbol deutschen Nationalbewusstseins, greift auch bestimmend in den nationalen Kampf ein. Für die Nation hat der Kampf auch existenzielle Bedeutung. Die **Kreuze** lassen an Grabkreuze denken, damit werden die daraus gewonnenen Schwerter zur schweren Erblast der Vorfahren. Der immerwährende Generationenprozess der Familiengründung soll solange ausgesetzt werden, bis die Säuglinge in der Würde der Freiheit zur Welt kommen können. Selbst die Natur (**Rhein**) versagt der Unfreiheit ihren Dienst.

Da darf natürlich die religiöse Aufladung nicht fehlen: **Gott, Heiland, Höllenfahrt, heilig Eisen, Segen, Priester** bilden das Vokabular der religiösen Dimension. Das Verzeihen Gottes wird mehrfach versichert. Als **Priester** des **Schwert**es entwickeln die nationalen Kämpfer religiöses Sendungsbewusstsein. Wie bereits gesagt, bleibt die Zielrichtung des Gedichtes verschwommen. Wer ist mit **Tyrannen** gemeint? Die eigenen Machthaber? Dann wäre das Gedicht ein revolutionärer Appell. Sind die Franzosen gemeint, die sich 1840 gerade wieder am nationalen Heiligtum, dem Rhein (**durch *freie* Bogen**), vergreifen wollten? Dann wäre das Gedicht eine nationalistische Kriegshetze. Es verweigert die eindeutige Antwort. Wahrscheinlich traf gerade diese Unbestimmtheit gut die Gefühlsatmosphäre der Zeit: Es muss etwas geschehen! – Nur was?

Georg Weerth: »Das Hungerlied«

> Verehrter Herr und König,
> Weißt du die schlimme Geschicht?
> Am Montag aßen wir wenig,
> Und am Dienstag aßen wir nicht.
>
> 5 Und am Mittwoch mußten wir dafür darben,
> Und am Donnerstag litten wir Not;
> Und ach, am Freitag starben
> Wir fast am Hungertod!

Drum laß am Samstag uns backen
10 Das Brot fein säuberlich;
Sonst werden wir sonntags packen
Und fressen, o König, dich!

GEORG WEERTH (1822–1856) genoss die Hochschätzung von Friedrich Engels und in der Folge der marxistischen Literaturkritik. Sein wechselvolles, kurzes Leben führte ihn in verschiedene Länder und Städte, wo er die Bekanntschaft von Friedrich Engels, Karl Marx und Heinrich Heine machte, mit denen ihn z. T. eine lange Freundschaft verband. Er wurde überzeugter Sozialist, trat dem Bund der Kommunisten bei und wirkte als Feuilletonchef der *Neuen Rheinischen Zeitung* in Köln unter der Leitung von Karl Marx mit. Sein »Hungerlied« zeigt Einflüsse seines Freundes Heine. Als Rollengedicht ist es in Form der Anrede an einen nicht genauer bestimmten König geschrieben und beklagt lapidar und aggressiv die Not der armen Leute.

Die ersten beiden Strophen stellen die **schlimme Geschicht** dar. Mangel und Hunger werden den Wochentagen folgend variiert und entwerfen damit eine Art negative Schöpfungsgeschichte. Die Variation folgt dem Prinzip der Steigerung: **wenig – nicht – darben – Not – Hungertod**. Die dritte Strophe schließt dann die Forderung und Drohung an: **Sonst werden wir sonntags packen / Und fressen, o König, Dich!** Hier spricht sich die Haltung eines selbstbewussten Proletariats aus, das seinem Herrscher ein letztes Ultimatum stellt. Auch Freiligrath hat in dem Gedicht »Von unten auf!« dieses schon thematisiert. Dort ist der Text aus der Perspektive eines Heizers auf einem Dampfer, auf dessen Deck der preußische König eine Fahrt auf dem Rhein macht, geschrieben. Dem **Proletarier-Maschinist** kommt in der symbolischen Situation des Unten und Oben die Einsicht in seine Bedeutung: **Wer hält die Räder dir im Takt, / Wenn nicht mit schwielenharter Faust der Heizer seine Eisen packt? // [...] Es liegt an mir: – ein Ruck von mir, ein Schlag von mir zu dieser Frist, / Und siehe, das Gebäude stürzt, von welchem du die Spitze bist!** Freiligrath benutzt in diesem Gedicht aber wieder seine Langzeilen und bildliche Elemente traditioneller Rhetorik (**Zeus, Titan, kochender Vulkan**).

Demgegenüber ist das Gedicht von WEERTH sehr lapidar und schlicht. Und gerade diese Schlichtheit ist es, was dieses Gedicht so überzeugend macht. Denn hier geht es nicht um politische Ideale, nationale Ideen, es geht nicht um Pressefreiheit und Freiheit schlechthin. Es geht um ein Aufbegehren aus blanker existenzieller Not, aus Mangel und Hunger. Damit verleiht WEERTH einem neuen Selbstbewusstsein Sprache[89]. Allerdings gerieten die hier angesprochenen Probleme während der 48er-Revolution auch sehr rasch aus dem Blickfeld.

3 »Soll und Haben«[90] – Bürgerlicher Realismus (1848–1890)

Im Oktober 1849

Gelegt hat sich der starke Wind,
Und wieder stille wird's daheime;
Germania, das große Kind,
Erfreut sich wieder seiner Weihnachtsbäume.

5 Wir treiben jetzt Familienglück –
Was höher lockt, das ist vom Übel –
Die Friedensschwalbe kehrt zurück,
Die einst genistet in des Hauses Giebel.

Gemütlich ruhen Wald und Fluß,
10 Von sanftem Mondlicht übergossen;
[...]

Zwar bezieht sich dieses Gedicht von Heinrich Heine, das in dem Zyklus ROMANZERO im Jahre 1851 erschienen ist, im weiteren Verlauf auf die Niederschlagung der Freiheitsbewegung in Ungarn durch die Österreicher und Russen, aber dieser Anfang kann auch als treffendes Stimmungsbild aus Deutschland nach der niedergeschlagenen Revolution gelesen werden. Die Revolution war in vielerlei Hinsicht gescheitert. Ruhe kehrte ein, revolutionäre Unruhe machte bürgerlicher Saturiertheit Platz. Die folgende Epoche ist von einem merkwürdigen Widerspruch zwischen Fortschritt und Beharren geprägt. Fortschritten in Wissenschaft, Technik, Industrie und Handel stand das Fortdauern der Ordnungsstrukturen in Staat, Recht, Kirche und Familie gegenüber. Die wirtschaftlichen Fortschritte liefen nicht parallel zur Demokratisierung der Gesellschaft. Vor 1890 überwogen die Kräfte der Tradition.

Nach den Märzunruhen 1848 machten sich die demokratischen Kräfte in Deutschland auf den Weg zu einem republikanisch geprägten Nationalstaat. Ein deutsches Vorparlament trat zusammen und bereitete die Wahlen zur deutschen Nationalversammlung vor, die am 18. Mai 1848 in der Frankfurter Paulskirche erstmals zusammentrat. Ziel dieser Nationalversammlung war es zunächst, die deutsche Einheit zu schaffen und dem deutschen Staat eine Verfassung zu geben. Das Projekt scheiterte: Die Verfassung blieb ohne Geltung, die darauf basierende Regierung ohne Macht. Im März 1849 wurde die Nationalversammlung aufgelöst, das Rumpfparlament, das sich daraus nach Stuttgart rettete, wurde kurz darauf vom Militär gesprengt. Im Dezember 1849 lehnte der preußische König Friedrich

Wilhelm IV. die ihm angetragene deutsche Kaiserkrone ab, die er in einem Brief an den Großherzog von Hessen als **Schweinekrone**, als **Reif aus Dreck und Letten** bezeichnete, an dem der **Ludergeruch der Revolution** hänge[91]. Der vom Parlament eingesetzte Reichsverweser dankte ab.

Für dieses Scheitern sind mehrere Gründe zu nennen: die Angst der Deutschen vor einer Radikalisierung der Revolution, das Misstrauen gegen das Proletariat, die Heterogenität der Kräfte, der Mangel an politischer Erfahrung, außenpolitischer Druck der anderen europäischen Mächte und die Obrigkeitstreue des Heeres und des Beamtentums. Die bürgerlich-liberalen Kräfte verließen nach dem Erreichen einiger ihrer Ziele sehr rasch die Barrikaden und arrangierten sich. Zwar war nach außen hin der Traum von einem großdeutschen Nationalstaat auf der Basis von Volkssouveränität und Menschenrechten unter Einbezug Österreichs, Preußens und der Mittelstaaten missglückt, aber nicht in jeder Hinsicht. Was sich in den folgenden Jahren wirtschaftlich und gesellschaftlich ereignete, kann als ›**Urknall**‹ **der kapitalistischen Gesellschaft**[92] in Deutschland gewertet werden.

Bestimmte Erfolge hatten die Unruhen ja doch gezeitigt, in einigen Teilstaaten gab es nun Verfassungen, die Politik verbürgerlichte sich. Der weitere Ausbau der Eisenbahnen und Kapitalzuströme, z. B. durch Goldfunde in Kalifornien, machten das explodierende Wirtschaftswachstum möglich. Arbeitskräfte waren billig, die Bevölkerung strömte in die Nähe der Fabriken. Die Städte wuchsen enorm an. Die Gesellschaft veränderte sich: An die Stelle der ständischen Agrargesellschaft trat die städtische, in Proletariat und bürgerliche Mittelschicht getrennte moderne Industriegesellschaft. Die tägliche Lebenswelt veränderte sich grundlegend. Die neuen Möglichkeiten der Kommunikation mittels Telegrafie ergänzten dieses Bild.

Außenpolitische Spannungen, v. a. mit Frankreich, ließen den Begriff der Nation wieder aufleben und verliehen ihm eine hoch gestimmte chauvinistische, militaristische Aufladung. 1862 ernannte der neue preußische König Wilhelm I. Otto von Bismarck zum preußischen Ministerpräsidenten, der zur prägenden Gestalt der Epoche[93] werden sollte. Ein erster Schritt in Richtung seines Zieles, der Hegemonie Preußens in Deutschland, war der Krieg gegen Österreich von 1866, den Preußen in der Schlacht von Königgrätz für sich entschied. Österreich schied durch den Friedensvertrag aus dem deutschen Bund aus. Geschickt nutzte Bismarck einen Streit um die spanische Thronfolge mit dem französischen Kaiser Napoleon III. um diesen zu einer Kriegserklärung zu provozieren. Auch den deutsch-französischen Krieg 1870/71 entschied Preußen klar für sich. Der Einsatz moderner Technik in Form schneller Truppentransporte mittels Eisenbahn und der Telegrafie sowie überlegene militärische Taktik hatten die Siege der Preußen in beiden Kriegen ermöglicht. In Versailles wurde der preußische

König zum deutschen Kaiser Wilhelm I. proklamiert, zu seiner Zufriedenheit von der bürgerlichen Nationalbewegung *und* den Fürsten. Der Friedensvertrag von Frankfurt setzte mit seiner Annexion der Gebiete Elsass und Lothringen Vorzeichen für den nächsten Krieg.

Die Jahre nach der Reichsgründung sind gekennzeichnet durch ein wahres Firmengründungsfieber, weshalb sie auch als Gründerzeit bezeichnet werden. Das neureiche Großbürgertum versuchte sich die Attitüden der Aristokratie ungekonnt anzueignen. An die Stelle früherer Schlichtheit der gesellschaftlichen Oberschicht traten in Architektur, Einrichtungsstil, Garderobe und Lebensführung überladener Pomp und neureiche Protzerei. Die Gesellschaft gliederte sich in Land besitzenden Adel, älteres Verwaltungs- und Bildungsbürgertum, neueres Besitzbürgertum als wirtschaftliche Stütze, das Kleinbürgertum der Handwerker und die größer werdende Masse des Fabrikproletariats. Innenpolitisch wurde der Kampf gegen den Sozialismus zum wichtigen Thema, der sich 1878 im Sozialistengesetz niederschlug. Angesichts der sozialen Frage kam es Ende der achtziger Jahre zu scharfen Differenzen zwischen dem Reichskanzler Bismarck und dem liberalen neuen Kaiser Wilhelm II., die 1890 zur Entlassung des Kanzlers führten. Bismarck hätte sicherlich die erwachende Weltmachtpolitik Deutschlands auch nicht mehr mitgetragen.

> Die rasanten technischen wirtschaftlichen und gesellschaftlichen Entwicklungen wurden von vielen nicht gut verkraftet. Das vorherrschende Gefühl des Zeitalters war das der Entwurzelung – Familienbande zerrissen, religiöse Bindungen lockerten sich, herkömmliche Loyalitäten wurden aufgegeben. Das Industriemilieu, die Fabrik, die Verwaltung boten da keinen Ersatz, es überwog das Gefühl des Ausgeliefertseins an anonyme Kräfte, der Auswechselbarkeit und sozialen Atomisierung – mit einem Wort, es herrschte ein noch nie dagewesenes Gefühl des Normenverlustes, der gesellschaftlichen Orientierungsungewißheit und Identitätskrise.[94]

Die Antworten der Philosophie konnten nicht mehr recht befriedigen. Die idealistischen Philosophen Kant, Fichte und Hegel hatten zunächst die Entfaltung der Welt durch den menschlichen Geist erklärt, ja als Manifestation des Geistes gedeutet. Schopenhauer, Feuerbach, Kierkegaard und Marx bezweifelten diese Gewissheit. Das Jahr 1848 brachte aber eine entscheidende Wende in der Geistesgeschichte. Der Anspruch der idealistischen Philosophie (und verknüpft damit der Dichtung), eine auf der Metaphysik begründete Weltdeutung leisten zu können, konnte nicht mehr eingelöst werden. **Dieser Anspruch ist mit Heines Proklamation des Endes der Kunstperiode gebrochen.**[95] Theodor Fontane charakterisiert den neuen Zeitgeist und die neue Akzentsetzung des Realismus in einem Aufsatz von 1853 auf euphorische Weise:

> Was unsere Zeit nach allen Seiten hin charakterisiert, das ist ihr *Realismus*. Die Ärzte verwerfen alle Schlüsse und Kombinationen, sie wollen Erfahrungen; die Politiker (aller Parteien) richten ihr Auge auf das wirkliche Bedürfnis und verschließen ihre Vortrefflichkeitsschablonen ins Pult; [...] vor allem aber sind es die materiellen Fragen, nebst jenen tausend Versuchen zur Lösung des sozialen Rätsels, welche so entschieden in den Vordergrund treten, daß kein Zweifel bleibt: die Welt ist des Spekulierens müde und verlangt jener »frischen grünen Weide«, die so nah lag und doch so fern.[96]

Das Zeitalter des Realismus verabschiedete den Anspruch, Moral und Politik miteinander zu verknüpfen. In seinem Buch GRUNDSÄTZE DER REALPOLITIK versuchte Ludwig August von Rochau 1853 einen Ausweg aus der Orientierungskrise zu bieten. In ihm prägte er den bis heute gebräuchlichen Begriff der Realpolitik. Er geht davon aus, dass das Wesen des Staates und die Basis des Rechtes Macht sei, nur machtgestütztes Recht könne sich behaupten. Und die einzige politische Legitimation sei der Erfolg. Ein Gelingen der 48er-Revolution hätte dies auch ermöglicht. Der einzige Anspruch eines künftigen Nationalstaates könne nur dessen Machtentfaltung sein. Die Spannung zwischen Moral und Politik, die Kant noch ein halbes Jahrhundert zuvor stark beschäftigt hatte, ist für Rochau kein Thema mehr. Die Orientierung erfolgt statt an menschlichen Grundwerten an Sachzwängen. Statt an ihm zugrunde gelegten Normen orientiert sich der Staat an Effizienz. Diese realpolitischen Grundsätze möchte Rochau wie eine Naturwissenschaft behandelt sehen. Darin zeigt sich dann auch sein geistiger Vater: der französische Mathematiker und Philosoph Auguste Comte. Dieser hatte zwischen 1832 und 1854 sein System der positiven Philosophie und Politik **unter bewußtem Verzicht auf theologische und metaphysische Interpretationen**[97] entwickelt, er gilt als der Begründer des Positivismus.

> [...] da die letzte oder absolute Wahrheit dem Menschen ohnehin verschlossen bleibe, müsse er sich freiwillig dieser Reduktion der Erkenntnisleistung unterwerfen und sich statt an müßige Spekulation an relative, jedoch nachprüfbare Wahrheiten halten. Comte interessierte vornehmlich die Oberflächenbeschaffenheit des Faktischen, und keineswegs deren tiefste Ursache.[98]

Gerhard Kaiser bringt diese kopernikanische Wende auf den Punkt: **Das Ende der Kunstperiode ist die Kassierung von Dichtung und Philosophie als universalen Ordnungsmächten. Eine Welt der Gegebenheiten fordert praktisches Handeln und weist Dichtung und Philosophie auf die Plätze.**[99] Gleichwohl wird die Philosophie nicht vollkommen aus dem Bewusstsein verdrängt. Es wird versucht, das Vakuum auszufüllen, und Philosophie bleibt ein Ansprechpartner der Rat Suchenden. Mit dem Jahr 1859 setzte die verstärkte Rezeption der Gedanken Schopenhauers im gebildeten Bürgertum ein und seine Philosophie fand gerade in dieser Atmosphäre einen fruchtbaren Boden. In seinem Pessimismus glaubte man den Spiegel für die wachsende Verunsicherung und die damit verbundene Lebensangst zu erkennen. Schopenhauer hatte den blinden ziellosen Willen, der nie zu befriedigen ist und an sich selber zehrt, als den metaphysischen Grund der Welt herausgearbeitet. Die Lebensgeschichte könne somit nur zur Leidensgeschichte werden. Kunstgenuss könne für Momente eine Befreiung vom Leiden herbeiführen, auf Dauer könne dies nur die Askese leisten.

Wie in der Politik hielt auch in der Literatur die Strömung des Realismus Einzug. Diese literarische Epoche lässt sich zwischen den Jahren 1848 und etwa 1890 datieren. Die Jahre nach der Revolution stellen einen klaren und bewussten Bruch mit der literarischen Tradition dar. In programmatischen Äußerungen wenden sich die Literaturtheoretiker gegen die zurückliegenden Epochen. Das Ende ist unschärfer, ab 1880 fasert das Epochenende aus. Während die naturalistische Bewegung sich längst etabliert hatte, veröffentlichten einige Realisten (Keller, Fontane, Raabe, Meyer) in dieser Zeit ihre Alterswerke. Zwei Phasen lassen sich unterscheiden. Bis 1866 wurde der Realismus von den programmatischen Äußerungen geprägt (programmatischer Realismus), diese verloren sich dann, weil die Aufforderung in den PREUSSISCHEN JAHRBÜCHERN, dem bürgerlichen Stand läge die Politik fern und der Liberalismus sollte künftig darauf verzichten die Rolle der Opposition zu spielen, beherzigt wurde. Die Werke der Spätrealisten veränderten den Charakter des Realismus, indem diese deutlich kritischere Töne anschlugen, aber keine programmatischen Gedanken mehr formulierten (»Spätrealismus«).

Die oben angeführten kritischen Ausführungen beziehen sich auf vergangene literarische Strömungen und finden sich v. a. in Zeitschriften, von denen hier nur **Die Grenzboten** mit dem Wortführer Julian Schmidt hervorgehoben sei. Zu den Autoren zählten Theodor Fontane, Otto Ludwig und Gustav Freytag, während Keller, Raabe, Meyer und Storm eher in ihren Werken und nicht in theoretischen Aufsätzen ihre Gedanken einfließen ließen.

Die Kategorie Realismus hat bereits im Briefwechsel zwischen Goethe und Schiller eine Rolle gespielt. Danach befreite die Romantik die Literatur von der Funktion, die Wirklichkeit nachahmend abzubilden. Bis 1848 hatte der Begriff eine vorwiegend pejorative Bedeutung. Davon mussten ihn die Theoretiker des Realismus nun entheben. Man berief sich auf das gegebene Wirkliche, das im Alltag unmittelbar Erfahrbare im Gegensatz zur Spekulation oder dem **Phantasiekram**[100]. Aber die bloße Wiedergabe von Wirklichkeit war nicht das Ziel der poetischen Arbeit. Der Realismus ist darum genauestens zu unterscheiden von dem sozialen Nihilismus eines Georg Büchners (*WOYZECK*) und dem nachfolgenden Naturalismus.

> Vor allen Dingen verstehen wir *nicht* darunter das nackte Wiedergeben alltäglichen Lebens, am wenigsten seines Elends und Schattenseiten. […] Aber es ist noch nicht allzu lange her, daß man (namentlich in der Malerei) *Misere* mit Realismus verwechselte und bei Darstellung eines sterbenden Proletariers, den hungernde Kinder umstehen […] sich einbildete, der Kunst eine glänzende Richtung vorgezeichnet zu haben. Diese Richtung verhält sich zum echten Realismus wie das rohe Erz zum Metall: die Läuterung fehlt.[101]

Der letzte Satz diese Zitats von Fontane beschreibt das Bild der Arbeit des Künstlers. Die Wirklichkeit soll geläutert, poetisiert, verklärt werden. Und die Verklärung ist es, die die Differenz zwischen Kunst und Wirklichkeit ausmacht. Dem neu entstandenen Medium der Fotografie wurde zunächst wegen seines Detailrealismus große Bewunderung gezollt, dann wurde ihm aber der Kunstanspruch aberkannt, da der mechanischen Abbildung die Dimension der Verklärung fehle. **Idealrealismus** nannte F. Th. Vischer diesen Ansatz vielleicht treffender, denn es sollte darauf ankommen, die schöne Identität von Ideal und Wirklichkeit aufzuzeigen und dafür nur die positiven Seiten der Wirklichkeit auszusuchen. Alle Themen, die dem entgegenlaufen (Hässliches, Zufälliges, Amoralisches), waren zu vermeiden. So war auch die moderne Lebenswirklichkeit mit Industrialisierung und Großstadt kein Thema für die Literatur, sondern der Dorfgeschichte wurde die positive nationalpädagogische Aufgabe zuerkannt. Damit begibt sich die deutsche Literatur bewusst in einen Rückstand gegenüber der französischen oder englischen Literatur, die ansonsten als vorbildhaft genannt wird. Die Moderne erweist sich als antimodern.

Gustav Freytags Roman Soll und Haben (1855) kann als Paradigma der Zeit interpretiert werden und hatte auch einen enormen Publikumserfolg. Wie bereits der Titel aus der kaufmännischen Sprache stammt, schildert der Roman den Lebensweg und wirtschaftlichen Aufstieg Anton Wohlfahrts (!) vom kaufmännischen Lehrling in der Kleinstadt zum Mitinhaber einer großen Firma. Die Titelfigur verkörpert die bürgerlichen Tugenden Tüchtigkeit, Fleiß, Ordnungsliebe. Fontane feierte diesen Roman als Sieg des Realismus:

> […] mit dem Erscheinen von Freytags Soll und Haben, welcher Roman so recht eigentlich ein ›Griff ins volle Menschenleben‹ für uns bedeutete, war der entscheidende Schritt getan. Man wollte Gegenwart, nicht Vergangenheit, Wirklichkeit, nicht Schein, Prosa, nicht Vers. Am wenigsten aber wollte man Rhetorik. Eine Zeit brach an, in der nach jahrzehntelanger lyrischer und lyrisch-epischer Überproduktion, im ganzen genommen wenig Verse geschrieben und noch weniger gekauft und gelesen wurden. Mit anderen Worten, es vollzog sich der große Umschwung, der dem Realismus zum Siege verhalf.[102]

In Fontanes Aussage wird ein entscheidender literaturhistorischer Einschnitt deutlich, wenn er schreibt, dass man am wenigsten Rhetorik wollte. Damit wird die klassizistische Rhetorik entscheidend getroffen. Statt **unnatürlicher Geschraubtheit**[103] wird der der Umgangssprache nähere mittlere Stil bevorzugt, die Sprache wird natürlicher, schlichter. Daraus ergibt sich auch die Dominanz der Erzählprosa gegenüber lyrischen Formen. Im Realismus nimmt die Lyrik einen eher bescheidenen Platz ein. Die wichtigsten Gedichtbände von Keller, Fontane und Storm waren bereits vor 1852 erschienen. Hebbels Gesamtausgabe kam 1857 heraus. Die Produktion populärer Lyrik war zwar quantitativ enorm, qualitativ aber eher dürftig. Erst gegen Ende der Epoche sind neuartige Beiträge von Meyer und Fontane zu verzeichnen, die bemerkenswerten literarischen Rang erreichten.

In diesem literarischen Programm lebt das Trauma der gescheiterten Revolution von 1848 fort. Viele der Literaten und Journalisten waren vor '48 engagierte Demokraten, sie grenzten sich ganz gezielt gegen die publizistischen Wagnisse der Jungdeutschen und Tendenzlyrik des Vormärz ab. Man spürte die epochale Orientierungskrise. In der wahrgenommenen Wirklichkeit machten sich Klassenherrschaft, Standesdünkel, Unterdrückung von Presse und Opposition, Profitstreben, Armut, Annexionspolitik und Krieg breit. Wie sollte man solche Wirklichkeit glaubhaft verklären? Der wachsenden Undurchsichtigkeit der wesentlichen Lebenszusammenhänge, dem Auseinanderdriften und der Zusammenhanglosigkeit von Wissensfeldern und Praxisbereichen versuchte man eine poetische Kohärenz gegenüberzustellen. Der Wirklichkeit dichtete man eine Idealrealität an.

3.1 ›daß jeglicher drin staunend sich selber erkennt‹[104] – Goldschnittpoesie

Obwohl Lyrik in den ästhetischen Konzepten eine Nebenrolle spielt, wuchs der Markt für Lyrik nach 1848 enorm. Unzählige, nie namhaft gewordene Poeten veröffentlichten ihre Gedichte in Familienzeitschriften, Anthologien und Almanachen. Im 19. Jahrhundert erschienen ca. 600 Anthologien, von denen zwei Drittel der Lyrik gewidmet waren und dabei empfindsame Ausdrucksbereiche bevorzugten. Die wirtschaftlich erfolgreichen Anthologien wurden immer aufwendiger illustriert und kostbarer z. T. sogar in Goldschnitt gebunden. Zwischen 1852 und 1890 erschienen über 150 verschiedene Familienzeitschriften, deren erfolgreichste, die *Gartenlaube*, durchschnittlich mit 100 000 Exemplaren aufgelegt wurde. Zielgruppe dieser Zeitschriften waren in erster Linie Frauen. Dass dabei Verkaufserfolg und poetische Qualität nicht unbedingt Hand in Hand gingen, liegt nahe. Im späten 19. Jahrhundert verschärfte sich die Dichotomisierung[105] der Literatur in anspruchsvollerer und eher verkaufsorientierter Produktion.

Das waren auf der einen Seite die Autoren, die um den wahrhaftigen und authentischen Ausdruck der Themen ihrer Zeit in einer neuen und innovativen Sprache und Form rangen und deren Namen sich zum Teil bis in unsere Zeit überliefert haben. Diesen stand ein Heer von Epigonen[106] gegenüber, die z. T. über eine anerkennenswerte Bildung und sprachliche und formgestalterische Virtuosität verfügten, aber über die Nachahmung tradierter Muster nicht hinauskamen. Dabei entwickelten sie ein teils befremdliches Selbst- und Sendungsbewusstsein, indem sie ihre eigene Produktion zum Qualitätsmaßstab erhoben. Zu dieser Gruppe ist der ›Münchner Dichterkreis‹, von denen hier nur Emanuel Geibel und Paul Heyse namentlich erwähnt seien, zu zählen. Indem sie ihre eigenen lyrischen Produkte in Anthologien mit anerkannt hoher Poesie von Goethe, Schiller, Brentano oder Eichendorff mischten, verliehen sie ihren eigenen Werken den Glanz der Klassizität. Sie erhoben den Anspruch, dass ihre Gedichte normativ und musterhaft seien und versuchten den Publikumsgeschmack durch die getroffene Auswahl bevormundend zu prägen, indem sie die Sammlungsnamen beispielsweise mit wertenden Attributen versahen: »Sammlung bester Gedichte«. Die Auswahl war in der Regel restaurativ und ignorierte gerade die innovativsten zeitgenössischen Impulse aus dem Ausland (z. B. Baudelaire in Frankreich).

Die in Konversationslexika stehenden Definitionen über lyrische Poesie lesen sich wie ein Puzzle aus tradierten Versatzstücken. Es finden sich Positionen von Herder ebenso darin eingeschmolzen wie von Goethe, Schiller und der Romantik. Demnach hat Lyrik subjektiv zu sein, d. h. sie hat das innere Gefühlsleben in seiner individuellen Unmittelbarkeit darzustellen. Darüber hinaus muss sie aber doch allgemeingültig sein und in sich eine tiefere Bedeutung tragen. Wichtiges Erfordernis ist daher die Idealisierung, wozu nicht zuletzt eine vollendete Form dient. Die Form ist der Ausdruck des höchsten allgemeinen, eines harmonisch geordneten Ganzen, ein Analogon des kosmischen Seins. Das Werkzeug des Dichters ist das Gemüt, keinesfalls die Reflexion. Er wird zum Propheten und Priester des Harmonischen erhöht. Auch für den Leser ist das Gemüt das einzig geeignete Instrument um die Botschaft des Gedichtes aufzunehmen. Die angemessene Rezeptionshaltung ist die religiöser Andacht: **Willst du lesen ein Gedicht / Sammle dich wie zum Gebete**[107], schrieb der populäre Dichter Adolf Stöber. Damit etabliert diese Richtung ein Lyrikverständnis, wie es für manche (fragwürdigen) Poeten und Leser bis heute prägend geblieben ist.

Somit wirkt die spätere Kritik des Naturalismus am Dilletantismus Albert Trägers, des Hausschriftstellers der *Gartenlaube*, nur zu verständlich: **Das erste, was mir auffiel, als ich Herrn Träger näher kennenlernte, das war der unabänderliche, immer gleichklapprige, jämmerlich jammernde**

Jambentrab seiner poetischen Rosinante. Tripp trapp, tripp, trapp, tripp, trapp.[108] Auch Keller und Storm waren dieser Richtung wenig zugetan und qualifizierten sie mit **Backfischlyriker, Süßwasserfische** und **lyrischen Schund**[109] ab. Nach Begeisterung in jungen Jahren für Emanuel Geibel (**Geibel war auf der Schulbank unser Gott**[110]) fiel das Urteil von Arno Holz 1894 harscher aus: »... **der vollendetste Typus des Eklektikers.**«[111]

3.1.1 Herrscherlob – Emanuel Geibel: »An König Wilhelm«

Seinen Zeitgenossen galt GEIBEL als der bedeutendste lebende Dichter. Als einzigem Dichter wurde ihm bereits zu Lebzeiten ein Denkmal errichtet. Seine Gedichte fehlten in keiner Anthologie. Bei seiner Beerdigung 1884 legte man die 100. Auflage seiner Jugendgedichte auf sein Grab, wovon ca. 100 000 Exemplare verkauft worden waren. Heute kennen ihn nur noch wenige Fachleute.

Er wurde 1815 in Lübeck geboren. GEIBEL entwickelte ein frühes Sendungsbewusstsein und verstand es immer wieder, in seiner Sache geschickt zu taktieren. Während seines Studiums in Berlin öffneten sich ihm angesehene Salons, in denen er ihm gewogene Gönner traf. Er wurde für zwei Jahre als Hauslehrer nach Athen vermittelt. Von der Universität Jena, wo er nie studiert hat, wurde er auf das bloße Versprechen hin, eine Dissertation nachzureichen, promoviert. Nach seiner Rückkehr aus Athen veröffentlichte er ein Gedicht (»Emanuel Geibel an den Verfasser der Gedichte eines Lebendigen«) als Antwort auf Georg Herweghs GEDICHTE EINES LEBENDIGEN (1841), mit dem er sich offen auf die Seite der preußischen Reaktion stellte. Der liberale Herwegh hatte darin Freiligraths Forderung nach einer überparteilichen Position verworfen und klare Parteinahme gefordert[112]. Dem hielt Geibel nun entgegen: **Ich sing' um keines Königs Gunst, / Es herrscht kein Fürst, wo ich geboren; Ein freier Priester freier Kunst / Hab' ich der Wahrheit nur geschworen**[113]. Trotzdem traf ihn danach eines Königs Gunst; der preußische König Wilhelm IV. setzte ihm eine lebenslängliche Pension von 300 Talern aus, die Geibel auch lebenslang in Anspruch nahm, im Gegensatz zu dem gleichermaßen ausgezeichneten Freiligrath, der sie zwei Jahre später zurückgab (vgl. Kap. 2.3). GEIBELS Popularität wuchs.

Der bayrische König Maximilian II. wollte die Position Bayerns im deutschen Bund stärken und dazu München zu einem geistig-kulturellen Zentrum machen. Mit hohem finanziellem Aufwand zog er viele namhafte Wissenschaftler und Künstler nach München. Darunter ernannte er den 36-jährigen GEIBEL 1852 zum Honorarprofessor an der Münchner Universität und machte ihn zum bayrischen Staatsbürger. So wurde er zentrales Mitglied im ›Münchner Dichterkreis‹ und später in der Literatenvereinigung ›Das Krokodil‹. Dass seine Lyrik an fast alle damals bekannten Dichter erinnerte, wurde nicht als Makel, sondern als Beweis seines weiten literarischen Horizontes gewertet. Nach dem Tode Maximilians II. provozierte GEIBEL selbst den Bruch mit dessen Nachfolger Ludwig II. Für das dort eingebüßte Gehalt entschädigte ihn der preußische König umgehend mit einer üppigen preußischen Staatspension. Mit dem ›Münchner Dichterkreis‹ und dem von ihm herausgegebenen MÜNCHNER DICHTERBUCH trug GEIBEL wesentlich zur Inthronisierung des klassizistischen Ideals als **ästhetischer Nationalreligion**[114] bei.

An König Wilhelm

Lübeck, den 13. September 1868

Mit festlich tiefem Frühgeläute
Begrüßt dich bei des Morgens Strahl,
Begrüßt, o Herr, in Ehrfurcht heute
Dich unsre Stadt zum erstenmal;
5 Dem hohen Schirmvogt ihr Willkommen
Neidlosen Jubels bringt sie dar,
Die selbst in Zeiten längst verglommen
Des alten Nordbunds Fürstin war.

Das Banner, das in jenen Tagen
10 Den Schwestern all am Ostseestrand
Sie kühngemut vorangetragen,
Hoch flattert's nun in deiner Hand,
In deiner Hand, die auserkoren
Vom Herrn der Herrn, dem sie vertraut,
15 Das Heiligtum, das wir verloren,
Das deutsche Reich uns baut.

Schon ragt bis zu des Maines Borden
Das Werk, darob dein Adler wacht,
Versammelnd alle Stämm' im Norden
20 Die Riesenfeste deutscher Macht;
Und wie auch wir das Banner pflanzen,
Das dreifach prangt in Farbenglut,
Durchströmt uns im Gefühl des Ganzen
Verjüngte Kraft, erneuter Mut.

25 Im engen Bett schlich unser Leben
Vereinzelt wie der Bach im Sand;
Da hast du uns was not gegeben,
Den Glauben an ein Vaterland.
Das schöne Recht, uns selbst zu achten,
30 Das uns des Auslands Hohn verschlang,
Hast du im Donner deiner Schlachten
Uns heimgekauft, o habe Dank!

Nun weht von Türmen, flaggt von Masten
Das deutsche Zeichen allgeehrt;
35 Von ihm geschirmt nun bringt die Lasten
Der Schiffer froh zum Heimatsherd.
Nun mag am harmlos rüst'gen Werke
Der Kunstfleiß schaffen unverzagt,
Denn Friedensbürgschaft ist die Stärke,
40 Daran kein Feind zu rühren wagt.

Drum Heil mit dir und deinem Throne!
Und flicht als grünes Eichenblatt
In deine Gold- und Lorbeerkrone
Den Segensgruß der alten Stadt.
45 Und sei's als letzter Wunsch gesprochen,
Daß noch dereinst dein Aug' es sieht,
Wie übers Reich ununterbrochen
Vom Fels zum Meer dein Adler zieht.

Das Gedicht ist 1868 als Auftragsarbeit von GEIBELS Vaterstadt Lübeck anlässlich eines Besuchs des preußischen Königs entstanden. Es steht in der Tradition des Herrscherlobs und zählt somit zur Gelegenheitslyrik. Für sein Verständnis ist der historische Hintergrund unabdingbar. 1864 reagierten Preußen und Österreich auf die Annexion der Herzogtümer Schleswig und Holstein durch Dänemark mit einem Krieg, der gewonnen wurde. 1866 zerbrach der Deutsche Bund nach dem von Preußen gewonnenen Krieg zwischen Preußen und Österreich. Österreich schied aus dem Deutschen Bund aus, Preußen gründete den Norddeutschen Bund. 1867 trat die ehemals freie Hansestadt Lübeck dem Norddeutschen Bund bei, 1868 dem Zollverein. In diesem Zusammenhang stand der Besuch des preußischen Königs.

Das Huldigungsgedicht ist in achtzeiligen Strophen mit Kreuzreim und vierhebigen Jamben vollkommen regelmäßig gebaut. Kleine Abweichungen lassen sich nur in Z. 6 bei der Akzentverschiebung in **Néidlos** und der fehlenden 4. Hebung in Z. 16 erkennen. Das Gedicht kommt ohne lyrisches Ich aus. Nach einer huldigenden Begrüßung (1–6) ist von der freien Vergangenheit der Hansestadt (7–11), die sich nun in den Norddeutschen Bund begeben hat (12–20), die Rede. Unter der schwarz-weiß-roten Flagge hat die Stadt neuen Mut gewonnen (21–24), sodass nach der Phase der Vereinzelung (25–26) die Rückkehr ins Vaterland und der Sieg im dänischen Krieg neues Selbstbewusstsein verleiht (27–32). Die Zeit des Friedens unter dem preußischen Schutz wird als goldene Zeit für Handel und Gewerbe geschildert (33–40). Die abschließende Strophe formuliert neben der huldigenden Akklamation für den König die Hoffnung auf nationale Einheit (41–48) unter dem preußischen König als deutschen Kaiser.

Die Sprache des Gedichtes ist für ein Fürstenlob charakteristisch. Der Ton ist geprägt von demutsvoller Unterwerfung und Verherrlichung des Fürsten: **Gold- und Lorbeerkrone** (41) als Zeichen weltlicher Macht und militärischen Sieges, die Auserwähltheit des Fürsten (**auserkoren / Vom Herrn der Herr,** 13 f.), der Herrscher als messianischer Retter (21–32) und die Herrschaft als **Morgens Strahl** (2) und goldenes Zeitalter (33–40). Ein sakraler Ton unterstützt die Verherrlichung: **Begrüßt, o Herr, in Ehrfurcht heute** (3). Solche Formulierungen sind Kirchenliedern entnommen, ebenso wie sich das Metrum und die Strophenform an solchen orientieren. Begriffe aus dem Feudalismus (**Schirmvogt,** 5) evozieren ein romantisch verklärendes Bild vom Reich mit Werten wie Gefolgschaftstreue und Schutz. Die metrische Eingängigkeit hat ihren Grund einerseits in der Funktion des liedhaft-einprägsamen Vortrags, andererseits zeigt sie auch die Epigonalität GEIBELS auf. Das Bemühen um volkstümliche Einfachheit wird durch das verkrampfte Bemühen um volkstümliche Formulierungen (35–38) unfreiwillig komisch. Das nicht zu Ende geführte Bild vom **Bach im Sand** (26) stellt ebenfalls einen ästhetischen Mangel dar.

Das wiederholte Bild der dreifarbigen Flagge birgt politische Symbolik. Lübeck übernahm die schwarz-weiß-rote Fahne des Norddeutschen Bundes, die entstanden war aus der Verschmelzung des preußischen Schwarz-Weiß mit dem hanseatischen Rot-Weiß. Diese Trikolore wurde zwar später die Flagge des Deutschen Reichs, aber ein historischer Fehler ist es, diese 1868 bereits als **deutsches Zeichen** (34) zu bezeichnen. Hier entlarvt sich die propreußische Propaganda GEIBELS. Nationale Einigung war der Traum vieler Deutscher unterschiedlicher politischer Überzeugung. Aber indem GEIBEL das künftige Deutschland **Vom Fels zum Meer** (48), also von den Alpen bis zur Nordsee, reichen lässt, bevorzugt er die kleindeutsche Lösung ohne Österreich. Dieses Deutsche Reich möchte er unter dem **Adler** (48) und **Banner** (21) Preußens sehen und empfiehlt damit den preußischen König als deutschen Kaiser. Diesen sieht er auch als erwählt an (13 f.) und spielt auf die vergangene Geschichte des Heiligen Römischen Reiches Deutscher Nation an (15). Die jetzt bestehende Formation des Norddeutschen Bundes (17–20) verführt ihn zur hoffnungsvollen Prophezeiung einer Expansion nach Süden (32). Gleichzeitig liefert er damit auch die Legitimation für die militärische Lösung des sich abzeichnenden deutsch-französischen Konfliktes. Die deutsche Einigung könne nur von oben her erfolgen (25–28). Damit setzt er die Ziele preußischer Machtpolitik unter Bismarck in Verse. Dass der bayrische König ihm dies übelnahm und ihn von seinen Ämtern entband, verwundert dann nicht mehr.

Aber GEIBELS politische Überzeugung ist überaus reaktionär. Er löst das Projekt der nationalen Einigung vollkommen von liberalen, republikanischen oder demokratischen Ideen, die ursprünglich dessen Nährboden waren, los. Das Bild des Königs von Gottes Gnaden (Z. 13f.) ist anachronistisch und ignoriert Gedanken der Aufklärung und Erfolge der Französischen Revolution und des Vormärz. Die Verknüpfung feudaler Vorstellungen mit der Geschichte der Hanse ist eine grobe historische Verzerrung. Solches in einem Auftragsgedicht für die ehemals freie Hansestadt Lübeck zu formulieren, stellt eine Zumutung ersten Ranges für die Bürger dieser Stadt dar. Dass diese es allerdings nicht nur akzeptierten, sondern sogar applaudierend goutierten, zeigt, in welchem Maße sich das Bürgertum seit '48 aus der Politik verabschiedet hatte. GEIBEL war nie ein Anhänger egalitär-demokratischer Ideen gewesen. 1859 hatte er gedichtet: **Fürwahr, nach Gleichheit wußt' ich nie zu schrei'n, / [...] Und Lug erschien mir's, sah ich überm Rhein / Ein ewig Brudertum dem Volk verbriefen.**[115] Sein Chauvinismus gipfelte dann 1861 in dem Schluss des Gedichtes »Deutschlands Beruf« **Und es mag am deutschen Wesen / Einmal noch die Welt genesen.** Fatalerweise wurde dieser Satz im 20. Jahrhundert zu einem der Leitsätze des Nationalsozialismus. Während Goethe als Dichter eine Institution von europäischem Rang war, zu dem man hinpilgerte, wird GEIBEL zum Dichterfürsten erst als **Fürstendichter: Claqueur für die Wittelsbacher und Hohenzollern.**[116]

Der Wunsch nach nationaler Vereinigung war ursprünglich liberalen Ursprungs gewesen, verliert aber in der zweiten Jahrhunderthälfte seine demokratische Dimension. Selbst der ehemals liberale Ferdinand Freiligrath, der noch 1851 das Weiterleben der Revolution beschworen hatte, schwenkte 1870 mit seinem Gedicht »Hurra Germania« auf den chauvinistischen Franzosenhass um: **Auf, Deutschland, auf und Gott mit dir! / Ins Feld! der Würfel klirrt!**

3.1.2 Frauenlob – Julius Rodenberg: »Die reinen Frauen«

Die reinen Frauen steh'n im Leben
Wie Rosen in dem dunklen Laub;
Auf ihren Wünschen, ihrem Streben
liegt noch der feinste Blütenstaub.

5 In ihrer Welt ist keine Fehle,
Ist alles ruhig, voll und weich:
Der Blick in eine Frauenseele
Ist wie der Blick in's Himmelreich.

Wohl sollst Du hören hohe Geister,
10 Verehren sollst Du Manneskraft;
Dich sollen lehren Deine Meister,
Was Kunst vermag und Wissenschaft.

Doch was das Höchste bleibt hinieden,
Des Ew'gen nur geahnte Spur,
15 Was Schönheit, Poesie und Frieden:
Das lehren Dich die Frauen nur!

JULIUS RODENBERG hieß eigentlich Julius Levy. Doch für den Sohn eines jüdischen Kaufmanns war es ratsam, sich einen nichtjüdischen Namen zuzueignen. 1853 veröffentlichte er im Alter von 22 Jahren seine erste Gedichtsammlung *LIEDER* unter dem Pseudonym JULIUS VON RODENBERG – er war in Rodenberg geboren –, was in der Zeit durchaus üblich war. Ab 1855 durfte er offiziell den Namen JULIUS RODENBERG tragen. Trotz ungünstiger Kritiken, z. B. von Theodor Storm, errang er binnen kurzem eine angesehene Stellung als Journalist, Kritiker und Schriftsteller. 1874 gründete er die Zeitschrift **Deutsche Rundschau**, an der viele namhafte Köpfe mitarbeiteten und die bis zu seinem Tod 1914 unter seiner Leitung und in hohem Ansehen stand.

»Die reinen Frauen« steht im Zyklus *LIEDER* in der Abteilung Liebeslieder. Das verwundert, da das Gesicht keine Liebeserfahrung thematisiert, sondern eher in abstrakter Weise die Frau als Gattungswesen verklärt. Es ist volksliedartig schlicht gebaut mit vierzeiligen Strophen zu je vier Hebungen, die allerdings im Gegensatz zum Volkslied regelmäßig verteilt sind. Auch der Kreuzreim fügt sich in diese gewollte Schlichtheit. In seiner Sprache und seinem Aussagegehalt bleibt das Gedicht ausgesprochen konventionell. Der Vergleich der Frauen mit der Rose als schönster Blume ist ein feststehender Topos, der unzählige Variationen erfahren hat. Allerdings beschränkt sich dieses Bild auf den Sinnbereich ›rein‹, da die Dornen der Rose als Bild für schmerzliche Erfahrung ganz fehlen. Die Reinheit der Frauen ist eine jungfräuliche, ihnen fehlt jede erschütternde Lebenserfahrung: **Auf ihren Wünschen, ihrem Streben / liegt noch der feinste Blütenstaub** (3, 4). Auch die Welt der Frauen bildet eine idealisierte Gegenwelt zur Außenwelt: **ruhig, voll und weich** (6). Das archaisierende Ersatzwort für Fehler **Fehle** (5) verleiht selbst dem Fehler noch eine Patina des Edlen. Das **Himmelreich** eröffnet den Blick ins Metaphysische. Die belehrende Anrede an ein **Du** stellt in der 3. Strophe die Welt des Mannes als hart, aber notwendig hin. Es ist die Sphäre des Geistes, der **Manneskraft**, des Handwerks (**Kunst**) und der **Wissenschaft**.

Die 4. Strophe findet wieder als Gegensatz hierzu zur ideal überhöhten Welt der Frauen zurück, deren Privileg **Schönheit, Poesie und Frieden** ist, wobei sie nicht als schöpferisch geschildert werden. In dieser Rolle werden sie zu Priesterinnen des Metaphysischen, da sich hierin **Des Ew'gen nur geahnte Spur** spiegelt.

Die Haltung den Frauen gegenüber ist äußerst verklärend. Erotische Aspekte oder gar erotische Bedrohung fehlen vollkommen. Die Frau ist entkörperlicht und rückt in eine sakrale Ferne. Naturmetaphern leisten dies ebenso wie religiöse Begriffe, die aber von ihrer religiösen Dimension befreit sind und damit nur zu einer würdig-weihevollen Charakterisierung dienen. Es findet sich kein Dialog zwischen dem latenten Ich und der Frau, sie bleibt passiv und kommt nicht zu Wort. Dass die Frau so zu sein hat, gewinnt Axiom-Charakter, daher wird das Frauenbild auch keineswegs in Frage gestellt und dient letztlich zur selbstverliebten Bestätigung und Bespiegelung des eigenen (männlichen) Selbst. Die Grundhaltung des Gedichtes ist narzisstisch.

Das Gedicht wurde der Anthologie DICHTERGRÜSSE (1860) von Elise Polko als Widmungs- und Huldigungsgedicht vorangestellt. Insofern ist das Gedicht als Spiegel der kulturellen Bedeutung und gesellschaftlichen Identität der Frau zu sehen. Elise Polko beabsichtigte mit ihrer Gedichtsammlung eine Art Anstandsbuch vorzulegen, das zur Charakterbildung, Lebensweisheit und Ausbildung der Verhaltensformen der jungen Frauen beitragen sollte. Die Dichtungen sollten direkt zum Herzen der Leserinnen sprechen; dabei war in erster Linie an die höheren Töchter als Publikum gedacht. Lyrik wurde überhaupt als wichtiges Medium zur Bildung und Erziehung der Mädchen angesehen. Während an den Jungenschulen die Bildung an antiken Idealen ausgerichtet war und dem literarischen Drama und Epos den Vorrang gab und in den Lesebüchern für Jungen Lyrik (dabei dann v. a. patriotische und konservativ-romantische) mit Ausnahme der Klassiker unterrepräsentiert war, fanden sich in den Mädchenlesebüchern überdurchschnittlich viele Gedichte in willkürlicher Anordnung. Denn weibliche Bildung hatte sich vor einseitiger Ausrichtung und Wissenschaftlichkeit zu hüten. Sie sollte vor allem das ästhetische Wesen und die praktische Richtung der Frauen fördern, weil die Frau als Seele der Familie den höheren Bestrebungen des Mannes Verständnis entgegenbringen und ihn im häuslichen Bereich unterstützen und stärken sollte. Da der weibliche Geist empfänglicher für das Anmutige und Gefühle sei, sollte der Deutschunterricht vor allem zur Gemütsbildung der Frau beitragen[117]. Was bot sich da besser an als Lyrik romantisch-empfindsamer Provenienz, die hervorragend memoriert und deklamiert werden konnte?

Jörg Schönert[118] sieht in diesem Frauenbild noch eine tiefere Schicht als nur die patriarchalische Beherrschung der Frau. Gewiss soll die Frau durch solche Idealisierung und Überhöhung für ihre Defizite im Bereich der Teilnahme am öffentlichen Leben entschädigt werden. Ihre Zurückgezogenheit ins Private wird zum Dienst für die Gesellschaft stilisiert. Aber es ist nicht von der Hand zu weisen, dass sich in diesem erträumten Ideal eines häuslichen Schutzraumes mit der Frau als (mütterlichem?) Katalysator der männlichen Harmoniesehnsüchte auch die Frustration aus politisch-nationaler Enttäuschung Bahn bricht, dass hierin die wachsende Verunsicherung im Rahmen der allgemeinen Orientierungskrise, der Dissoziation von privater und beruflicher Existenz, der verschiedenen Lebensbereiche kompensiert wird.

3.2 ›Bodenlos, ganz ohne Boden‹[119]. Schweigen als Antwort – Theodor Storm

In einer der einflussreichsten Literaturgeschichten von 1875 stehen wenige Zeilen über THEODOR STORM (1817–1888), während Autoren, deren Namen heute bestenfalls Spezialisten bekannt sind, auf mehreren Seiten abgehandelt werden. Er galt seinen Zeitgenossen also nicht als einer der Großen. Als einer der wenigen realistischen Lyriker fasste er seine Überlegungen über Lyrik in einer Art Poetik zusammen. In einem Brief von 1852 nennt er vier für ihn wichtige Merkmale, die nach ihm repräsentativ für die Lyrik oberhalb der Goldschnittproduktion sind: 1. im möglichst Individuellen das möglichst Allgemeine aussprechen; 2. die Phrase, das Überkommene meiden, der Ausdruck muss seine Wurzel im Gefühl oder der Fantasie des Dichters haben; 3. aus der momentanen Inspiration muss Allgemeingültiges entstehen; 4. über Vorstellungen und Gefühle des Lesers ein plötzliches, neues Licht werfen.[120]

Meeresstrand

Ans Haff nun fliegt die Möwe,
Und Dämmrung bricht herein;
Über die feuchten Watten
Spiegelt der Abendschein.

5 Graues Geflügel huschet
Neben dem Wasser her;
Wie Träume liegen die Inseln
Im Nebel auf dem Meer.

Ich höre des gärenden Schlammes
10 Geheimnisvollen Ton,
Einsames Vogelrufen –
So war es immer schon.

Noch einmal schauert leise
Und schweiget dann der Wind;
15 Vernehmlich werden die Stimmen,
Die über der Tiefe sind.

Das 1854 entstandene Gedicht versucht die Unmittelbarkeit der Naturerfahrung in Form der Volksliedstrophe einzufangen. Die vierzeiligen Strophen enthalten dreihebige Verse mit unregelmäßiger Füllung, jeweils zwei Verse sind reimlos, der zweite und vierte Vers reimen sich jeweils. Das Gedicht schildert eine Abendstimmung am Meeresstrand. Als Ort des Gedichtes lässt sich aus Storms Biografie und einigen Textdetails (Watt) die Nordseeküste schließen. Der Detailrealismus des Gedichtes erinnert an Texte von Droste-Hülshoff, präzise beobachtete Einzelheiten werden wiedergegeben: **Haff, Watten, Möwe**. Das **Geflügel** fliegt *Neben* [Hervorhebung von T. G.] **dem Wasser**. Der sich spiegelnde Abendschein gewinnt keine symbolische Funktion, sondern ist ebenfalls ein Detail der genau gemalten Kulisse. Regional gefärbte Ausdrücke (**Haff, Watten**) dienen zur genauen Benennung der Beobachtung. Eine herbe Sprache entwirft ein ungewohnt herbes Bild. Wo in früheren Naturgedichten von Vöglein und deren Gesang die Rede war, werden hier die **Möwe** und **Geflügel** mit ihren **Vogelrufen** genannt. Der Abendschein ist nicht mit einer Farbe attribuiert, als Farbeindruck, wird nur Grau deutlich.

Wenn man das Gedicht mit der Tradition des Abendliedes in Beziehung setzt, fällt auf, dass die häufig anzutreffende Todesmetaphorik, wie sie beispielsweise in Gottfried Kellers »Abendlied« zu finden ist, hier fehlt. Der Abend wird in den ersten beiden Strophen aus der abnehmenden Helligkeit deutlich: **Dämmrung** reduziert sich zu **Abendschein**, der nur indirekt als Spiegelung wahrgenommen wird; vom grauen **Geflügel** ist nur noch ein Huschen wahrzunehmen, bis **Nebel** den Blick endgültig trübt. Dämmrung, Spiegelung und Nebel wären in Gedichten anderer Autoren sicherlich auf ihren Symbolgehalt hin zu befragen. Dem entspricht in der dritten und vierten Strophe das Verlöschen der akustischen Eindrücke: Das Ich hört anfangs den Ton des **gärenden Schlammes** und das **Vogelrufen**, wonach der Wind nach letztem Schauern **schweiget**. Sind die **Stimmen** wirklich zu hören?

Diesem optischen und akustischen Verlöschen entspricht insgesamt die Atmosphäre der Einsamkeit. Der bestimmte Artikel **die** beschränkt die Zahl der Möwen auf eine einzige. Die Möwe fliegt weg von der möglichen Geborgenheit des Landes zur Küste, jener Grenzlinie vor der Endlosigkeit des Meeres. Das Ich bringt sich zwar zentral in die mittlere Position dieses Bildes ein, erwähnt sich aber auch nur ein einziges Mal. Es wirkt, als ob das Ich seine Stimmung der Melancholie auf diese Landschaft projiziert. **Geheimnisvoll, einsam, leise** sind die Signale dieser Melancholie. Der Vergleich der **Träume** im Bild der **Inseln** lässt auch diese in der Isolation erscheinen.

Das Ich tritt mit dieser Landschaft nicht in Kontakt, die Landschaft verweigert die Resonanz. Es projiziert das Gefühl der Vereinzelung auf die einzelnen Elemente der Landschaft. Die solcherart entworfene Leere ist eine Erfahrung der Moderne und geht über traditionelle Erlebnislyrik hinaus. Mit den **Stimmen** tritt eine mystische Dimension ins Bild ein. Stimmen sind spezifischer als Geräusche. Wenn sie **Vernehmlich** sind, bemüht man sich, sie zu identifizieren, sie zu verstehen. Wessen Stimmen sind es, die erst nach allem Verstummen vernehmbar werden? Sind es die Stimmen von Geistern oder der Toten? **Tiefe** lässt an solche Bedeutungen denken. Doch welche **Tiefe** denn? Liegt diese unter dem gärenden Schlamm? Während die Naturlaute in der Dimension Zeit wahrnehmbar sind, **So war es immer schon**, ja gewissermaßen die ewige Wiederkehr repräsentieren, hebt der Schluss die Zeit auf. Die Stimmen werden erst vernehmlich, wenn das, was immer zu hören war, verstummt ist. STORM hat hier absichtlich eine befremdliche Uneindeutigkeit bestehen lassen. Wo Eichendorff in der Natur die metaphysische Aufgehobenheit in der Schöpfung sucht, kann STORM, dem im Laufe seines Lebens der christliche Glaube abhanden gekommen ist, keine versöhnliche Antwort mehr finden. Für ihn bleibt eine unauslotbare Tiefe bestehen. **Über der Tiefe ist ein abgründiger Ort. Die Spiegelung vertauscht oben und unten; über der Tiefe sind Höhe und Tiefe in eins verflossen […].**[121]

Vielleicht lässt sich hier Paul Celans Interpretation des Satzes aus Georg Büchners Erzählung LENZ, »nur war es ihm manchmal unangenehm, daß er nicht auf dem Kopf gehen konnte«, treffend anfügen: […] **wer auf dem Kopf geht, der hat den Himmel als Abgrund unter sich.**[122]

Geh nicht hinein

Im Flügel oben hinterm Korridor,
Wo es so jählings einsam worden ist
– Nicht in dem ersten Zimmer, wo man sonst
Ihn finden mochte, in die blasse Hand
5 Das junge Haupt gestützt, die Augen träumend
Entlang den Wänden streifend, wo im Laub
Von Tropenpflanzen ausgebälgt Getier
Die Flügel spreizte und die Tatzen reckte,
Halb Wunder noch, halb Wissensrätsel ihm
10 – Nicht dort; der Stuhl ist leer, die Pflanzen lassen
Verdürstend ihre schönen Blätter hängen;
Staub sinkt herab; – nein, nebenan die Tür,
In jenem hohen dämmrigen Gemach
– Beklommne Schwüle ist drin eingeschlossen –,
15 Dort hinterm Wandschirm auf dem Bette liegt
Etwas – geh nicht hinein! Es schaut dich fremd
Und furchtbar an.

                          Vor wenig Stunden noch
     Auf jenen Kissen lag sein blondes Haupt;
20   Zwar bleich von Qualen, denn des Lebens Fäden
     Zerrissen jäh; doch seine Augen sprachen
     Noch zärtlich, und mitunter lächelt' er,
     Als säh er noch in goldne Erdenferne.
     Da plötzlich losch es aus; er wußt es plötzlich
25   – Und ein Entsetzen schrie aus seiner Brust,
     Daß ratlos Mitleid, die am Lager saßen,
     In Stein verwandelte –, er lag am Abgrund;
     Bodenlos, ganz ohne Boden. – »Hilf!
     Ach Vater, lieber Vater!« Taumelnd schlug
30   Er um sich mit den Armen; ziellos griffen
     In leere Luft die Hände; noch ein Schrei –
     Und dann verschwand er.
                          Dort, wo er gelegen,
     Dort hinterm Wandschirm, stumm und einsam liegt
35   Jetzt etwas; – bleib, geh nicht hinein! Es schaut
     Dich fremd und furchtbar an; für viele Tage
     Kannst du nicht leben, wenn du es erblickt.
     »Und weiter – du, der du ihn liebtest –, hast
     Nichts weiter du zu sagen?«
40   Weiter nichts.

Das Gedicht mit diesem merkwürdigen Titel stammt aus dem Jahre 1878 und steht in einer Reihe von Gedichten, die sich mit dem Tod auseinander setzen. »Geh nicht hinein« bildet in dieser Reihe einen gestalterischen Endpunkt. Hier wird das Sterben eines nahen Angehörigen mit erschreckender Härte geschildert. 1865 war STORMS Ehefrau Constanze wenige Tage nach der Geburt des siebten Kindes gestorben. Unmittelbar danach hat STORM begonnen, sich intensiv mit dem Tod zu beschäftigen. In dem noch am Todestag begonnenen Gedichtzyklus TIEFE SCHATTEN und in vielen Briefen kämpfte er mit der Einsamkeit und dem **quälenden Rätsel des Todes**[123]. Sein Atheismus ermöglichte ihm nicht die Zuwendung zu tröstlichen Antworten der Religion. Während der Zyklus TIEFE SCHATTEN durch einen hohen Anteil Reflexion noch brüchig wirkt, hat er das Thema erst in diesem Gedicht poetisch bewältigt.

Es lassen sich keine Strophen unterscheiden. Das Druckbild gibt lediglich eine Einteilung in drei Teile zu erkennen, wobei die Zäsuren mitten im Vers stehen. Das Metrum wird frei gehandhabt. Zwar verfügen die meisten Verse über fünf Hebungen, doch lassen Sprachrhythmus und Sinnakzente keine starre metrische Betonung zu. Enjambements heben zentrale Worte am Versende oder -anfang hervor. Einschübe und Gedankenstriche hemmen den Sprachfluss und lassen immer wieder innehalten.

Auch dieses Gedicht ist wieder durch einen – in diesem Falle schon fast makabren – Detailrealismus gekennzeichnet. Der erste Teil (1–17) liefert eine detaillierte Beschreibung des Hauses und des Zimmers. Dort herrscht eine bedrohliche, **beklommne** und entseelte Atmosphäre. Ausgestopfte Tiere in Angriffshaltung zwischen tropischen Pflanzen, die von modrigem Staub überzogen sind, bilden den morbiden Rahmen einer ›nature morte‹. Dämmrung und Schwüle wirken bedrückend. In dieser Welt herrscht das Nicht-mehr. Von allem ist in der Vergangenheitsform die Rede. Nun ist es **einsam** und **leer**, auch **die Pflanzen lassen / Verdürstend ihre schönen Blätter hängen**. Der junge Bewohner dieser Welt, der erinnernd als Gegensatz eingesetzt wird, ist nicht mehr da. Wie bei einer filmischen Kameraführung wird der Blick des Betrachters zum Bett in einem Zimmer geführt, wo **Etwas** liegt, wovor wiederholt der verneinende Imperativ **geh nicht hinein!** warnt. **Es schaut dich fremd / Und furchtbar an**. Schlüsselwörter in diesem Abschnitt sind **jäh, nicht** und **nein**.

Diese Kategorien greift der zweite Abschnitt (18–32) auf. Auch die Parallelisierungen zwischen **Haupt** (5 und 19), **blass** (4) und **bleich** (20) und **Augen** (5 und 21) schaffen Bezüge. Im zweiten Abschnitt wird das Rätsel um das fremde **Etwas** des ersten Teils gelöst. Mit bestürzender Genauigkeit wird der Todeskampf eines Jungen geschildert. Plötzliche Krankheit scheint den frühen Tod zu verursachen, **denn des Lebens Fäden / Zerrissen jäh**. Er selbst ist auch noch dem Leben zugewandt, **Als sähe er noch in goldne Erdenferne**. Doch **plötzlich** wird ihm offenbar sein kurz bevorstehendes Ende bewusst, **er wußt es plötzlich**. Entsetzen und Hilflosigkeit sind seine Reaktion. Sein Tod wird mit dem merkwürdigen Ausdruck **verschwand**, nicht verschied oder verstarb, benannt. Nicht die Zuversicht eines Gläubigen erleichtert dem Sterbenden den schweren Moment. Ob der in seinem Hilferuf mit **Vater** Angesprochene der Gottvater der christlichen Religion ist, bleibt im Kontext zu bezweifeln. Wohl eher ist der leibliche Vater gemeint. Ratlosigkeit und Hilflosigkeit prägt die Anwesenden angesichts dieser existenziellen Erfahrung. Der Tote geht nicht ein in ein heimatliches Jenseits, er **lag am Abgrund**. Diese Welt ist **Bodenlos, ganz ohne Boden**. Die rudernden Arme finden keinen Halt, sie greifen in **leere Luft**.

Der zurückbleibende Leichnam des Toten hat nichts Vertrautes mehr. Während der Lebende mit **er** bezeichnet wurde, ist das Zurückbleibende ein **etwas** und ein **es**, dessen Fremdheit **furchtbar** ist. Der dritte Teil (33–40) greift noch einmal variierend und intensivierend die Warnung des ersten Teils vor dem Anblick des Toten auf: **geh nicht hinein!** Das im unscharf Schattenhaften verbleibende, mit den Imperativen angesprochene Gegenüber wendet sich mit einer Frage an das sich selbst nicht nennende Ich des Textes: »**Und weiter – du, der du ihn liebtest –, hast / Nichts weiter** du zu sagen?« Die Antwort fällt wegen ihrer Lakonie erschreckend aus: **Weiter nichts.** Wer die Sprecher des Gedichtes sind, bleibt im Unklaren. Lediglich der Ich-Sprecher wird als den Toten vormals Liebender bezeichnet. Ist es der im Gedicht angesprochene Vater? Aus dem Gedicht spricht tiefe Erschütterung, die sich aber nicht zu erhöhtem Pathos hinreißen lässt, sondern sich im Selbstausdruck enorm zurücknimmt.

Durch den Zeilensprung wird der letzte Vers durch das Wort **nichts** gerahmt. Das Gedicht endet im Schweigen. Auf die Erfahrung des Todes weiß es keine Antwort. Die poetische Verklärung findet nicht statt. In einem letztlich nicht in TIEFE SCHATTEN aufgenommenen Gedicht schreibt STORM: **Edel lebe und schön, / Ohne Hoffnung künftigen Seins / Und ohne Vergeltung, / Nur um der Schönheit des Lebens willen.**[124] Dem Atheisten STORM ist es nicht mehr möglich, den christlichen Unsterblichkeitsglauben anzunehmen. In »Ein Sterbender« heißt es in Bezug auf die verstorbene Frau: »**Du starbst – Wo bist du? – Gibt es eine Stelle / Noch irgendwo im Weltraum, wo du bist? – / […] Er läßt mich zweifeln an Unsterblichkeit.**

Mit dem Gedicht »Geh nicht hinein« hat er eine Möglichkeit des Erlebnisgedichtes geschaffen, das abgenutzte Muster weit hinter sich lässt und zeitgenössischen Gestaltungen weit voraus ist. In der Schlichtheit der Sprache, die STORM in allen seinen Gedichten verwirklicht und die die Texte dann ganz selbstverständlich wirken lässt, kommt er Fontanes Ablehnung der Rhetorik sehr nahe.

3.3 ›Auf dem dünnen Glase‹ – Bedrohliche Tiefe
3.3.1 Gottfried Keller: »Winternacht«

Nicht ein Flügelschlag ging durch die Welt,
Still und blendend lag der weiße Schnee.
Nicht ein Wölklein hing am Himmelszelt,
Keine Welle schlug im starren See.

5 Aus der Tiefe stieg der Seebaum auf,
Bis sein Wipfel in dem Eis gefror;
An den Ästen klomm die Nix herauf,
Schaute durch das grüne Eis empor.

Auf dem dünnen Glase stand ich da,
10 Das die schwarze Tiefe von mir schied;
Dicht ich unter meinen Füßen sah
Ihre weiße Schönheit Glied um Glied.

Mit ersticktem Jammer tastet' sie
An der harten Decke her und hin –
15 Ich vergeß das dunkle Antlitz nie,
Immer, immer liegt es mir im Sinn!

In seinen frühen Gedichten, die zwischen 1843 und 1846 entstanden, bleibt GOTTFRIED KELLER (1819–1890) sehr konventionell. Neben Natur- und Liebesgedichten findet sich auch politische Lyrik, die vor allem von Herwegh beeinflusst war und der demokratisch republikanischen Richtung zuzurechnen ist. »Winternacht« entstammt einer zweiten Phase lyrischer Produktion, die auf der Entstehung des Romans DER GRÜNE HEINRICH parallel lief, und ist 1851 entstanden. Später mochte KELLER zur Lyrik dieser Phase wegen ihrer Subjektivität nicht mehr stehen, doch 1882 entdeckte er in den darin angesprochenen psychischen Vorgängen eine objektiv-zeitlose Dimension, die er annahm. Darin zeigt sich die Tendenz des späten KELLER alles Persönliche in eine objektive Distanz zu bringen und in der Lyrik eine bewusste Erlebnisferne zu üben. »Winternacht« kleidet die Auseinandersetzung mit den eigenen Tiefenschichten in mythische Bilder.

Die Szene ist durch eine brüchige, aber doch harte Grenze in zwei Sphären geteilt: die Winterlandschaft oberhalb und die Seetiefe unterhalb des Eises. Die dreifache Verneinung in der 1. Strophe erzeugt die Leere und Starre der obere Welt: **Nicht ein Flügelschlag, Nicht ein Wölklein, Keine Welle**. Die Form **Nicht ein** stellt die stärkere Verneinung dar als ›Kein‹ und evoziert durch den Nebenakzent auf **ein** eine rhythmische Instabilität. Die Leblosigkeit der oberen Welt ist universal. Keine Kreatur macht sich bemerkbar, Pflanzen werden nicht erwähnt, selbst die Elemente Luft und Wasser bleiben regungslos. Trotz der Nacht verletzt der Schnee die Augen (**blendend**). Das Ich fühlt sich hier so wenig zu Hause, dass es sich in dieser ersten Strophe noch gar nicht in das Bild einbringt. Demgegenüber ist die Welt unter dem Eis belebt. Der **Seebaum** ist noch in Bewegung (**stieg auf**), bis das Eis seinen Aufstieg einhalten lässt. Der bestimmte Artikel verleiht diesem Gewächs eine märchenhaft mythische Bedeutung, wie es in alten Mythen den Lebensbaum gibt. Auch die **Nix**, die an seinen Ästen bis zum Eis emporsteigt, stammt aus der mythischen Welt. Seltsam erscheint es jedoch, dass sie am Baum empor klettert, anstatt, wie es ihrem fischartigen Wesen gemäß wäre, zu schwimmen oder zu schweben. Ist auch sie in ihrer Welt nicht ganz zu Hause? Oder unterstreicht dies die Bedeutung des Baumes, der uns durch sein Wachstum nach oben leitet und den Weg zeigt? Die Farbe Grün setzt einen Gegensatz zum Weiß der ersten Strophe. Das Eis kann nur sehr dünn sein, wenn es dermaßen durchsichtig ist.

So wird es in der dritten Strophe auch als **dünnes Glas** bezeichnet. Erstmals erwähnt sich das Ich. Sein Standpunkt ist besonders gefährdet, nur brüchiges, dünnes Glas schützt es vor dem Einbruch, dem Versinken in die **schwarze Tiefe**. Andererseits ermöglicht die Durchsichtigkeit des Eises dem Ich aber auch, die **Schönheit** der Nixe **Glied um Glied** genau zu betrachten. Doch sie ist unglücklich, dass **die harte Decke** sie hindert, an die Oberfläche zu treten, sie **tastet'** […] **Mit ersticktem Jammer** […] **her und hin**. Will sie nur in die obere Welt oder zum Ich hin? Das Ich zeigt sich beeindruckt der Erscheinung und will das Gesicht nie vergessen. Merkwürdigerweise steht **das dunkle Antlitz** im Gegensatz zu der genau erkennbaren **weißen Schönheit**.

Die Symbolik der Bilder ist nicht schwer zu entschlüsseln. Die obere Welt ist die Sphäre des Realen; Helle, Klarheit, Ordnung kennzeichnen sie. Allerdings wird sie von dem Ich als unerträglich kalt, starr und leblos wahrgenommen. Weiß ist auch die Symbolfarbe des Todes. Dagegen findet sich unten Dunkles, Undurchsichtiges, aber es findet sich Leben. Die Farbe Grün bildet den symbolischen Gegensatz zu Weiß. Aber von dieser Welt ist das Ich durch dünnes Glas ausgeschlossen. Trotzdem ist diese Welt nah und vertraut und Objekt des sehnsuchtsvollen Begehrens. Die Welt unter dem Eis repräsentiert die Tiefenschichten des Ich, die Sphäre des Ich, die alles Verdrängte, Zugedeckte, aber auch Unvergessliche und immer wieder Gegenwärtige enthält. In Form des Baumes steigt es immer wieder zur Oberfläche empor, wird sichtbar, kann aber nicht ganz durchstoßen.

Die Nixe als Symbol der erotisch verlockenden und zugleich zerstörerischen Frau hat literarische Tradition. Hier seien nur die Gedichte von Goethe, »Der Fischer«, und von Heine, »Das Seegespenst«, erwähnt. Die Frau wird hier nicht durch Körperlosigkeit ihrer erotischen Dimension beraubt, sondern die weißen Glieder der Nixe werden sehr genau wahrgenommen.

Aber sie wird in einen naturmagischen Bereich verbannt. **Die Frau als Geschlechtswesen wird Nixe, mythische Frau, weil sie Projektionsfigur der entfremdeten Geschlechtlichkeit des Ich ist.**[125] Aber auch das Bemühen der Nixe ist von Vergeblichkeit geprägt, mühevoll arbeitet sie sich an die Oberfläche hervor, sie sucht tastend den Ausweg und wird ob Ihrer Erfolglosigkeit vom Jammer bewegt. Das Eis bildet wie bei einem optischen Trick die Spiegelfläche für das Ich: **Das dunkle Gesicht ist ›nix‹ als das eigene als fremdes – so wie der weiße Schnee oben als weiße Schönheit unten wiederkehrt.**[126] Die Konfrontation mit seinen eigenen Tiefenschichten, die gleichzeitig als bedrohlich und verlockend empfunden werden, veranlassen das Ich zu einem sehnsuchtsvollen Pathos: Immer, immer. Aber doch ist die Angst vor dem Dunkel der Tiefen zu groß, das Ich macht keine Versuche in diese Welt durchzubrechen. Es beschränkt sein Dasein lieber auf die kalte, starre Welt des Realen.

3.3.2 Conrad Ferdinand Meyer: »Der schöne Tag«

CONRAD FERDINAND MEYER variiert das gleiche Motiv in seinem Gedicht von 1882, »Der schöne Tag«:

> In kühler Tiefe spiegelt sich
> Des Juli-Himmels warmes Blau,
> Libellen tanzen auf der Flut,
> Die nicht der kleinste Hauch bewegt.
>
> 5 Zwei Knaben und ein ledig Boot –
> Sie sprangen jauchzend in das Bad,
> Der eine taucht gekühlt empor,
> Der andre steigt nicht wieder auf.
>
> Ein wilder Schrei: »Der Bruder sank!«
> 10 Von Booten wimmelt's schon. Man fischt.
> Den einen rudern sie ans Land,
> Der fahl wie ein Verbrecher sitzt.
>
> Der andre Knabe sinkt und sinkt
> Gemach hinab, ein Schlummernder,
> 15 Geschmiegt an das sanfte Lockenhaupt
> An einer Nymphe weiße Brust.

Ähnlich verläuft hier die Trennung zwischen oben und unten, doch ist hier nicht hartes Eis die Grenze, sondern lediglich die spiegelnde Fläche. Ein Ich tritt nicht unmittelbar in Erscheinung, das Gedicht erscheint wie ein distanzierter und unpersönlicher Bericht von einem Badeunfall. Hauptpersonen sind hier zwei handelnde Subjekte, die gleich wieder die Zweiteilung verdeutlichen. Während der eine den Badeausflug überlebt und gerettet wird, in die Oberwelt zurückkehrt, ertrinkt der zweite Junge. Glücklich scheint der Gerettete nicht zu sein, er sitzt **fahl wie ein Verbrecher.** Dagegen ist der Tod des Bruders sprachlich nicht negativ besetzt. Wie ein **Schlummernder, / Geschmiegt das sanfte Lockenhaupt / an einer Nymphe weiße Brust** versinkt er in den Tiefen – ein ruhiges Bild. Wieder ist es die lockende Wasserfrau, die das männliche Subjekt verlockt.

> Die Wasserjungfer in der Tiefe dagegen gewährt sinnliche Liebesruhe, Liebesschlaf, freilich tödlich verführerisch, weil der Tod es ist, der hier wahres Leben gibt. Die weiße Brust der Nymphe ist ein altehrwürdiges Formelwort des Schönheits- und Liebespreises, besonders beliebt im Barock, wo es gern zum Bild der schneeweißen Brust erweitert wird und doppelsinnig auftreten kann: als Kennzeichen höchster, hinreißender Schönheit, aber auch als Kennzeichen der kühlen Keuschheit, ja Kälte der Geliebten, die gerade dadurch den Mann zur sinnlichen Raserei treiben kann.[127]

Dieser Sinnebene ist das Pendant der Nymphe im oberen Bereich der Spiegelung zuzuordnen: die Libelle (zoologischer Name der Libellenlarve: Nymphe![128]), die als räuberisches Wesen an der Wasseroberfläche nach ihren Opfern jagt. Das Paradoxon der Überschrift, den Todestag als **schönen Tag** zu bezeichnen, erklärt sich von der letzten Strophe her. Es scheint, dass der Ertrunkene das wahre Leben errungen hat, während der gerettete Bruder nicht der Verlockung gefolgt ist.

3.4 ›O wie süß erkaltet mir das Herz‹[129] – Objektive Distanz bei Conrad Ferdinand Meyer

Ein Lyriker ist er nicht; dazu fehlt ihm der unmittelbare, mit sich fortreißende Ausdruck der Empfindung, oder auch wohl die unmittelbare Empfindung selbst.[130] Theodor Storm hat das Wesen der Lyrik CONRAD FERDINAND MEYERS zwar richtig erfasst, wie sich aus seiner Äußerung in einem Brief an Gottfried Keller ersehen lässt, aber nicht wirklich verstanden.

Psychische Labilität trat in CONRAD FERDINAND MEYERS (1825–1898) Leben früh auf. Selbstzweifel und Schuldgefühle steigerten sich zur Depression, die einen halbjährigen Aufenthalt in einer psychiatrischen Anstalt erforderlich machte. Nach der Stabilisierung blieb ihm jedoch stets das Gefühl einer latenten Bedrohung präsent. Darin mag man eine seelische Ursache sehen, warum MEYER in seinen literarischen Werken unaufhörlich nach Distanz und ästhetischer Objektivität, dem Gegenteil der **unmittelbaren Empfindung**, suchte.

3.4.1 Maskenspiel Liebe
Zwei Segel

Zwei Segel erhellend
Die tiefblaue Bucht!
Zwei Segel sich schwellend
Zu ruhiger Flucht!
5 Wie eins in den Winden
Sich wölbt und bewegt,
Wird auch das Empfinden
Des andern erregt.

Begehrt eins zu hasten,
10 Das andre geht schnell,
Verlangt eins zu rasten,
Ruht auch sein Gesell.

Ihrer [(d. i. Gedichte) sind] vielleicht zwölf oder fünfzehn, die dem höchsten Rang sich nähern, und sieben oder acht, die ihn erreichen[131], urteilt Hugo von Hofmannsthal über das lyrische Œuvre MEYERS. Welche Gedichte genau er damit gemeint hat, wissen wir nicht, aber »Zwei Segel« hat vermutlich dazugezählt. »Zwei Segel« ist eines von MEYERS bekanntesten Gedichten, wofür nicht zuletzt die kunstvolle Dichte der Gestaltung verantwortlich ist. Seine Endfassung stammt von 1882, erste Entwürfe lagen bereits 1870 vor. Viele von Meyers Gedichten haben erst nach mehreren Umarbeitungen ihre endgültige Gestalt gefunden. »Zwei Segel« kann als Dinggedicht angesprochen werden, ein lyrisches Ich kommt nicht vor. In der letzten Fassung seiner Sammlung GEDICHTE von 1892 steht der Text in der Abteilung V »Liebe«. Jedoch kommt hier nicht ein konkretes Liebeserlebnis zur Sprache, sondern eher wird das Wesen der Liebe in Bilder gefasst. Die drei Strophen sind einfach und regelmäßig gebaut. Die jeweils vier Verse sind durch Kreuzreim verbunden, das Metrum ist regelmäßig daktylisch mit zwei Hebungen pro Vers. Durch Enjambements und den regelmäßigen Wechsel weiblicher und männlicher Kadenzen schließen sich jeweils zwei Verse im Rhythmus fließend zu einer Einheit zusammen, abgeschlossen durch eine Pause nach dem jeweils zweiten Vers.

Durch den Parallelismus der beiden Sätze gliedert sich die erste Strophe in zwei Hälften. Sie entwirft das Bild zweier Segel – losgelöst von den Booten – in einer Bucht in einer weitwinkligen Perspektive aus der Ferne. Ohne dass die Landschaft näher geschildert wurde, entsteht doch die visuelle Vorstellung eines hellen Tages. Der optische Kontrast zwischen **erhellend** und **tiefblau** wird durch die Vokallaute e – i – au – u unterstrichen, der in den Versen 3 und 4 variiert wird. Grammatikalisch bilden die beiden Sinneinheiten der ersten Strophe keine korrekten Sätze; die Verben in der Partizipialform **erhellend** und **schwellend** – durch die exponierte Stellung als Reimwort am Versende unterstrichen – drücken die Zuständlichkeit der Veränderung, der Bewegung aus, ohne den Verben zu starke Dynamik zu verleihen. Die Ausrufezeichen machen diese Partizipien möglich, denn es sind eher feststellende Ausrufe als Beschreibungen eines Vorgangs. Winde als Verursacher der sich bewegenden Segel werden nicht genannt, vielmehr wird das Schwellen durch das Reflexivpronomen **sich** als selbstverursachter Vorgang auf das Segel bezogen. Das scheinbare Paradoxon **ruhige Flucht** gewährt dem Gedichtanfang trotz Bewegung Ruhe. Die Mittel der ersten Strophe sind sehr begrenzt: geringe Varianz der Vokallaute, strenge Parallelisierung, Übereinstimmung von Rhythmus und Metrum. Keine Stimmung eines Subjekts wird ausgedrückt. Die verhaltenen Adjektive **tiefblau** und **ruhig** bleiben die Einzigen des Gedichtes.

Während in der ersten Strophe in jeder Strophenhälfte beide Segel zusammen genannt werden, ist in der zweiten Strophe jedem Einzelnen eine Strophenhälfte vorbehalten, ohne dass das Wort **Segel** wieder erwähnt würde, **eins** – **das andere** heißt es nun. Die ganze Strophe ist ein einziges Satzgefüge aus zwei Teilsätzen, deren erster die Funktion des Vergleichssatzes übernimmt. War die erste Strophe gedanklich in zwei Hälften geteilt, deren erste einen optischen Eindruck, die zweite die Bewegung zur Sprache bringt, ist auch die zweite Strophe zweigeteilt. Die erste Hälfte greift den Aspekt Bewegung auf, während die zweite auf die Empfindung hinweist. Auch die reflexive Konstruktion ist in **Sich wölbt und bewegt** wieder vorhanden und lässt damit wieder keinen Verursacher der Bewegung zu. In der ersten Strophenhälfte verbleibt die Handlung damit im Aktiv, die zweite Strophenhälfte versetzt sie ins Passiv **Wird** [...] **erregt**. Damit und mit der Alliteration w (**W**ie – **W**inden – **w**ölbt – be**w**egt – **W**ird) und dem Binnenreim **in den Winden** zeigt die zweite Strophe mehr Variation der sprachlichen Gestaltung. Die Lautung ist reicher und heller (ei – i – ö – e – au – a), die straffe Parallelisierung ist aufgebrochen. Die zweite Strophenhälfte erweitert den Sinnbereich der ersten Gedichthälfte, die sich ausschließlich mit der konkreten Bedeutungsebene befasst, hin zu einer symbolischen Sinnebene. Mit **Empfinden / Des andern erregt** wird die seelische Sphäre angesprochen und eine erste Stufe der Personifizierung erreicht. **Empfinden** wird schwerlich mit Segeln assoziiert. Aus diesem Grund nimmt MEYER hier das Wort **Segel** auch heraus und verwendet die allgemeineren Wörter **eins** und **Des andern**.

Die dritte Strophe ist kleinschrittiger gegliedert. Jeder Vers bildet einen eigenen Gliedsatz, die vorher regelmäßigen und strukturbildenden Enjambements kommen nicht mehr vor. Nun werden in jeder Strophenhälfte eins und **Das andre** verbunden. Haupt- und Gliedsätze sind zwar nicht durch Konjunktionen verbunden, stehen aber in einem konditionalen Wenn-dann-Verhältnis. Die in der zweiten Strophe begonnene Antropomorphisierung der Segel setzt sich nun fort in den Begriffen **Begehrt – hasten – geht – Verlangt – rasten – ruht**. Der Höhepunkt dieser Entwicklung ist im letzten Wort **Gesell** erreicht. **Gesell** kann als Anagramm von **Segel** gelesen werden. In seinem gesamten Verlauf beschreibt das Gedicht einen Spannungsbogen hinsichtlich der Bewegung. Anfangs ist die Bewegung als ruhig, fast statisch beschrieben (**ruhiger Flucht**). Dann steigert sich die Bewegung über **bewegt** und **erregt** zum Höhepunkt **hasten – geht schnell**, um sich dann über **rasten** zum **Ruht** hin zu beruhigen. Dem entspricht auch die rhythmische Bewegung des Gedichtes. Während der Sprachrhythmus anfangs mit dem Daktylus als ruhig wiegend beschrieben werden kann, ist am Ende ein Ritardando ›einkomponiert‹. **Ruht** trägt einen Sinnakzent; dadurch könnte der letzte Vers durchaus auch als dreihebiger Trochäus (**Rúht auch séin Geséll**) gelesen werden, was eine Verlangsamung und Beruhigung des Sprechtempos mit sich brächte.

Das Bild des Segels weist über sich hinaus, es wird zur Allegorie. Es bleibt nicht der anfangs genannte Gegenstand, sondern wird durch eine Art Metamorphose zum **Gesell**, was auch nicht zurückgenommen, sondern durch die exponierte Schlussstellung unterstrichen wird. Dadurch werden die beiden Segel in ihrer Parallelbewegung zum Bild für Harmonie in einer Liebespartnerschaft. Doch bleibt das Bild merkwürdig zurückhaltend und allgemein. Das Segel und auch der Gesell' sind geschlechtslos, was in **eins** und **das andere** noch gesteigert wird. Ein konkreter Personenbezug ist nicht auszumachen. Stünde das Gedicht nicht in der Abteilung »Liebe«, ließe sich diese Dimension nur schwer konkret begründen. Die Konnotation des Segelschiffs mit dem Bereich des Sexuellen, wie er sich bereits in der Antike findet, ist hier nicht zu erkennen. Eine symbolische Bedeutung des Wassers mit seiner Tiefe, wie sie in anderen Gedichten MEYERS[132] zu finden ist, scheidet hier aus. Auch wird nicht über eine metaphysische Bedeutung der Liebe spekuliert. Der Verursacher des Windes, der die Segel in Bewegung versetzt, wird eher verleugnet als einbezogen, wird jedenfalls nicht als metaphysische Instanz thematisiert. In der Verweigerung des subjektiven Ich erreicht das Gedicht einen hohen Grad an Objektivität und Distanznahme. **Meyer scheut vor einer »Preisgabe der Seele« zurück** (an H. Haessel vom 26. 2. 1883).[133] Solche Selbstverleugnung setzt er der Abteilung »Liebe« im Gedicht »Alles war ein Spiel« mottohaft voran:

> In diesen Liedern suche du
> Nach keinem ernsten Ziel!
> Ein wenig Schmerz, ein wenig Lust,
> Und alles war ein Spiel.
>
> 5 Besonders forsche nicht danach,
> Welch Antlitz mir gefiel,
> Wohl leuchten Augen viele drin,
> Doch alles war ein Spiel.
>
> Und ob verstohlen auf ein Blatt
> 10 Auch eine Träne fiel,
> Getrocknet ist die Träne längst,
> Und alles war ein Spiel.

Es ist dies der Versuch, alles Persönliche in einem Masken- oder Versteckspiel auf eine Distanz zu verweisen, die nicht verletzend wirken kann.

3.4.2 Betrachtung durch Kunst

Wie MEYER in seinen Erzähltexten Gegenstände durch kunstvolle Rahmentechnik gerne distanziert beschrieb, wie er selbst zugegeben hat, setzt er in seinen Gedichten wiederholt Kunstwerke und Kunsterfahrung als Möglichkeit des distanzierten Zugangs zur Welt ein[134]. Kunst erfüllt Rahmenfunktion.

> Der Marmorknabe
>
> In der Capuletti Vigna graben
> Gärtner, finden einen Marmorknaben,
> Meister Simon holen sie herbei,
> Der entscheide, welcher Gott es sei.
>
> 5 Wie den Fund man dem Gelehrten zeigte,
> Der die graue Wimper forschend neigte,
> Kniet, ein Kind daneben: Julia,
> Die den Marmorknaben finden sah.
>
> »Welches ist dein süßer Name, Knabe?
> 10 Steig ans Tageslicht aus deinem Grabe!
> Eine Fackel trägst du? Bist beschwingt?
> Amor bist du, der die Herzen zwingt?«
>
> Meister Simon, streng das Bild betrachtend,
> Eines Kindes Worte nicht beachtend,
> 15 Spricht: »Er löscht die Fackel. Sie verloht.
> Dieser schöne Jüngling ist der Tod.«

Das Gedicht ist 1882 entstanden und berichtet vom Fund einer Marmorfigur und deren allegorischer Deutung. Die vier Strophen sind im fünfhebigen Trochäus metrisiert, wobei allerdings Sprachrhythmus und Metrum sich nicht durchweg glatt zusammenfügen. Der Paarreim ist das zugrundeliegende Reimschema. Das Geschehen ist in der Er-Form aus einer epischen Distanz geschildert, ein lyrisches Ich fehlt. Die Redewiedergabe in der direkten Rede verleiht dem Text unmittelbare Anschaulichkeit und erzählenden Charakter. Die erste und letzte Strophe sind im Präsens geschrieben, die zweite und dritte im Erzähltempus Präteritum, wodurch das Ineinanderwirken von Vergangenheit und Gegenwart verdeutlicht wird.

An diesem Gedicht ist der Reichtum an Anspielungen bedeutsam. Die Nennung des Familiennamens **Capuletti** verlegt die Handlung ins Italien der Renaissance, die Capulettis waren eines der Veroneser Patriziergeschlechter in Shakespeares *Romeo und Julia*. Den Namen Julia trägt auch das Mädchen im vorliegenden Gedichttext. Die Ortsangabe **Vigna** (Weinberg) ruft verschiedene Assoziationen wach. Einerseits wird Wein gleichzeitig mit Christus und Dionysos assoziiert. Andererseits wurde Christus in einem Gartengrab beigesetzt, aus welchem er dann auferstand. Um die ikonografische Deutung der gefundenen Marmorfigur dreht sich dann auch die Auseinandersetzung im Gedicht. Das Mädchen Julia sieht die Figur durchaus positiv, die Enallage **süßer Name, Knabe** bringt dies unmittelbar zum Ausdruck. Sie spielt auf die Auferstehung an: **Steig ans Tageslicht aus deinem Grabe!** Ihr Verhältnis zur Figur ist ihrem Alter gemäß spontan, sie kniet nieder, redet die Figur mit **du** an und versucht mit ihren Fragen in ein dialogisches Verhältnis mit ihr zu treten. So verwundert es nicht, dass sie in der Figur mit den Flügeln (**beschwingt**) und der Fackel das Sinnbild des Liebesgottes Amor sieht.

Meister Simon hingegen reagiert bedächtiger. Er **neigte die graue Wimper** forschend, betrachtet **das Bild streng** und spricht abschließend seine Feststellung aus: **Dieser schöne Jüngling ist der Tod.** Doch auch ihm ist Betroffenheit und Faszination anzumerken, immerhin bezeichnet er den Jüngling als **schön**. Auch wohnt der Schlichtheit der Aussagen **Er löscht die Fackel. Sie verloht. / Dieser schöne Jüngling ist der Tod** mit ihren gewichtigen Sprechpausen Pathos inne. Auch der Name Simon schafft eine Beziehung zur Auferstehungsgeschichte des Neuen Testaments. Maria Magdalena, die Inkarnation der liebenden Frau, kommt als erste zum leeren Gartengrab. Simon Petrus tritt als untersuchende Autorität hinzu. Die Verknüpfung zwischen antikem Liebes- und Todesgott kann ein Blick auf Friedrich Schillers Gedicht »Die Götter Griechenlands« erhellen: **Damals trat kein gräßliches Gerippe / vor das Bett des Sterbenden. Ein Kuß / nahm das letzte Leben von der Lippe, / still und traurig senkt ein Genius die Fackel.** Insofern ist sowohl der Deutung Julias als auch der Meister Simons zuzustimmen, wenn auch Simon das letzte Wort behält. Das enge

Beieinander von Leben und Tod versinnbildlicht der Kunstgegenstand, im **Marmorknaben** sind Stein und jugendliches Leben eingeschmolzen. Vorlage für MEYERS Gedicht war eine bekannte Figur aus der Vatikanischen Sammlung, die im Jahre 1770 gefunden worden war und den Streit, ob sie Eros oder Thanatos, Liebes- oder Todesgott, darstelle, heraufbeschworen hatte. MEYER gestaltet hier sowohl seine Antwort auf die Streitfrage als auch seine Reflexion über Liebe, Leben und Tod. Dabei scheut er die Unmittelbarkeit, wie sie beispielsweise bei Theodor Storm[135] zu finden ist. Vor seinem persönlichen Ich errichtet er mehrere Barrieren: Er verlegt die Handlung in die historische ferne Renaissance, er lässt mit Julia Capuletti (das Gedicht sollte ursprünglich diesen Titel tragen) und Meister Simon literarische Figuren agieren, die schöpferische Wahrnehmung von Kunst wird zum Medium der Reflexion. Der Anspruch der Kunst tritt nicht offensiv und fordernd auf den Betrachter zu, wie dies bei Rilkes »Archaischem Torso Apollos« der Fall ist. Bei MEYER ist das Kunstwerk gleichermaßen nach innen gewandt.

Dies repräsentiert eine radikale Abkehr von Erlebnislyrik. Mit dieser symbolistischen Ausdruckswelt entfernte sich MEYER zunehmend von seinen deutschen Zeitgenossen, knüpfte aber dafür an die europäische Moderne an, die in Frankreich mit Charles Baudelaire viel früher eingesetzt hatte. Seine Lyrik blieb jedoch länger ohne Folgen, erst Rilke und George griffen solche Ansätze wieder auf. MEYER begreift Lyrik auch nicht mehr als Gesellschaftskunst, wie dies Heine gefordert hatte. Vielmehr begibt sich MEYER in einen Bereich der Esoterik, der sich bewusst vom breiten Publikum verschließt. Der Dichter gerät an den Rand der Gesellschaft. Die Kommunikation zwischen ihm und dem breiten Publikum kann nicht mehr gelingen, da er nicht mehr bereit ist, auf die trivialen Ansprüche des Publikums einzugehen.

3.5 ›Spatzenflug, den unsre Adler fliegen‹[136] – Gesellschaftskritik beim alten Fontane

THEODOR FONTANE (1819–1898) lebt in unserem Bewusstsein vor allem als der große Romancier des Realismus. Von seiner Lyrik sind bestenfalls einige seiner Balladen (»John Maynard«, »Die Brücke am Tay«, »Herr von Ribbeck auf Ribbeck im Havelland«) bekannt. Dabei hat er in seiner späten Lyrik einen ganz eigenen Ton gefunden, der die kritische Aussage seiner späten Romane treffend ergänzt und auf Autoren im 20. Jahrhundert vorausweist. Solche Gedichte sind allerdings nicht in zeitgenössische Anthologien aufgenommen worden.

Auf dem Matthäikirchhof

Alltags mit den Offiziellen
Weiß ich mich immer gut zu stellen,
Aber feiertags was Fremdes sie haben.
Besonders wenn sie einen begraben,
5 Dann treten sie (darüber ist kaum zu streiten)
Mit einem Mal in die Feierlichkeiten.

Man ist nicht Null, nicht gerade Luft,
Aber es gähnt doch eine Kluft,
Aber das ist die Kunst, die Meisterschaft eben,
10 Dieser Kluft das rechte Maß zu geben.
Nicht zu breit und nicht zu schmal,
Sich flüchtig begegnen, ein- zwei- dreimal.

Und verbietet sich solches Vorüberschieben,
Dann ist der Gesprächsgang vorgeschrieben:
15 »Anheimelnder Kirchhof ... beinah ein Garten ...
Der Prediger läßt heute lange warten ...«
Oder: »Der Tote, hat er Erben?
Es ist erstaunlich, wie viele jetzt sterben.«

Das Gedicht ist 1889 erstmals veröffentlicht worden und schildert den gesellschaftlichen Umgang anlässlich einer Beerdigung. Die Gliederung in drei Strophen entspricht auch dem Gedankengang des Textes. In der ersten Strophe wird die Schwierigkeit der Begegnung mit anderen bei besonderen Anlässen angesprochen. Die erste mögliche Variante des Verhaltens stellt die zweite Strophe vor: die Distanz. In der dritten Strophe wird die Konversation im Falle der unvermeidlichen Begegnung charakterisiert.

Formal wirkt das Gedicht auf den ersten Blick ausgesprochen kunstlos. Die Paarreime der sechszeiligen Strophen wirken nicht sonderlich gekonnt und verbinden klanglich Wörter, die sowohl banal sind als auch nicht zueinander passen. Das Metrum ist vollkommen unregelmäßig, noch nicht einmal die Zahl der Hebungen pro Vers ist konstant, die meisten Verse verfügen über vier Hebungen, einigen fügt ein Nebenakzent eine fünfte Hebung hinzu. Es handelt sich um eine Spielart des Knittelverses. Im Zusammenspiel mit der Wortwahl nähert sich die Sprache mehr der Prosa an. Die Sprachebene ist nicht gehoben; Wörter und scheinbar ungekonnte, ungeschickte Wendungen lehnen sich an die Alltagssprache an. Von Alltag ist auch die Rede, **Alltags** ist das erste Wort des Gedichtes. Im ersten Satz steht der Sprecher des Gedichtes noch zu seiner Identität als ›Ich‹, später wird er zum entpersonalisierten **Man**. Im Rahmen der standardisierten gesellschaftlichen Spielregeln des Alltags fällt es dem Ich nicht schwer, mit hoch gestellten Personen umzugehen. Aber beim offiziellen Anlass, wird es schwierig, den Konventionen Genüge zu tun. Die **Offiziellen** [...] **treten** [...] **Mit einem Mal in die Feierlichkeiten.** Die Gestelztheit gesellschaftlichen Verhaltens wird hier in der Gestelztheit der Formulierung eingefangen.

Die Schwierigkeit besteht dann darin, sich zwar wahrzunehmen, aber den Kontakt zu vermeiden, **Dieser Kluft das rechte Maß zu geben / Nicht zu breit und nicht zu schmal.** Lässt sich die Begegnung nicht vermeiden, ist die Konversation dann möglichst banal und belanglos zu halten. Das Gedicht steigert die Absurdität der Konversation. Zunächst sind die Aussagen in ihrer Selbstverständlichkeit nur inhaltsleer: »**Anheimelnder Kirchhof ... beinah wie ein Garten ... / Der Prediger läßt heute lange warten ...**«. Danach gewinnen sie Unmenschlichkeit: **Der Tote, hat er Erben?** Es wird nicht nach Angehörigen gefragt, sondern nach Erben. Nicht Menschlichkeit, sondern materielles Interesse ist leitend. Die Schlussaussage ist einfach nur absurd: **Es ist erstaunlich, wie viele jetzt sterben.** Vermeintlicher Tiefsinn entlarvt sich als äußerster Flachsinn.

FONTANE thematisiert hier den Mechanismus menschlichen Miteinanders im gesellschaftlichen Kontext. Auf den Anlass der Beerdigung wird überhaupt nicht eingegangen. Der einzige Anflug von Anteilnahme pervertiert sich zum wirtschaftlichen Interesse. Der gesellschaftliche Akt des offiziellen Auftritts bei einer Beerdigung wird zur heiklen Aufgabe, deren Bewältigung ironisch auch mit **Kunst** und **Meisterschaft** bezeichnet wird. Die Beschränktheit der Gesellschaft zeigt sich in ihrem Desinteresse am Menschlichen. Es zählt nur die gekonnte Selbstinszenierung im Rahmen der Klassengesellschaft. In dieser scheinbar unbedeutenden Alltagsszene lassen sich grundlegende Charakteristika der wilhelminischen Gesellschaft erkennen, auf die die Stiltendenzen der Jahrhundertwende auf andere Art eingingen. Dass Hohlheit und Protzentum Hand in Hand gingen, war eine Beobachtung, die scheinbar häufig gemacht werden konnte. Wenn FONTANE in »Arm oder reich« den **Spatzenflug, den unsre Adler fliegen / (Nicht viel höher als ein Scheunentor)** aufs Korn nimmt, wird der politische Sinnzusammenhang deutlicher. Der Adler ist das preußische und das Wappentier des deutschen Kaiserreichs. Das königliche Wappentier despektierlich mit Spatzen zu vergleichen, deren Flug nicht höher als ein Scheunentor reiche, zielt auf die außenpolitische Großmannssucht, mit der sich die führende politische Kaste auszeichnete, als man versuchte, in der internationalen Kolonialpolitik seinen Platz an der Sonne zu sichern.

Der Konversationston, der als ironisches Zitat entlarvend eingesetzt wird, strahlt auf das restliche Gedicht aus. Die scheinbare Kunstlosigkeit des Gedichtes enttarnt sich somit als Ironie. Die Sprache des Gedichtes trägt das Kostüm des Konversationstons, der dadurch parodiert werden soll. Die gestalterischen Kunstgriffe in Form von Alliterationen (**Kunst – Kluft, Meisterschaft – Maß**) und Assonanzen (**Null – Luft – Kluft**) treten in Spannung mit rhetorischen Schwächen (Reim **Vorüberschieben – vorgeschrieben**) und geraten so zum parodistischen Stilmittel. Mit solcher Gesellschaftssatire ergänzt FONTANE das Repertoire spätrealistischer Lyrik. Sie entspricht in ihrem Ansatz seiner Kritik der Gründerzeitgesellschaft nach der Reichsgründung in seinen Berliner Gesellschaftsromanen (z. B. *EFFI BRIEST, FRAU JENNY TREIBEL*). Sein Ton erinnert dabei an spätere Autoren wie Erich Kästner.

4 Zeitenwende. An der Schwelle der Moderne – Die Lyrik des Kaiserreiches (1880–1914)[137]

Ich lebe grad, da das Jahrhundert geht,
Man fühlt den Wind von einem großen Blatt,
das Gott und du und ich beschrieben hat
und das sich hoch in fremden Händen dreht.
5 Man fühlt den Glanz von einer neuen Seite,
auf der noch alles werden kann.[138]

Rainer Maria Rilke fasst in seinem Gedicht aus dem Zyklus DAS STUNDEN-BUCH das besondere Bewusstsein einer Zeitenwende, das solch magische Jahreszahlen wie Jahrhundert- oder Jahrtausendwenden in den Menschen stets wachrufen, in ein Bild. In der Rückschau nimmt man die Inventur des scheidenden Jahrhunderts vor, gleichzeitig sind die Gedanken erwartungsvoll in die Zukunft und auf all die Überlegungen gerichtet, wie das kommende Jahrhundert charakterisiert sein wird und wie man zu dessen besonderer Prägung beitragen könnte.

Vieles von dem, was als Grundlage dieser Epoche angesprochen werden müsste, ist im einleitenden Abschnitt zum Kapitel ›Realismus‹ (3.1) bereits skizziert worden. Im Jahr 1888 bestieg der Enkel des Kaisers Wilhelm I. als Wilhelm II. den deutschen Kaiserthron, das Datum markiert einen Einschnitt in der deutschen Geschichte. Der herrschende Geist wandelte sich mit dem Thronfolger deutlich. Der bürgerliche Nationalliberalismus verlor zunehmend an Einfluss, während konservative Kräfte, v. a. auf grundbesitzende adlige Schichten gestützt, an Einfluss gewannen. Die Entlassung Bismarcks 1890 trug insofern symbolische Bedeutung.

Das Tempo der wirtschaftlichen Entwicklung beschleunigte sich. Dieser ökonomischen Macht genügte zu seiner Entfaltung nicht mehr der begrenzte nationale Raum, daher engagierte sich das Deutsche Reich in der Kolonialpolitik, die Bismarck vorher noch hinausgezögert hatte. Die Kolonialpolitik orientierte sich an einer wirtschaftlichen und politischen Expansion Deutschlands mit Anspruch auf Weltgeltung. Motivierend wirkte dabei zweifellos die Konkurrenz der anderen europäischen Staaten Frankreich, England und Russland. In Europa strebte man eine Expansion der deutschen Einflusssphäre auf dem Balkan an. Mit einer offensiven Flottenpolitik wollte man England auf den Meeren Paroli bieten. In der Bündnispolitik bewies man keine sehr glückliche Hand. Der soziale Friede im Inneren geriet zunehmend ins Wanken, die Sozialdemokratie erstarkte nach der Aufhebung der Sozialistengesetze wieder. Die dominierende Rolle des Militarismus in der deutschen Gesellschaft und die Arroganz der preußischen Militärkaste, die sich in Übergriffen auf die Zivilbevölkerung der 1871 annektierten Gebiete im Elsaß manifestierte, spiegelten ein Klima innerer Spannungen, sodass das Attentat von Sarajewo genügte, um den Brand des Ersten Weltkrieges zu entfachen.

Die sich beschleunigende Industrialisierung forcierte auch die Verstädterung der Gesellschaft. Immer mehr Menschen verließen die ländlichen Bereiche, um sich im Umkreis der großen Industrieunternehmen anzusiedeln. Dort konnten sie den wirtschaftlichen Wohlstand, den sie sich erhofften, nur selten erreichen. Die Proletarisierung der Industrie- und Landarbeiter schritt fort, in den Großstädten wurden die immer weiter auseinander klaffenden sozialen Kontraste besonders augenfällig. Nach 1871 hatte eine innere Reichsgründung nie so recht stattgefunden. Eine Kultur von gemeinschaftlichen Üblichkeiten und Selbstverständlichkeiten, wie sie die westlichen Nachbarn bereits früher hatten entwickeln können, kam in Deutschland nicht zustande. Daher musste der preußische Obrigkeitsstaat sich solcher Aufgaben bemächtigen und in alle Lebensbereiche regulierend eingreifen. Der Staat erklärte sich von der Sozialfürsorge bis zur Friedhofsordnung für alles und jedes zuständig und nahm sich das Militär zum leitenden Vorbild. Der autoritäre ›Vater Staat‹ thronte über allem. Auch ansonsten gewann die Armee an Ansehen; Tonfall und Haltung des preußischen Gardeleutnants galten als vorbildlich. Nicht zuletzt die Erfolge in den Einigungskriegen trugen zur Wertschätzung der Armee im Kaiserreich bei, diese

> war der Stolz der Nation. Die Hochachtung übertrug sich auf jeden Heeresangehörigen und verschaffte ihm innerhalb seiner sozialen Umwelt erhöhte Reputation. Aus diesem Grunde wurde die allgemeine Wehrpflicht nicht als Last, sondern als Auszeichnung und soziale Chance empfunden. […] Auch im Zivilleben wurde es wichtig, »gedient« zu haben. Beamte und Lehrer bezogen ihr Selbstbewußtsein aus ihrem Reserveoffiziers-Status.[139]

Zwar konnten zwischenzeitlich 90% der Bevölkerung lesen und Literatur wurde in Form von Zeitschriften und durch die Einrichtung von Leihbibliotheken weit verbreitet, aber in der Literatur dominierte der triviale Geschmack des Bürgertums: Die Lyrik eines Emanuel Geibel (s. Kap. 3.1.1) wurde ebenso geschätzt wie die historischen Romane Felix Dahns (*Ein Kampf um Rom*) und die Heimatkunst Ludwig Ganghofers (*Das Schweigen im Walde*) und Hermann Löns' (*Mümmelmann*); die Wildwestromane von Karl May (*Winnetou*) und die Backfischromane der Eugenie Marlitt (*Das Haideprinzesschen*). Anspruchsvolle Literatur wurde nicht von einem breiten Publikum gelesen. Man spürte einen tief greifenden Substanzmangel, den man – allen voran der Kaiser – durch einen pompösen Repräsentationsstil zu überdecken suchte. In der Architektur ahmte man die Baustile vergangener Epochen nach (Neobarock, Neogotik, Neorenaissance).

> Dieses Bedürfnis kennzeichnet überhaupt jene Zeit, die seit den Gründerjahren auf allzu schnellen Ausbau der politischen und wirtschaftlichen Macht gerichtet war. Der vehemente Aufstieg wurde zum guten Teil getragen von bescheidenen Bürgern, die in der Stille kleiner Städte ein provinziell begrenztes, philiströses Dasein geführt hatten. Wenn sie jetzt als Fabrikanten in größeren Städten rasch zu Ansehen gelangten, so bauten sie ihre Häuser dreimal größer, als sie es brauchten und von innen her auffüllen konnten. Die Leere suchten sie zu verbergen durch die pedantisch nachgeahmten Bauformen und Zierformen vergangener Zeiten.[140]

Kunst wurde zum kostbaren Dekor, das man sich leisten konnte, und diente damit zur Demonstration von Wohlstand. Die Akademiemaler wie Hans Makart, denen Farbenprunk und fotografische Genauigkeit als höchste Tugenden galten, verehrte man als Malerfürsten. Die soldatisch-schneidige Sprache des Kaisers diente weiten Bevölkerungskreisen als Vorbild, er selbst scheute sich trotz seiner Halbbildung nicht, seinen Kunstgeschmack zum Maßstab zu erheben: **Eine Kunst, die sich über die von mir bezeichneten Gesetze und Schranken hinwegsetzt, ist keine Kunst mehr.**[141]

Die Philosophie des Positivismus hatte schon früher versucht, die metaphysische Spekulation zugunsten allein der erfahrbaren Tatsachen abzuschaffen. Auch die naturwissenschaftliche Forschung und Theoriebildung wirkte an der **Entzauberung der Welt** (Max Weber) mit. Charles Darwin lehrte in seiner Evolutionstheorie die Abstammung des Menschen vom Affen, wodurch an die Stelle der religiösen Lehrmeinung von der Gottgleichheit des Menschen eine ernüchternde Theorie gesetzt wurde. Der deutsche Darwin-Schüler Ernst Haeckel bekannte sich in seinem weit verbreiteten populärwissenschaftlichen Buch DIE WELTRÄTSEL zu einem Monismus, der die von der christlichen Weltanschauung behauptete Dualität von Natur und Geist bestreitet. Er erkennt den Menschen hierin nicht mehr als der Natur, insbesondere der Tierwelt, gegenüberstehend und überlegen an, sondern sieht ihn als Bestandteil derselben an, da die organische Natur sich aus der anorganischen entwickelt habe. Sigmund Freuds Theorie der Psychoanalyse versuchte sich an der Erklärung und Deutung menschlichen Verhaltens durch das Modell des Unbewussten und Triebhaften und entdeckte damit in den Tiefenschichten des Menschen selbst gewissermaßen fremde Mächte. Wenn Freud dabei die menschliche Psyche als psychischen Apparat bezeichnet, nähert er sich einem mechanistischen Weltbild und nimmt dem Menschen einen Teil seiner Aura von der erhofften Gottgleichheit.

Doch ist die Zeit keineswegs als so einheitlich zu begreifen, wie es bis zu diesem Punkt vielleicht den Eindruck machen könnte. Das bisher Dargestellte macht nur die Oberfläche aus, unter der tiefe Risse und Verwerfungen spürbar wurden. Denn aus einem Unbehagen an der Hohlheit und Verlogenheit des wilhelminischen Staates regte sich die Opposition vieler bürgerlicher Intellektueller und Künstler. Der tief sitzende Schock des Industriezeitalters brach sich allmählich nach anfänglicher Lähmung Bahn. Die Naturalisten knüpften einerseits teils an republikanische, teils an sozialdemokratische Ideen an. Andererseits orientierten sie sich am Positivismus und der Naturwissenschaft. Andere setzten dem Materialismus und Positivismus irrationale Bekenntnisse zum Geist entgegen. Dabei hingen sie einem Pessimismus an, dessen Wurzeln bis zu Schopenhauer[142] zurückreichten. Kaum überschätzen kann man den Einfluss, den die Philosophie Friedrich Nietzsches ausgeübt hat: **Er ist, wie sich immer deutlicher zeigt, der weitreichende Gigant der nachgoetheschen Epoche.**[143] Nicht zuletzt seine Feststellung, die eine gedankliche Entwicklungslinie des 19. Jahrhunderts zu Ende führte (im zweiten Kapitel von Zarathustras Vorrede in ALSO SPRACH ZARATHUSTRA), **daß Gott tot ist**, sorgte für nachhaltigen Aufruhr. Darum steht in dieser Darstellung ein Kapitel zu Nietzsche am Anfang des Abschnitts, der die eigentliche Moderne beginnen lässt.

Gegen das offizielle Geistesleben und Kulturschaffen regte sich eine Opposition. Vor allem die Jugend versuchte sich von der Welt der Eltern abzusetzen und Alternativen zu finden, weshalb eine wichtige Kunstrichtung der Zeit in Deutschland als Jugendstil bezeichnet wird. Die Jugendbewegung organisierte sich in Bünden und bildete ein merkwürdiges Gemisch aus Revolte und Reaktion, was z. B. an der Wandervogelbewegung deutlich wird. Waren die Eltern konservativ, nationalliberal oder freisinnig, wurden die Töchter und Söhne Völkische, Sozialisten oder Nihilisten. Antibürgerliche Lebensformen wurden erprobt, Kolonien und Kommunen entstanden, von denen die Künstlerkolonie Worpswede in Deutschland die größte Berühmtheit erlangt hat. Lebensreform, Erneuerung der Einheit von Mensch und Natur waren leitende Gedanken. Lebensreform maß dabei eine ganze Bandbreite von Bedeutungen zwischen sexueller Befreiung und Gesundheitsreform (Reformhäuser) aus. Anarchistische, lebensreformerische oder anthroposophische Modelle wurden ausprobiert. Der spießigen Übersättigung, der geistlosen Großmannssucht setzte man die Erwartung einer gänzlichen Erneuerung alter Zustände entgegen.

Dank des Wohlstands der oberen Gesellschaftsschichten blühten auch die Künste und das Kunstgewerbe auf, viele Künstler vermochten es, von ihrer Kunst zu leben, da der Kunstmarkt dies ermöglichte oder Reiche sich als Mäzene betätigten. Zu den Widersprüchlichkeiten der Epoche gehört, dass es für viele Künstler zum guten Ton gehörte, sich von der Gesellschaft abzusetzen, diese ihnen aber erst die Lebensgrundlage für ihren Nonkonformismus ermöglichte. Von den als rückständig empfundenen Akademien setzte man sich in fortschrittlichen Künstlervereinigungen, den Sezessionen ab. Auf allzu große Provokation reagierte der Staat mit Verboten oder Gerichtsverfahren, so wurde z. B. Arthur Schnitzlers Theaterstück DER REIGEN 1900 wegen Verletzung des Scham- und Sittlichkeitsgefühls verboten.

> Die seit dem Naturalismus betriebene Emanzipation der Künste von der etablierten Gesellschaft machte den Nonkonformismus zum Kunstkriterium. In ihm verband sich der Autonomieanspruch der Kunst mit dem Bestreben nach Modernität und antibürgerlicher Haltung, sei es im Gestus des elitären Künstlers, sei es in dem des geistigen und künstlerischen Revolutionärs.[144]

Als Revolutionäre gebärdeten sich in erster Linie die Naturalisten, die in den achtziger Jahren für Aufsehen sorgten. In unserem Zusammenhang werden Karl Henckell und Arno Holz als Vertreter dieser Richtung vorgestellt. Ab 1890 distanzierten sich von diesen einige Autoren, für die es keinen einheitlichen und stimmigen Stilbegriff gibt: Symbolismus, Impressionismus, Jugendstil, Jahrhundertwende sind Begriffe, die zwar gebraucht werden, aber nicht unbedingt überzeugend treffsicher sind. Stefan George, Hugo von Hofmannsthal, Rainer Maria Rilke sind Namen von wichtigen Anti-Naturalisten. Ihnen folgten seit 1910 die Expressionisten, die allerdings nicht mehr zu dem Zeitraum dieser Darstellung gehören. Diesen Strömungen ist gemeinsam, dass sie die Moderne des 20. Jahrhunderts vorbereitet oder eingeleitet haben und dass ihnen das Bewusstsein oder das Empfinden einer tief greifenden Zeitenwende innewohnte.

4.1 ›Die Revolution der Lyrik‹ – Naturalismus

1885 gab der Berliner Schriftsteller Wilhelm Arent die Anthologie MODERNE DICHTER-CHARAKTERE heraus, die den Anfang der naturalistischen Lyrik markiert. Die Schriftsteller des Naturalismus begründeten ihre Dichtungsauffassung in zahlreichen programmatischen Darlegungen. Deshalb ist der Begriff Naturalismus in der deutschen Literaturgeschichtsschreibung vielleicht einer der eindeutigsten. Der Naturalismus ist in seiner Ganzheit als radikale oppositionelle Bewegungen gegen verschiedene Ziele zu verstehen. Da war zunächst die Kritik an der als wertlos und unecht bewerteten bürgerlichen Kunst der Gründerzeit, das heißt, einerseits am Realismus, dessen Forderung nach Verklärung und Läuterung der Realität man verwarf, andererseits am bildungsphilströsen Epigonentum einer Kunstrichtung, für die Emanuel Geibel (vgl. Kap. 3.1.1) beispielhaft stehen mag.

Die Kritik traf ebenso den autoritären Staat wie die sozialen Missstände. Man war der Meinung, dass Kunst sich an der politischen und sozialen ebenso wie an der naturwissenschaftlich-technischen Wirklichkeit orientieren müsse. Dafür galt es, eine neue Dichtung zu schaffen.

Diese neue Dichtung sollte bisher tabuisierte Themen aufgreifen: soziale Not, Arbeitswelt und Technik, Großstadt. Dabei orientierte man sich durchaus an den positivistischen Positionen und naturwissenschaftlichen Verfahren. Erreicht werden sollte eine präzise Nachahmung der Natur, wofür der Dichter sich als Forscher zu betätigen hatte, seinen Stoff hatte er zunächst genau zu recherchieren. Das literarische Werk selbst wurde dabei dann mit der Durchführung eines Experiments verglichen. Schreiben wurde gewissermaßen als wissenschaftliche Tätigkeit aufgefasst. **An die Stelle der von einer Aura des Numinosen umgebenen romantischen Künstlersubjektivität tritt der an den Tatsachen des konkreten Lebens orientierte Künstler-Beobachter.**[145] Am bekanntesten sind unter den naturalistischen Werken wohl die Sozialdramen Gerhart Hauptmanns (*DER BIBERPELZ*) geworden.

Leider ist im Bereich der Lyrik eine enorme Diskrepanz zwischen hohem Anspruch und literarischem Vermögen festzustellen. Denn den meisten naturalistisch gesinnten Lyrikern gelang es nicht, eine neue, dem Sujet angemessene lyrische Sprache und Form zu finden. In der Regel verknüpfte man romantische Natur- und Stimmungsmotive mit den Themen der modernen Zeit, neben denen freilich die traditionellen Motive erlebnishafter Naturlyrik weiter gepflegt wurden. Zwar reflektiert Arno Holz in seinem Gedicht »Frühling« das veränderte Verhältnis der Großstadtmenschen zur Natur, doch die Sprache bleibt konventionell:

> Denn nicht am Waldrand bin ich aufgewachsen / Und kein Naturkind gab mir das Geleit, / Ich seh die Welt sich drehn um ihre Achsen / Als Kind der Großstadt und der neuen Zeit. / Tagaus, tagein umrollt vom Qualm der Essen, / War's oft ein Herz, das lautauf schlug und schrie, / Und dennoch, dennoch hab ich nie vergessen / Das goldne Wort: Auch dies ist Poesie![146]

Vielfach flüchtete man sich in ein epigonales Pathos. Wilhelm Arent feiert die Stadt »Berlin« im gleichnamigen Gedicht: Weltstadt, zu Füßen mir, dich grüßt mein Geist / Zehntausend Mal; und wie ein Sperber kreist / Mein Lied wirr über dich hin, berauscht vom Rauch / Und Atem deines Mundes: Sei gegrüßt du, sei gegrüßt.[147] Er scheut weder vor der Inversion, der Hyperbel, dem Vogel-Vergleich noch der emphatischen Wiederholung zurück. Arno Holz' **Und Frühling! Frühling! schallt's aus allen Kehlen**[148] könnte unmittelbar von Mörike abgeschrieben sein. Von hier bis zu den einprägsamen Bildern der Großstadtlyrik der Expressionisten ist noch ein weiter Weg.

4.1.1 Blick in die Arbeitswelt

Karl Henckell: »Das Lied vom Eisenarbeiter«

Es stampft und dröhnt mit dumpfem Ton
Und qualmt und raucht ringsum,
Und Mann an Mann in schwerer Fron
An seinem Platze stumm.
5 Der Hammer sinkt, die Esse sprüht,
Das Eisen in der Flamme glüht.

Frühmorgens, wenn der Schlemmer träg
Auf weichem Pfühl sich reckt,
Macht sich der Lohnsklav auf den Weg,
10 Vom Dampfpfiff aufgeschreckt.

Und Tag für Tag um kargen Sold
Rührt er die rauhe Hand,
Er geizt um Ehre nicht, um Gold
Und all den glatten Tand.

15 Kein süßes Lied berührt sein Ohr,
Durch das die Sorge gellt,
Kein Dichter öffnet ihm das Tor
Zu einer schönern Welt.

Er denkt, der Mensch sei gleich und frei,
20 Ob auch in Schweiß und Ruß –
Der Hochmut rollt an ihm vorbei,
Der Stolz vergällt den Gruß.

Wohl nagt am Herzen weh und wund
Ihm oft sein bittres Los,
25 Denn bricht ein Fluch aus trotzigem Mund,
Verschlungen vom Getos:

»Das ist ein grausam Weltgebot,
Fremd sind sich Herr und Knecht.«
Sein Auge blitzt, sein Feuer loht:
30 »Allmächtiger, sei gerecht!

Und wenn ein Gott im Himmel nicht
Den Schrei der Not versteht,
Dann stürm herein, du Weltgericht,
Wo alles untergeht!«
35 Der Hammer sinkt, die Esse sprüht,
Das Eisen in der Flamme glüht.

Das Gedicht ist selbst unter den naturalistischen Gedichten nicht zu den gelungensten zu zählen, kann aber als repräsentativ angesehen werden. Das Gedicht steht zweifellos in der Tradition der Arbeiterlieder des 19. Jahrhunderts. Der Titel »Lied« schlägt sich in der äußeren Form nieder, vierzeilige Strophen mit jeweils vier- und dreihebigen Jamben und eingängige Reime legen eine liedhafte Sangbarkeit nahe. Die fehlende Hebung jeder zweiten Zeile lässt eine rhythmische Stauung entstehen, der jeweils zwei Verse zu Einheiten zusammenbindet. Die überzähligen zwei Verse der ersten und letzten Strophe schaffen als eine Art Kehrreim einen Rahmen. Thematisch befasst sich das Lied mit der Situation des Industriearbeiters. Kontrastiv stellt es den Arbeiter und den als **Schlemmer** bezeichneten ›Ausbeuter‹ gegenüber. Die Situation des Arbeiters wird mit aller Härte geschildert: **schwere Fron, Lohnsklav, karger Sold, rauhe Hand**, Sorge und Leid, Fluch, Hader mit und Zweifel an Gott. Zum Teil werden hier Bilder der Leibeigenschaft zur Verdeutlichung gewählt: **Fron** und **Lohnsklav**. Dem gegenüber ist der als Unternehmer zu Vermutende, aber nicht genau Bezeichnete im paradiesischen Schlaraffenland gezeichnet: Er ist ein **Schlemmer**, ist **träg**, liegt noch im weichen Bett, während der Arbeiter schon schuftet.

Dem Arbeiter bleibt die Kultur versperrt: **Kein süßes Lied berührt sein Ohr / [...] Kein Dichter öffnet ihm das Tor / Zu einer schönern Welt**. Das sind Dinge, die dem Gebildeten vorbehalten bleiben. Der Arbeiter ist zu sehr mit der grundlegenden Sicherung seiner materiellen Existenz befasst. Auch die Entfremdung ist ein Element sozialistischen Gedankenguts. Einerseits ist der Arbeiter so sehr zum Bestandteil industrieller Produktion geworden, dass er schon dem Befehl der Maschine (**Dampfpfiff**) gehorcht, andererseits gibt es keine Fürsorge des Unternehmers für den Arbeiter, sondern der Glaube an Gleichheit und Freiheit erweist sich als Utopie, der Unternehmer ist durch **Hochmut** und **Stolz** charakterisiert. Der verzweifelte Wunsch des Arbeiters nach einem reinigenden **Weltgericht** kann nicht als christlicher Glaube an das jüngste Gericht verstanden werden, denn an der Gerechtigkeit Gottes wird gezweifelt: **Und wenn ein Gott im Himmel nicht / Den Schrei der Not versteht**. Vielmehr erinnert dieser Wunsch nach einem die göttliche Gerechtigkeit übersteigenden Gericht an die eschatologische Prophezeiung des Sozialismus von der proletarischen Weltrevolution, die den Klassenkampf beenden wird. In einer Welt, in der selbst Gott nicht mehr als gerecht und barmherzig erfahren wird, muss der Arbeiter zum Selbsthelfer werden und seine Sache selbst in die Hand nehmen.

Allerdings ist das Gedicht nicht in einer appellativen Sprache verfasst, wie dies bei den nationalen Liedern häufig zu beobachten ist. Der Gestus ist eher die beobachtende Beschreibung des Arbeiter-Elends. Dass dieser Blick von eher einfühlender Sympathie gefärbt ist als von wissenschaftlicher Objektivität, kann das Gedicht nicht verhehlen. Ebenso wenig kann es die sprachlich-gestalterischen Schwächen verbergen. Gezwungener Satzbau (1. Str.), emphatische Wiederholungen (**Mann an Mann, Tag für Tag**).

Alliterationen (**weh und wund**), pathetische Überhöhungen (**Schrei der Not; Stürm herein, du Weltgericht**) und schwache Reime (**Los – Getos**) sind epigonale Formulierungen, die auf die Tradition der Arbeiterliteratur[149] hinweisen. Dass sie sich schwer taten, eine wirklich neue, revolutionäre Sprache und Form, die dem Gegenstand angemessen wären, zu finden, erkannten die Naturalisten selbst. Aus diesem Grund wurde die Forderung nach einem Rückzug aus der Lyrik bald laut. Die überstrukturierte lyrische Sprache konnte nicht angemessen sein um Not und Elend in ihrer wahren Dimension darzustellen. Das vermochte eher die Prosa.

4.1.2 Die Sprache der Moderne

Arno Holz: »Unvergeßbare Sommergrüße«

Das mit diesem Anspruch tatsächlich angekündigte Vorhaben von ARNO HOLZ[150] war kein geringeres, als die Revolution der gesamten Literatur herbeizuführen. So nannte er auch seine grundlegende Schrift von 1899 DIE REVOLUTION DER LYRIK. Er muss auch zweifellos als der führende Kopf der naturalistischen Bewegung und als ein bahnbrechender Repräsentant der modernen deutschen Literatur angesehen werden. Zusammen mit Johannes Schlaf, mit dem er anfangs zusammengearbeitet hat, entwickelte er einen Prosastil, der sich deutlich von der Sprache der zeitgenössischen Schriftsteller abhebt und die Sprache der modernen Erzählung vorwegnimmt. Allerdings führt er mit seinen späteren Werken über den Naturalismus hinaus.

In allgemeinen Überlegungen suchte er das Wesen der Kunst zu bestimmen und fand in positivistischer Manier zu der Formel ›Kunst = Natur – x‹. Kunst ist also im ersten Schritt Nachahmung der Natur. Mit dem zweiten Schritt geht er aber über den Naturalismus und seinen pseudowissenschaftlichen Ansatz hinaus, indem er einen nicht genau zu greifenden Faktor ›x‹, den er mit **Temperament** und Darstellungsmittel umschreibt, in seine Formel mit einbringt.

Seinen Entwurf eines neuen Gedichttypus' in DIE REVOLUTION DER LYRIK belegte er in seinem Gedichtzyklus PHANTASUS, aus dem das unten vorgestellte Gedicht stammt. In diesen Gedichten gab er nicht nur Reim und Metrum, sondern auch die damit verbundenen traditionellen Strophenformen auf. Die unterschiedlich langen Zeilen werden nicht mehr linksbündig angeordnet, sondern auf eine imaginäre Mittelachse zentriert (Mittelachsengedichte). Statt der schematischen Regelmäßigkeit sollte der natürliche und, wie HOLZ sagte, notwendige Sprachrhythmus das Gedicht prägen. Verändert man die Mittelachsenanordnung zugunsten der üblichen Linksbündigkeit, könnte man manche Gedichte von HOLZ für moderne Prosagedichte nehmen; allerdings erfahren die einzelnen Worte in der Mittelachsenordnung eine z. T. radikale Isolierung und damit wuchtige Sinnbetonung.

Unvergeßbare Sommergrüße

Rote Dächer!

Aus den Schornsteinen,
hier und da
Rauch;
oben, hoch, in sonniger Luft,
ab und zu
Tauben!

Es ist Nachmittag.

Aus
Mohdrickers Garten her
gackert
eine Henne;
Bruthitze
brastet;
die ganze Stadt ... riecht nach Kaffee.

Daß mir dies alles doch so lebendig geblieben ist!

Ich bin ein kleiner Junge,
liege,
das Kinn in beide Fäuste,
platt auf dem Bauch
und
kucke durch die Bodenluke.

Unter mir ... steil, der Hof ... hinter mir,
weggeworfen,
ein Buch.

... Franz Hoffmann ...

»Der
Sklavenjäger.«

Wie still das ist!

Nur drüben,
in Knorrs Regenrinne,
zwei Spatzen, die sich um einen Strohhalm zanken,
irgendwo ein Mann, der sägt,
und,
dazwischen,
deutlich von der Kirche her,
in kurzen Pausen regelmäßig hämmernd,
der Kupferschmied Thiel.

         Wenn ich unten runter sehe,
         sehe ich gerade auf Mutters Blumenbrett.

              Ein Topf Goldlack,
                    zwei
         Töpfe Levkojen, eine Geranie,
                   Fuchsien
                     und,
                  mittendrin,
         zierlich, in einem Zigarrenkistchen,
                     ein
              Hümpelchen Reseda.

                Wie ... das ... riecht!
                       Bis
                zu ... mir ... rauf!

                      Und
                die ... Farben ... die
                     Farben!

                     Jetzt!
              Wie der Wind drüber weht!

                 Die wunder-,
                wunder-, wunder
                  ... schönen ...
                     Farben!

              Nie ... blinkten ... mir
                    schönere!

                      Ein
                  halbes Leben,
                      ein
              ganzes Menschenalter
                    verrann!

                      Ich
                schließe die Augen.

                      Ich
              sehe sie ... noch immer!

Das Gedicht gestaltet eine banal wirkende Alltagsszene, die Eindrücke und Beobachtungen eines Achtjährigen, der sich auf dem Dachboden aufhält, werden wiedergegeben. Damit entbehrt das Gedicht das sonst übliche poetische Pathos. Eine solche Alltagsszene zu poetisieren, ist ein durchaus progressiver Ansatz. Durch die Verschränkung von zwei Zeitebenen wird dem Text darüber hinaus seine Erlebnishaftigkeit genommen und Distanz geschaffen. Das Ich des Textes spaltet sich nämlich in ein erinnerndes Ich, das sich aus dem hohen Alter heraus an seine Knabenzeit erinnert (Z. 16 und 64–72), und ein erinnertes Ich, den achtjährigen Knaben, der die erinnerten Beobachtungen macht, auf. Die geschilderten Wirkungen auf den Knaben scheinen insofern auch eher die rückblickend vom Greisenalter auf die Jugendzeit projizierten Empfindungen zu sein. Ob der Knabe die Schönheiten schon in diesem Maße als solche wahrgenommen hat, ist fraglich. Auch die Beobachtungsperspektive von oben ist ungewöhnlich.

Die Eindruckshaftigkeit des Gesagten spiegelt sich in der sprachlichen Gestaltung. Die Isolierung und damit Betonung einzelner Worte oder Wortgruppen durch die Mittelachsenstruktur und die Pausen (Punkte!) wird durch Wiederholungen (**die ... Farben ... die / Farben; Die wunder-, wunder-, wunder // ... schönen ... / Farben**) und den Satzbau verstärkt. Häufig fehlen Verben, Inversionen verstärken das Gewicht der einzelnen Kola: **Aus den Schornsteinen, / hier und da / Rauch**; statt möglicherweise »hier und da (steigt?) Rauch aus den Schornsteinen.« Begriffe aus der Umgangssprache und genaue Personennamen dienen der präzisen Milieuschilderung: **Mohdricker, Franz Hoffmann, Knorr, Thiel, Hümpelchen.** Die staunende Pause in der Mitte bei der Wiedergabe des Geruchseindrucks **die ganze Stadt ... riecht nach Kaffee.** steigert die Banalität schon fast zur grotesken Ironie. Die Unterbrechungen verhindern jede logische Struktur, Reflexion wird zugunsten von Impression ausgeschlossen. Solch ein lyrischer Sekundenstil unterliegt allerdings der Gefahr der Beliebigkeit des Schlusses, ein solches Gedicht könnte im Prinzip an jeder Stelle enden, wenn ein logischer Faden oder ein Spannungsbogen fehlt. Bei diesem Gedicht hier ist diese Gefahr durch die Verschränkung der Zeitebenen gebannt. Die Erinnerung verschmilzt die Zeitebenen zu bewusster Gegenwart. Wenn es in Z. 56 heißt **Jetzt!**, ist nicht klar, zu welcher Zeitebene dies zuzuordnen ist. Erst die Erinnerung macht den erinnerten Augenblick zur einzigartigen Situation. Aber die Erinnerung beschränkt sich auf das Nachempfinden der Eindrücke, die Reflexion bleibt ausgeschlossen.

4.2 ›nicht sehr verläßlich zu Haus in der gedeuteten Welt‹[151] – Jahrhundertwende (1890–1910)

Die Herrschaft des Naturalismus ist vorüber[152], verkündete der Schriftsteller und Literaturkritiker Hermann Bahr, der vormals selbst der naturalistischen Richtung angehört hatte, bereits 1891 in DIE ÜBERWINDUNG DES NATURALISMUS. Als Gegenbewegung zum Naturalismus formierte sich eine Gruppe von Dichtern, die keine einheitliche Stoßrichtung entwickelte, sondern eher ein Stilkonglomerat repräsentierte, für das kein Name überzeugend zutrifft. Hier sollen nur einige wichtige Lyriker vorgestellt werden, deren Werke in eine Richtung weisen, die mit *Symbolismus* näherungsweise benannt werden kann. Man wandte sich vor allem gegen den Wahrheitsbegriff des Naturalismus, der auf der Anerkennung objektiver Gesetze begründet war. Ebenso skeptisch wurden die naturwissenschaftlichen Begründungen und Verfahren des Naturalismus betrachtet. Damit distanzierte man sich aber nicht nur von dieser Kunstströmung, sondern setzte sich von den gesamten Tendenzen und Erscheinungen der geschichtlichen Wirklichkeit ab, welche da waren Technisierung und Industrialisierung, wirtschaftliche und politische Expansionspolitik, wachsende Verstädterung und Vermassung der Gesellschaft, Fortschrittsoptimismus. Dem setzte man einen fundamentalen Kulturpessimismus entgegen. Man zweifelte grundsätzlich an der Fähigkeit, die Wirklichkeit erkennen und sprachlich darstellen zu können. Im Angesicht der bevorstehenden Jahrhundertwende befand man sich in einer Endzeitstimmung.

Fin de siècle war ein gesamteuropäisches Modewort. Mit diesem Begriff wurde eine Stimmung und eine Geisteshaltung bezeichnet, für die auch der Begriff décadence synonym gebraucht wurde, wenngleich sich die Begriffe auch nicht vollkommen decken. Beide Begriffe haben einen **Beiklang von Weltuntergang, der aber nicht ernst gemeint ist, aber den Stimmungswert des Wortes pathetisch erhöht**[153]. Die Stimmungslage eines Décadent kann mit Hilfsbegriffen andeutungsweise umrissen werden: Melancholie, Resignation, (Lebens-)Müdigkeit, Kultiviertheit, blasierte Skepsis, Nervenschwäche, erhöhte Sensibilität, Kränklichkeit, Feinfühligkeit ohne heftige Empfindung, Lebhaftigkeit ohne starken Willen. Dieser Geisteszustand wurde als Auszeichnung empfunden, er war der Ausdruck für die Distanz von der Banalität der bürgerlichen Kunstanschauung und der Brutalität der wilhelminischen Eroberungspolitik. Vorbild hierfür war die gesellschaftliche Kultur des englischen Adels, Leitbild der Dandy[154]. Der Zustand der erhöhten Sensibilität wurde prägend für ein neues Kunstverständnis. Hermann Bahr erklärte dies so:

> Ich glaube also, daß der Naturalismus überwunden werden wird durch eine nervöse Romantik; noch lieber möchte ich sagen durch eine Mystik der Nerven. [...] Der neue Idealismus drückt die neuen Menschen aus. Sie sind Nerven; das andere ist abgestorben, welk und dürr. Sie erleben nur mehr mit den Nerven, sie reagieren nur mehr von den Nerven aus. Auf den Nerven geschehen ihre Ereignisse, und ihre Wirkungen kommen von den Nerven. Aber das Wort ist vernünftig oder sinnlich; darum können sie es bloß als eine Blumensprache gebrauchen: ihre Rede ist immer Gleichnis und Sinnbild. [...] Der Inhalt des neuen Idealismus ist Nerven, Nerven, Nerven und – Kostüm: die Decadence löst das Rokoko und die gotische Maskerade

ab. [...] Wenn erst das Nervöse völlig entbunden und der Mensch, aber besonders der Künstler, ganz an die Nerven hingegeben sein wird, ohne vernünftige Freude und sinnliche Rücksicht, dann kehrt die verlorene Freude in die Kunst zurück.[155]

Als Vorbilder der neuen ›Nervenkunst‹ nennt Bahr Paul Bourget, Maurice Barrès, Joris-Karl Huysmans und Maurice Maeterlinck. Bahr glaubt nicht mehr an den Wahrheitsanspruch und den Wirklichkeitsbezug der Literatur. Darin zeigen sich erste Spuren einer Nietzsche-Rezeption. Nietzsche richtete sich gegen die moralische Hohlheit der verwissenschaftlichten, veräußerlichten und entfremdeten Gegenwart. Zwar kann die Kenntnis der Philosophie Nietzsches bei allen Autoren der Zeit vorausgesetzt werden, doch wurde sie häufig auf Schlagwörter verkürzt, die dann lauteten: Heraufkunft des Übermenschen, Lebensrausch, Zweckfreiheit des Lebens, Befreiung von der Überlieferung und Schaffung neuer Werte, Kunst als die eigentliche Aufgabe und metaphysische Tätigkeit des Lebens.

Literarisch rezipierte man die europäische Moderne, insbesondere repräsentiert durch die Gedichte des Franzosen Charles Baudelaire, verspätet. Als besonderes Merkmal empfand man, dass bei ihm das Hässliche stärker hervortrat, dass Einzelreize stärker an Wert gewannen. Schon der Name seines wirkungsmächtigen Gedichtzyklus' LES FLEURS DU MAL (DIE BLUMEN DES BÖSEN) weist in diese Richtung. Hierin wurde auch das Hässliche Gegenstand von Lyrik: Ein Gedicht darin trägt den Titel »Une charogne« (»Ein Aas«). Baudelaire sah auch die Natur als Ursprung barbarischer Vorgänge an; Schönheit und Edelmut entsprängen fern der Natur. Das Reich der Kunst wurde auf diese Weise zu einem autonomen Bereich erhoben. Der Engländer Oscar Wilde trieb diesen Gedanken in seinem Essay THE CRITIC AS ARTIST auf die Spitze:

> Ästhetik ist ein Begriff auf einer höheren Stufe als die Ethik. In ihr ist mehr Geist. Die Schönheit einer Person oder Sache wahrzunehmen, ist das Höchste, was wir erreichen können. So ist auch die Empfindungsfähigkeit für Farben wichtiger für die Entwicklung des einzelnen als sein Sinn für Recht oder Unrecht.[156]

Dieser Immoralismus, der den Reiz der exotischen Grausamkeit schätzte, fand sich in vielen literarischen Werken. So lässt z. B. Stefan George die Titelfigur seines frühen Gedichtzyklus' ALGABAL in einem Reich von kalter, erlesener Schönheit agieren. Die künstlerische Empfindlichkeit geht Hand in Hand mit ethischer Indifferenz. In Algabals künstlichem Reich von erlesener Schönheit gerät selbst eine Blutspur zum erlesenen Dekor. Ästhetik höher zu bewerten als Ethik, heißt, die Kunst in den Rang einer Religion zu erheben. Kunst als Ersatzreligion war die spezifische Antwort der nervösen Dekadenz auf das Wert- und Sinnvakuum, das durch die **Entzauberung** der Welt (Max Weber) und die Zurückdrängung der Religion entstanden war. Die Künstler der dekadenten Sensibilität schaffen auf der Grundlage der

> Überzeugung, daß künstlerisches Schaffen die Offenbarung höchster menschlicher Werte bedeutet und daß aus diesem Grunde der Dienst an einer vom Pragmatismus unbefleckten Kunst eine Handlung ist, die ihre moralische Berechtigung besitzt. […] Im Lichte von Nietzsches Maxime, wonach das Leben nur als ästhetisches Phänomen zu rechtfertigen ist, erhält die bekannte Losung von der künstlerischen Autonomie (l'art pour l'art) eine breitere Bedeutung.[157]

Viele Literaten der Jahrhundertwende empfanden eine tief greifende Skepsis, was die Ausdrucksfähigkeit der Sprache betrifft. Sie spürten deutlich, dass die Sprache nicht zuletzt durch ihre Abnutzung im offiziellen Sprachgebrauch in eine Krise geraten war; die protzenhaften und trotz ihrer Dümmlichkeit in großer Breite nachgeahmten Reden des Kaisers waren ein deutliches Beispiel. Das Unbehagen vieler beim Gebrauch einer solcherart vernutzten Sprache ließ die Frage dringlich werden, wie unter diesen Voraussetzungen noch literarischer, insbesondere subtil lyrischer Ausdruck möglich sein konnte. Darüber hinaus breitete sich die Empfindung aus, dass die Erfahrungen der modernen Welt sich der Versprachlichung zu entziehen drohten. Am deutlichsten hat dies Hugo von Hofmannsthal in seinem Text EIN BRIEF[158] artikuliert, worin er den jungen Lord Chandos um 1600 in einem Brief an seinen befreundeten Gönner Francis Bacon, einen der Begründer des neuzeitlichen naturwissenschaftlichen Denkens, die moderne Erfahrung der Diskrepanz zwischen literarischem Ausdruckswillen und der Verfügbarkeit einer scheinbar unzulänglich gewordenen Sprache mitteilen lässt. Die Versprachlichung der Welt war zum Problem geworden. Poetische Sprache sollte nicht mehr zur Spiegelung einer schal gewordenen Realität dienen, sondern selbst höhere Wirklichkeit schaffen. STEFAN GEORGE treibt diese Absicht auf die Spitze, wenn er sein Gedicht »Das Wort« enden lässt: **Kein ding sei wo das wort gebricht.** Solches kann nur noch ein Symbol leisten. **Im Gegensatz zum Symbolbegriff etwa der Weimarer Klassik kann die Bedeutung dieser Symbole jedoch nicht mehr klar erfasst, sondern nur noch intuitiv, emotional und assoziativ erahnt werden.**[159] Diesen Symbolbegriff fand man vorgeprägt im Symbolismus aus Frankreich (Charles Baudelaire, Paul Verlaine, Arthur Rimbaud, Stéphane Mallarmé) und England (Oscar Wilde).

> Der Symbolismus richtet sich gegen die vom naturwissenschaftlichen Positivismus des 19. Jahrhunderts inspirierten Bemühungen der Realisten und Naturalisten, die Welt in ihrer biologischen und sozialen Tatsächlichkeit darzustellen; er sucht das den Dingen zugrundeliegende Geheimnis und

spricht es weniger aus, als daß er es vor allem durch ästhetisch-suggestive Darstellungsmittel beruft. Klangmalereien, Assonanz, Metrum und Reime werden bewußt in die Aussagestruktur integriert; mit Vorliebe bedient sich die symbolistische Poesie der Synästhesie, also der Vermischung von Eindrücken verschiedener Sinnesorgane, so daß die Sphäre des einen Sinnes zur Metapher für die des anderen wird: es entsteht eine magische Identität der Sphären.[160]

Der Symbolismus vertritt die Auffassung von einer reinen Poesie (poésie pure), die sich der Gesellschaftskritik enthalten soll und ihren Sinn nur aus sich selbst bezieht (L'art pour l'art). Vor allem Stefan George adaptierte die Ideen der französischen Symbolisten. Rainer Maria Rilke griff diese in seiner Frühzeit ebenfalls auf, distanzierte sich aber später zunehmend von ihnen. Indem die poetische Sprache sich von einer konkreten Wirklichkeit abwendet und die höhere Mystik des Lebens erst entstehen lässt, beansprucht der Dichter die Rolle des Lebensdeuters, des Sehers, des Priesters. Die Entfremdung der Kunst von der gesellschaftlichen Wirklichkeit und die Isolation des Künstlers in einer gesellschaftlichen Außenseiterposition ist somit in eine positive Richtung umgedeutet worden. Die Problematik einer solchen Künstlerexistenz zeigt sich aber in der immerwährenden Rechtfertigung dieser Dichtung, die stets Thema bleibt. Mit dieser Epoche der Literatur um die Jahrhundertwende beginnt die literarische Moderne in Deutschland.

4.2.1 Friedrich Nietzsche: »Vereinsamt«

Er ist, wie sich immer deutlicher zeigt, der weitreichende Gigant der nachgoetheschen Epoche.[161] Noch aus der zeitlichen Distanz von 50 Jahren fällt das Urteil des Dichters Gottfried Benn über den Philosophen und Schriftsteller FRIEDRICH NIETZSCHE recht euphorisch aus. Helmut Pfotenhauer bestätigt diese Ansicht: **Man könnte einen guten Teil der Geschichte der deutschen Literatur nach 1890 als Geschichte der Auseinandersetzung mit Nietzsche schreiben.**[162] Darauf, dass NIETZSCHE die Ästhetik der Jahrhundertwende maßgeblich beeinflusst hat, ist schon hingewiesen worden, darum soll hier eine kurze Zusammenfassung seiner Gedanken erfolgen. NIETZSCHE (1844–1900) studierte Theologie, Philologie und Philosophie und wurde 1869 noch vor seiner Promotion auf eine Professur für alte Sprachen an der Universität Basel berufen, die er nach wiederholten gesundheitlichen Problemen 1879 endgültig aufgeben musste. 1889 verstummte er endgültig, versank in Wahnsinn und lebte noch 11 Jahre bei seiner Mutter und Schwester bis zu seinem Tod.

Sein Werk unterscheidet sich eklatant von dem anderer Philosophen, es ist geprägt durch Brüche, nimmt immer neue Anläufe, zeigt kaleidoskopartig immer wieder neue Facetten. Sein Denken ist antisystematisch, aber doch kohärent. Ganz wichtig ist der künstlerisch-literarische Zug des Werks: Es bildet eine Mischung aus Gedichten, Skizzen, Fragmenten, Aphorismen, einer rhythmisch-musikalisch akzentuierten Prosa. Sein Hauptwerk ALSO SPRACH ZARATHUSTRA wird umrahmt von einer eigenwillig erzählten Rahmenhandlung. Vieles ist in der freien Natur beim Gehen entstanden, nicht am Schreibtisch.

Einen wichtigen Beitrag zur Ästhetik der Zeit bildet die Schrift DIE GEBURT DER TRAGÖDIE AUS DEM GEIST DER MUSIK (1872). Hier geht Nietzsche von den Kategorien Wille und Vorstellung aus, die Schopenhauer aufgestellt hatte, mit denen er das Begriffspaar dionysisch – apollinisch gleichsetzt. Auf einer metaphysischen Ebene versteht Nietzsche unter dionysisch das Lebensprinzip, das Vergehen und Werden in sich trägt. Denn der Gott Dionysos Zagreus war von Titanen zerrissen und von der Göttin Rhea wieder zu Leben erweckt worden. Dieses Urchaos der Welt drängt zum geordneten Kosmos, dem Apollinischen, hin. Damit trägt die Welt das Wesen eines sich selbst gebärenden Kunstwerkes. Die Assoziation der beiden Kunstgötter Dionysos und Apoll, die für Tanz und Dichtung stehen, weist schon frühzeitig auf diese ästhetische Dimension hin. Auf einer anthropologischen Ebene verbindet Nietzsche die Götter mit Trieben – Dionysos mit dem Rausch und Apoll mit dem Traum. Im Rausch erlebt der Mensch die ekstatische Selbstentgrenzung, die Aufhebung der Individuation, während der Traum die klare Vision, die traumhafte Bilderfolge repräsentiert. Beide Prinzipien sind für Nietzsche Strategien der Lebensbewältigung und machen das Dasein erträglich. In der attischen Tragödie sah Nietzsche das Apollinische, die Ästhetik des Bildes, mit dem Dionysischen, dem Tanz und der Musik, für kurze Zeit gepaart. In der Neuzeit sah er dies im Musikdrama Richard Wagners verwirklicht.

Hinsichtlich der Lebenswirklichkeit im 19. Jahrhundert diagnostizierte Nietzsche, dass die Menschen damit hoffnungslos überfordert seien. Diese Überforderung durch Reizüberflutung führe zur Degeneration oder Dekadenz. Die Abstumpfung der Sinne mache eine immer raffiniertere Ästhetik, die aus dem Schock ihren Reiz beziehe, erforderlich. Dies bewertete Nietzsche ambivalent: einerseits als Symptom der Schwäche, aber auch mit der dadurch provozierten Sensibilität der Wahrnehmung als produktives Moment. Der Mangel an Ganzheit und Geschlossenheit, der der dekadenten Literatur innewohne, fasziniere aber andererseits durch ihre Raffinesse.

Vereinsamt

Die Krähen schrein
Und ziehen schwirren Flugs zur Stadt:
Bald wird es schnein –
Wohl dem, der jetzt noch – Heimat hat!

5 Nun stehst du starr,
Schaust rückwärts, ach! Wie lange schon!
Was bist du Narr
Vor Winters in die Welt – entflohn?

Die Welt – ein Tor
10 Zu tausend Wüsten stumm und kalt!
Wer das verlor,
Was du verlorst, macht nirgends halt.

Nun stehst du bleich,
Zur Winter-Wanderschaft verflucht,
15 Dem Rauche gleich,
Der stets nach kältern Himmeln sucht.

Flieg, Vogel, schnarr
Dein Lied im Wüsten-Vogel-Ton! –
Versteck, du Narr,
20 Dein blutend Herz in Eis und Hohn!

Die Krähen schrein
Und ziehen schwirren Flugs zur Stadt:
– Bald wird es schnein,
Weh dem, der keine Heimat hat!

Das Gedicht ist kurz vor 1888 entstanden, in einer Zeit, als die Arbeit an seinem Hauptwerk ALSO SPRACH ZARATHUSTRA (1883–85) abgeschlossen war. Die erste und letzte Strophe bilden durch ihre Entsprechung einen Rahmen, wobei durch die Zäsur durch den Gedankenstrich und die Variation der letzten Zeile das Wort **Heimat** hervorgehoben wird. Heimat, bzw. der Verlust von Heimat bildet das Thema des Gedichtes. Ein lyrisches Ich tritt nur durch seine direkte Anrede an die Person des Gedichtes mit **du** in Erscheinung. Die Natur des Gedichtes präsentiert sich als spröde, abweisend und kalt. **Krähen** sind eine wenig liebliche Staffage, ihre lautliche Äußerung **schrein** lässt an Lärm oder Schmerz denken. Die Charakterisierung ihres Fluges mit dem Adjektiv **schwirr** bildet einen Neologismus. In dem Wort ist das flatterhafte Schwirren ebenso aufgehoben wie das Adjektiv irr, das im Gedichtkontext eine bedeutsame Sinnebene aufreißt. Die Prophezeiung **Bald wird es schnein** verlegt die Zeit des Gedichtes in den unwirtlichen Winter. Mit den Krähen bildet der somit evozierte Schnee einen harten Farbkontrast. Die Krähen tauchen bereits in der romantischen Lyrik als

Begleiter des einsamen Ich in der Winterlandschaft auf, als Beispiel wäre hier »Die Krähe« aus Wilhelm Müllers Zyklus' DIE WINTERREISE zu nennen.

Die dritte Strophe zeichnet kein einladenderes Naturbild. Die **Wüsten** werden nicht nur in der Mehrzahl genannt, sondern mit **stumm und kalt** attribuiert. Die Wüste ist als Naturraum das Bild der Leere, Ödnis, Unwirtlichkeit. In der fünften Strophe wird der Vogel (Einzahl!) nicht mehr gattungsmäßig benannt, sondern zum **Wüstenvogel** poetisiert. Wiederum ist die lautliche Äußerung des Vogels hart und unschön, er **schnarrt** sein Lied. In dieser abweisenden Natur findet sich auch kein glückliches Subjekt. **Starr** ist er **rückwärts**gewandt, ihm scheint der Schreck über seine unvernünftige Flucht aus der Stadt in die Welt noch in den Gliedern zu stecken. Folglich wird er auch vom Sprecher mit **Narr** beschimpft. Der in der dritten Strophe angesprochene Verlust des Subjekts bezieht sich auf die Heimat. Dieser Verlust ist irreversibel, das Subjekt ist deshalb zu rastloser **Winter-Wanderschaft verflucht**. Heimat kann ihm nicht mehr zuteil werden. Der Vergleich mit dem **Rauche […] / der stets nach kältern Himmeln sucht** bringt die Getriebenheit des Subjekts ins Bild. Der Weg führt von der eigenen Quelle zum Gegenteil hin. Allerdings lässt das Wort **sucht** dies als nicht ganz unfreiwillig erscheinen. Das Subjekt verbirgt sein Leid (**blutend Herz**) hinter der Maske von **Eis und Hohn**, von Zynismus.

Die Bilder der Kälte, Härte und Einsamkeit finden sprachlich ihre Entsprechung auf der lautlichen Ebene: Harte Konsonanten treten gehäuft auf, die Gedankenstriche und Ausrufe lassen rhythmische Stauungen entstehen. Der Schmerz findet sein Pendant in einem verhaltenen Pathos (**blutend Herz**, Ausrufe). Die Anredeform **du** lässt sich bei genauer Betrachtung als Identität zwischen Sprecher und Angesprochenem erkennen. Das Ich tritt zu sich selbst in eine Distanz der Beobachtung und Fremdheit. Das sprechende Ego scheint dem angesprochenen Ego aus einer überlegenen Position gegenüberzutreten.

Die Klage, die sich in der Benedicatio (**wohl dem**) und dem Fluch (**Weh dem**), ausdrückt, entlarvt sich als Maske der Selbstinszenierung. Das Gegenteil ist gemeint. Die Vereinsamung des Ich ist radikal, selbst die Kreatur flüchtet sich vor der Kälte zurück zur Stadt. Die Natur wird zur symbolischen Kulisse einer titanischen Einsamkeit, denn die Einsamkeit des Ich ist selbstgewählt – **Der Narr ist entflohn**. Er nimmt den Fluch der schicksalmäßigen Vereinsamung heroisch auf sich, das Bild vom Rauch deutet als Parallele in diese Richtung. Die dritte Strophe erweist sich in diesem Zusammenhang als zentral. Die Welt wird nicht als einziger Erlebnisort gesehen, sondern ist nur Durchgangsstadium in eine Region der Leere. Der Verlust von Halt verurteilt das Individuum zur ewigen Wanderschaft. Der

Gedichttitel **Vereinsamt** bringt zum Ausdruck, dass hier das Ergebnis eines Prozesses zu sehen ist, ein so Gewordenes, hieße es »Einsam«, könnte das schon immer so gewesen sein. NIETZSCHE artikuliert hier die Erfahrung der Unbehaustheit in der Existenz, die für die Moderne prägend geworden ist.

Vor dem Hintergrund seines Werkes *ALSO SPRACH ZARATHUSTRA* zeigt sich dieses Konzept in einem deutlicheren Licht. NIETZSCHE geht hier von der Grunderfahrung, dass **Gott tot ist**, aus, die er nicht näher entfaltet oder herleitet, sondern voraussetzt. Damit ist nicht nur die Skepsis an christlichen Glaubensgrundsätzen gemeint, sondern der Zweifel an jedem Versuch, das Sein metaphysisch zu begründen. Gott steht hierbei für alle Kategorien, mit denen man versucht hat, das Sein zu deuten: Logos, Idee, Vernunft, Geist etc. Es ist die positivistische, die wissenschaftliche Welteinstellung, die einem solchen Sein jede Grundlage entzieht. Der Mensch steht damit vor der Herausforderung, diesen Sinnentzug hinzunehmen, ihm ist ohne Ersatz der Boden entzogen. Selbst die Kategorie der Wahrheit erkennt Nietzsche als Fiktion. Es bleibt ein universaler Nihilismus. Andererseits tritt das somit sinnentleerte Sein mit der Herausforderung an den Menschen heran, dass er sich unabhängig von metaphysischen Ansätzen selbst als Kunstwerk entwerfen kann. Der Mensch, der dermaßen aktiv sein Leben zum Kunstwerk steigert und nicht nur auf vorgegebene Sinnkonstrukte reagiert, wird zum Übermenschen. In der Umwertung aller Werte befreit sich der Übermensch zum schöpferischen Selbst und findet zu einer revolutionär veränderten Zukunft.

Dieses neue Bewusstsein hatte sich im 19. Jahrhundert schrittweise angebahnt. Bei Hölderlin (»Hälfte des Lebens«) steht dem negativ besetzten Winter noch der positiv besetzte Frühling als tröstliche Perspektive gegenüber. Bei Eichendorff und Wilhelm Müller ist die Winterlandschaft die Gegend, in der sich das Ich als gesellschaftlicher Außenseiter in seiner sozialen Einsamkeit wiederfindet, aber in der All-Einheit der Natur womöglich noch eine metaphysische Aufgehobenheit findet. Heine bezweifelt in seinem Zynismus die Gültigkeit solcher Antworten und entlässt Gott aus seiner Aufgabe der Sinnstiftung.[163] NIETZSCHE setzt den Winter als Bild für die existenzielle Unbehaustheit und Fremdheit im Dasein. Rilke wird diese Unbehaustheit des Menschen als notwendige Bedingung des Schreibens reflektieren und kultivieren.

4.2.2 ›Ungeborgen‹[164]

Rainer Maria Rilke: »Herbsttag«

Herr: es ist Zeit. Der Sommer war sehr groß.
Leg deinen Schatten auf die Sonnenuhren,
und auf den Fluren laß die Winde los.

Befiehl den letzten Früchten voll zu sein;
5 gieb ihnen noch zwei südlichere Tage,
dränge sie zur Vollendung hin und jage
die letzte Süße in den schweren Wein.

Wer jetzt kein Haus hat, baut sich keines mehr.
Wer jetzt allein ist, wird es lange bleiben,
10 wird wachen, lesen, lange Briefe schreiben
und wird in den Alleen hin und her
unruhig wandern, wenn die Blätter treiben.

Das Gedicht »Herbsttag« ist erstmals in der zweiten Ausgabe des Zyklus' DAS BUCH DER BILDER 1906 erschienen, entstanden ist es am 21. September 1902 in Paris. RAINER MARIA RILKE (1875–1926) lenkt hier den Blick auf zwei wesentliche Aspekte des Herbstes: Herbst als Zeit der Vollendung und Reife, aber auch als Zeit der Einsamkeit. Diesen beiden Aspekten entsprechen auch die inhaltlichen Abschnitte des Gedichtes. Der erste Teil (1–7) ist dem ersten Aspekt gewidmet, der zweite Teil (8–12) dem letzteren. Durch den Beginn erhält der erste Teil Gebetscharakter: **Herr: es ist Zeit**. Die gehäuften Imperative markieren eine appellative Hinwendung zu Gott. Durch die Verbindung der an sich alltäglichen Redewendung **es ist Zeit** mit der Anrede an Gott erfährt diese nicht nur eine religiöse Veredelung, auch die Bewertung dieses Momentes als Augenblick der Erfüllung deutet sich darin an. Die Erinnerung an die Schönheit des Sommers ruft im Sprecher das Gefühl des Überwältigtseins hervor: **Der Sommer war sehr groß**. Nach dieser rückblickenden Wendung richten sich die folgenden Bitten an den **Herrn** auf noch zu Tuendes, auf die Zukunft. Die Allmacht Gottes drückt sich in den Aufforderungen, den **Schatten auf die Sonnenuhren** zu legen und **auf den Fluren [...] die Winde** loszulassen, aus. Der **Schatten auf den Sonnenuhren** beschwört die Dimension der Zeit. Nicht nur die Verdüsterung in der kalten Jahreszeit ist gemeint, sondern das generelle Absterben und Stillstehen der Zeit.

In der zweiten Strophe steigert sich die Intensität der an Gott gerichteten Beschwörung, was durch die exponierte Stellung der Imperative am Versanfang unterstrichen wird: **Befiehl – gieb – dränge – jage**. Die Steigerung vollzieht sich auch im Rhythmus. Vers 4 endet mit einer Hebung (**sein**), auf die im 5. Vers eine beschwerte Senkung (**gieb**) folgt. Beim Sprechen des Gedichtes ist hier eine Pause erforderlich. Beim Übergang von der 5. zur 6. Zeile wird der Sprachfluss durch die Abfolge Hebung – Senkung (**Tage**) – Hebung (**dränge**) ohne Zäsur in die folgende Zeile gezogen. Das Enjambement **jage / die letzte Süße** setzt diese Entwicklung fort und bringt sie zu ihrem Höhepunkt. Die religiöse Inbrunst des Gebetes steigert sich angesichts der Bilder von der Fülle und der Vollendung der Natur. Die Reife, Fülle und Vollendung der Früchte und die **Süße** des Weins sind schon fast Topoi für die Vollendung der Natur im Herbst. Diese Vollendung ist nur möglich durch den Nachklang aus der Jahreszeit, die somit als Höhepunkt des Jahres erscheint, den Sommer (**noch zwei südlichere Tage**). Das sich in der Intensität steigernde Gebet erscheint angemessen als Sageweise für die Vollendung der Natur und des sich darin offenbarenden Gottes.

Die dritte Strophe als zweiter Teil des Gedichtes greift ganz andere Aspekte des Herbstes auf. Sie wendet sich vom Raum der landschaftlichen Natur zur Stadt. Die Unbehaustheit, das Nicht-da-zu-Hause-Sein des Menschen (**Wer jetzt kein Haus hat, baut sich keines mehr**), die Einsamkeit (**Wer jetzt allein ist**), seine Besinnung auf sich selbst und seine Suche nach Verständigung und Trost (**wird wachen, lesen, lange Briefe schreiben**), sein Getrieben-Sein (**unruhig wandern**), seine Hinfälligkeit (Vergehen des Laubes) und sein Bewusstsein vom Geworfen-Sein in die Welt (**wenn die Blätter treiben**) werden in dieser Strophe in Bilder gefasst. Trotz der hintergründigen Melancholie dieses Teils bleibt doch der Eindruck haften, dass in dieser Befindlichkeit des Menschen sich seine Reifung, parallel zu der der Natur, ausdrückt. Die Erfahrung scheint die hinreichende Grundlage für diese auf die Zukunft gerichteten Aussagen (**wird**) abzugeben. Dem thematischen Kontrast zwischen erstem und zweitem Teil entspricht auch der sprachliche. Die parallel gebauten Aussagesätze erzeugen Monotonie und wirken, verglichen mit den Bildern des ersten Teils, herb und farblos. Der Rhythmus ist regelmäßiger und damit auch monotoner geworden.

Warum das Gedicht »Herbsttag« und nicht »Herbst« wie ein anderes Gedicht im gleichen Zyklus heißt, wird somit deutlich. Der eine Herbsttag ist der zentrale Fokus, in dem sich das ganze Wesen des Herbstes konzentriert. Er bildet den Angelpunkt zwischen der zur Vollendung zu führenden Vergangenheit und der in Aussicht stehenden Zukunft, die beide wesentliche Aspekte des Herbstes darstellen. Herbst wird verstanden als Herbst des Lebens. Die Formulierung **Wer jetzt ...** mit der folgenden Negation findet sich bereits in Rilkes Gedicht »Jetzt reifen schon die roten Berberitzen« aus dem Zyklus DAS STUNDEN-BUCH:

> Jetzt reifen schon die roten Berberitzen,
> alternde Astern atmen schwer im Beet.
> Wer jetzt nicht reich ist, da der Sommer geht,
> wird immer warten und sich nie besitzen.
>
> 5 Wer jetzt nicht seine Augen schließen kann,
> gewiß, daß eine Fülle von Gesichten
> in ihm nur wartet, bis die Nacht begann,
> um sich in seinem Dunkel aufzurichten: –
> der ist vergangen wie ein alter Mann.
>
> 10 Dem kommt nichts mehr, dem stößt kein Tag mehr zu,
> und alles lügt ihn an, was ihm geschieht;
> auch du mein Gott. Und wie ein Stein bist du,
> welcher ihn täglich in die Tiefe zieht.

Die Parallele zwischen den beiden Texten ist unverkennbar. Auch hier erscheint – sogar deutlicher – der Herbst als Herbst des Lebens. Die Einsamkeit des Herbstes wird erträglich durch das Sich-Besitzen: **Wer jetzt nicht reich ist, / […] wird […] sich nie besitzen. […] Dem kommt nichts mehr, dem stößt kein Tag mehr zu.** In der Formulierung des Negativen entwirft RILKE das Bild des Positiven, des Wünschenswerten. Wer aus der Blütezeit seines Lebens Reichtum bezogen hat, kann den Herbst als Zeit der Reife im vollen Besitz seiner Selbst verbringen. Für den wird Einsamkeit nicht zur Qual, sondern zum Ausdruck seiner Kraft und Reife. In einer gewissen Weise gestaltet er hierin den Typus des Übermenschen Nietzsches. Die Sinnleere, existenzielle Einsamkeit und Unbehaustheit wird nicht nur hingenommen und ertragen, sondern in einem produktiven Sinne umgewertet. Die Verlorenheit in einer öden Welt wird als Auszeichnung vor der Gesellschaft empfunden und als Voraussetzung dichterischen Schreibens gesehen. Aus diesem Gedanken heraus wird die Form des Gedichtes »Herbsttag« verständlich. Durch die von Strophe zu Strophe steigende Verszahl (3 – 4 – 5) versinnbildlicht RILKE seine Vorstellung vom Anwachsen menschlicher Reife.

Damit ist auch klar, dass mit der Anrede **Herr** nicht ein christlicher Gott gemeint sein kann, dessen Todesanzeige hat Nietzsche bereits formuliert. Das Berberitzen-Gedicht hat den Bezug zum *STUNDEN-BUCH* bereits hergestellt. Im *STUNDEN-BUCH* bildet die Fiktion des lyrischen Ich als russischer Maler-Mönch das Zusammenhang stiftende Prinzip. Der Mönch umkreist in seinen Gedichten und Gebeten Gott und die Kunst:

> Ich kreise um Gott, um den uralten Turm,
> und ich kreise jahrtausendelang;
> und ich weiß noch nicht: bin ich ein Falke, ein Sturm
> oder ein großer Gesang.

Ohne Rücksicht auf ein dogmatisches Christentum wird in diesen Gedichten eine Religiosität evoziert, die im Gefühl ihren Ort hat und den sinnsuchenden Bedürfnissen einer Leserschaft zur Sprache verhilft, die die kirchlichen und theologischen Bindungen hinter sich gelassen hat, aber doch ohne ein Numinoses nicht auskommen kann.[165]

Der Gott des STUNDEN-BUCHES muss erst erschaffen werden:

> Wir bauen an dir mit zitternden Händen
> und türmen Atom auf Atom.
> Aber wer kann dich vollenden,
> du Dom.

Das andere Bild vom zu bauenden Gott stellt den Bezug zur Kunst dar, Gott ist die mittelalterliche Kathedrale, an der wir bauen:

> Werkleute sind wir: Knappen, Jünger, Meister,
> und bauen dich du hohes Mittelschiff.
> [...]
> Erst wenn es dunkelt lassen wir dich los:
> Und deine kommenden Konturen dämmern.
>
> Gott, du bist groß.

Das Künstlertum wird so zur Gottesvollendung durch den Menschen. Dem Dichter kommt dabei die Aufgabe des **Sinnsetzers, des Priesters in einer säkularisierten Welt**[166] zu. Diese Haltung ist der Position Stefan Georges nicht unähnlich, doch wendet sich RILKE in späteren Schaffensphasen deutlich zu den Dingen der äußeren Wirklichkeit hin, die dann allerdings eine ästhetische Transformation erfuhren (vgl. »Archaischer Torso Apollos«).

Rainer Maria Rilke: »Ausgesetzt auf den Bergen des Herzens«

> AUSGESETZT auf den Bergen des Herzens. Siehe, wie klein dort,
> siehe: die letzte Ortschaft der Worte, und höher,
> aber wie klein auch, noch ein letztes
> Gehöft von Gefühl. Erkennst du's?
> Ausgesetzt auf den Bergen des Herzens. Steingrund
> unter den Händen. Hier blüht wohl
> einiges auf; aus stummem Absturz
> blüht ein unwissendes Kraut singend hervor.
> Aber der Wissende? Ach, der zu wissen begann
> und schweigt nun, ausgesetzt auf den Bergen des Herzens.
> Da geht wohl, heilen Bewußtseins,
> manches umher, manches gesicherte Bergtier,
> wechselt und weilt. Und der große geborgene Vogel
> kreist um der Gipfel reine Verweigerung. – Aber
> ungeborgen, hier auf den Bergen des Herzens ...

Nach seinem eigenwilligen Roman DĪe Aufzeichnungen des Malte Laurids Brigge, der 1910 erschien, veröffentlichte Rilke außer dem Marienleben kein Buch. Allgemein werden diese Jahre danach als seine Krisenjahre gewertet. Erst mit den 1923 erschienenen Duineser Elegien schien der Bann gebrochen. Allerdings sind während dieser Interimszeit durchaus Gedichte entstanden, so auch das Gedicht »Ausgesetzt auf den Bergen des Herzens« im Jahr 1914. Oberflächlich betrachtet könnte man diesen Text der Kategorie Naturgedicht zuordnen. Natur in Gestalt einer Hochgebirgslandschaft wird in Umrissen skizziert. Von **Bergen** ist die Rede, von **Ortschaft, Gehöft, Steingrund** und **Absturz**. Ein **Kraut blüht, manches Bergtier geht umher, der große Vogel umkreist den Gipfel**; Pflanze und Tier besiedeln die Natur. Es ist aber ein Blick von Ferne und aus der Höhe, der die Perspektive bestimmt. Alles ist klein und fern, man kann es kaum sehen: **Erkennst du's**. Es ist fast am Rande der Welt, zumindest der Zivilisation. Die **letzte Ortschaft**, das **letzte Gehöft** liegen **höher**. Diese Welt ist abweisend, der **Gipfel reine Verweigerung**.

Doch die Genitivmetaphern transportieren die Aussagen gleich weg von einem stimmungshaften Naturbild auf eine andere Sinnebene: **Berge des Herzens, Ortschaft der Worte, Gehöft von Gefühl**. Damit wird deutlich auf eine innere Landschaft verwiesen. Die Anredeform suggeriert zwar die Anwesenheit zweier Personen, doch ist wohl eher darin die Form der Distanz nehmenden Selbstanrede in der Du-Form zu sehen, wie dies bei dem Gedicht »Vereinsamt« von Nietzsche zu beobachten war. Der innere Dialog dient zur Selbstinszenierung. In dieser Landschaft fühlt das Subjekt sich nicht zu Hause, dreimal wird auf das **Ausgesetzt**-Sein hingewiesen, doch von wem? Diese Welt abweisend, es bietet sich nur **Steingrund / unter den Händen**, diese Welt ist voller Gefahr, der **Absturz** droht. Doch es ist ein Gegensatz da. Pflanze und Tier sind hier zu Hause, fühlen sich sicher und **geborgen**, denn ihnen fehlt eine Bewusstseinsstufe: Das **Kraut** ist **unwissend**, daher blüht und singt es. Das Bergtier ist **heilen Bewußtseins**, daher ist es auch **gesichert**. Und souverän kreist über allem der **große geborgene Vogel**.

Warum ist der Mensch in dieser Welt **ungeborgen**? Weil er **zu wissen begann**. Als dem **Wissenden** bleibt ihm nur noch das Schweigen. Die Bewusstwerdung des Menschen war seine Vertreibung aus dem Paradies. Seither kann er sich in dieser Welt nicht mehr zu Hause fühlen, in dieser Welt des Logos, der **Worte**, und der Emotion, des **Herzens** und der **Gefühle**. Sein Bewusstsein von dieser Unbehaustheit und Geworfenheit in die Welt, die sich seinem Wissen verweigert, nimmt ihm die Sprache. Die Kreatur bleibt in ihrem Nicht-Wissen Teil der Natur. Den Menschen trennt ein fundamentaler Riss von dieser Natur. Es ist dies Rilkes Klage über die Dissoziation des modernen Menschen, vorgetragen in Chiffren aus dem Naturbereich, die die Befindlichkeit des Menschen in einem Halbdunkel aufschimmern lassen. Als Klage hat RILKE dies schon im Gedichttitel der DUINESER ELEGIEN angekündigt; Elegie ist ein Klagegesang. In der ersten Elegie (1912) heißt es: **und die findigen Tiere merken es schon, / daß wir nicht sehr verläßlich zu Hause sind / in der gedeuteten Welt**. Die achte »Duineser Elegie« (1922) beschäftigt sich ausführlich mit dem Kontrast zwischen Mensch und Tier. Das höhere Bewusstsein des Menschen wird hier als Last gesehen:

> Mit allen Augen sieht die Kreatur
> das Offene. […]
> schon das frühe Kind
> wenden wir um und zwingens, daß es rückwärts
> Gestaltung sehe, nicht das Offene, das
> im Tiergesicht so tief ist.

Die wesentliche Differenz zwischen Mensch und Tier sieht RILKE in ihrem Bewusstsein vom Tod. Das Tier ist

> […] Frei von Tod.
> Ihn sehen wir allein; das freie Tier
> hat seinen Untergang stets hinter sich
> und vor sich Gott, und wenn es geht, so gehts
> in Ewigkeit, so wie Brunnen gehen.

Die Deutung der Welt misslingt ewig. Der Mensch kann sich nicht mit dem ewigen Kreislauf, dessen Sinn nur in sich liegt, abfinden. Er wird zum Sisyphus der Metaphysik:

> Uns überfüllts. Wir ordnens. Es zerfällt.
> Wir ordnens wieder und zerfallen selbst.

Die Frage nach der letzten, Halt gebenden oder alles verursachenden Instanz bleibt unbeantwortet. Das Leben erscheint als ständiges Abschiednehmen:

> Wer hat uns also umgedreht, daß wir,
> was wir auch tun, in jener Haltung sind
> von einem, welcher fortgeht? Wie er auf
> dem letzten Hügel, der ihm ganz sein Tal
> noch einmal zeigt, sich wendet, anhält, weilt –,
> so leben wir und nehmen Abschied.

Dass man von einer Welt, in der man sich nicht zu Hause fühlt, weggeht, leuchtet ein, doch in welche Welt geht man dann? Im Gegensatz zu NIETZsche jedoch, der dieses Erschrecken über die Unbehaustheit in eine karge, schroffe Sprache kleidet, bedient sich RILKE einer Sprache, die an Musikalität kaum überboten werden kann. Künstlerische Gestaltung wird ihm somit doch zur Sinnstiftung, mit dieser dunklen, sehr die tieferen Empfindungsschichten des Lesers ansprechenden Sprache, hat sich RILKE doch noch auf ein **Gehöft von Gefühl** zurückgezogen. Das Naturgedicht hat hier einen vorläufigen Endpunkt gefunden, indem die Bilder der Natur nur noch dazu fungieren die Fremdheit des Menschen von der Natur von ferne zu spiegeln. Während in der Romantik die Natur als Chiffre für die Unendlichkeit und das Aufgehobensein in ihr dient, bedient sich RILKE der Natur als Chiffre für die Sinnleere der Existenz. Ganz spät findet RILKE noch einmal zu einer anderen naturlyrischen Sageweise zurück (vgl. »Vorfrühling«).

4.2.3 »Des sehers wort ist wenigen gemeinsam«[167] – Die Rolle der Kunst
Stefan George: »Der Herr der insel«

Werk und Persönlichkeit STEFAN GEORGES sind für den heutigen Leser nicht leicht zugänglich. Viele seiner Gedichte bestechen durch eine faszinierende, aber eigenwillige Schönheit; gleichzeitig kann ihr getragen-feierlicher, sakral-litaneienhafter Tonfall befremdlich wirken. Vollends problematisch stellen sich die Biografie und die literarische Intention GEORGES dar. Der Dichter wurde 1868 geboren und wuchs zum Teil zweisprachig auf. In Paris machte GEORGE die Bekanntschaft unter anderen von Stéphane Mallarmé, Paul Verlaine, André Gide und Auguste Rodin. In Wien lernte er Hugo von Hofmannsthal kennen. Seit 1900 lebte er weitgehend zurückgezogen in einer selbst gewählten und sorgsam kultivierten Einsamkeit und pflegte Kontakt vor allem mit seinen Anhängern und Bewunderern. 1933 starb er nach einer frühzeitigen greisenhaften Gebrechlichkeit und einer langjährigen schweren Erkrankung.

Schon von früher Jugend an fühlte GEORGE sich zu hohem Dichtertum berufen, das er als schicksalhaften, fast religiös zu nennenden Auftrag verstand. Seine zunächst noch unsicheren Bestrebungen wurden gefestigt durch die Bekanntschaft und den Umgang mit den französischen Symbolisten (Mallarmé, Verlaine). Durch Übersetzungen und Nachdichtungen fremdsprachiger Gedichte, z. B. von Charles Baudelaires berühmtem Gedichtzyklus *LES FLEURS DU MAL*, eignete er sich literarischen Geschmack und eine neue Sprache an. Ausgehend von dieser Bekanntschaft mit der modernen Lyrik glaubte er, auch in Deutschland die Kunst und das Leben grundlegend erneuern zu können. Als Organ hierfür gründete er 1892 seine Zeitschrift *Blaetter für die Kunst*. Im Vorwort zur ersten Ausgabe schreibt er. **In der kunst glauben wir an eine glänzende wiedergeburt.**[168]

Wie bereits Friedrich Schiller im Jahrhundert vorher glaubte GEORGE daran, durch Kunst den Geschmack der Menschen erziehen und damit zu einem neuen Menschentum beitragen zu können. In diesem Prozess beanspruchte er für sich eine Führerrolle. Im Gegensatz zum naturalistischen Ansatz sollte die Kunst sich dabei allerdings jedes konkreten Bezugs zur gesellschaftlichen Wirklichkeit enthalten, **eine kunst frei von jedem dienst: über dem leben nachdem sie das leben durchdrungen hat.**[169] Die Kunst soll einzig um ihrer selbst willen da sein, l'art pour l'art war das von den französischen Vorbildern übernommene Schlagwort hierfür.

> Den wert der dichtung entscheidet nicht der sinn [...] sondern die form d. h. durchaus nichts äußerliches sondern jenes tief erregende in maaß und klang wodurch zu allen zeiten die ursprünglichen die meister sich von den nachfahrenden künstlern zweiter ordnung unterschieden haben.[170]

Das Wesen der Dichtung und insbesondere des Gedichtes bestimmt GEORGE genauer:

> Wir wollen keine erfindung von geschichten sondern wiedergabe von stimmungen keine betrachtung sondern darstellung keine unterhaltung sondern eindruck. (...) Gedicht ist nicht wiedergabe eines gedankens sondern einer stimmung. zum ersteren genügt das gewöhnliche wort zum zweiten bedürfen wir noch auswahl klang maass und reim.[171]

Die Lyrik bildete in GEORGES Rangordnung somit den Gipfel und die eigentliche Bestimmung literarischer Betätigung. GEORGES unbestreitbare Leistung für die Geschichte der deutschsprachigen Lyrik ist es, Einflüsse einer modernen europäischen Lyrik in Deutschland geltend gemacht zu haben. Der Dichter erfährt, sieht und empfindet künstlerisch typisierend; das Private wird belanglos, das Material Sprache gewinnt starken Eigenwert. Schwieriger nachzuvollziehen ist GEORGES prophetischer Ernst und die Bedeutung, die in seiner Vorstellung der kunstvoll überformten Sprache zukommt: **Kein ding sei wo das wort gebricht**, schreibt er in einem späten Gedicht.[172] Diese Überzeugung von der eigenständigen Realität der literarischen Sprache ist zunächst nur schwer einzusehen, ist allerdings zum festen Inventar moderner Dichtung geworden. Nicht überall gewinnt der Glaube an die Schöpferkraft der Literatur eine solche pseudoreligiöse Bedeutung und wird mit dem entsprechenden äußeren Gehabe unterstrichen wie bei GEORGE. Eine Lyrik, wie GEORGE sie bestimmt, muss sich in verstärktem Maße der musikalischen Qualitäten der Sprache bedienen. So ist ihre dichterische Sprache von hoher Musikalität. Reime, Alliterationen, abgemessene Vokallaute erzeugen eine reiche und harmonische Lautung; der Rhythmus ist von feierlicher Abgemessenheit. Die Selbstständigkeit der einzelnen Worte tritt zurück.

> Des sehers wort ist wenigen gemeinsam:
> Schon als die ersten kühnen wünsche kamen
> In einem seltnen reiche ernst und einsam
> Erfand er für die dinge eigne namen –[173]

Aus diesen Zeilen wird deutlich, dass GEORGE keine Kunst für ein breites Publikum verfasste. Vielmehr beschränkte er sich auf einen erlesenen Kreis Auserwählter und Berufener (**wenigen**), deren Zugehörigkeit zu dem Kreis als Auszeichnung galt, und beanspruchte für sich die Rolle des prophetischen Verkünders (**seher**). Seine Gedichtsammlungen und die *Blaetter für die Kunst* erschienen in nur sehr geringer Auflage (anfangs nur 100 Exemplare), wurden nur in ausgewählten Buchhandlungen ausgelegt und bestachen durch die Exklusivität ihrer äußeren Aufmachung.

Dem Ideal des Gesamtkunstwerks näherte sich GEORGE durch die druckgrafische Gestaltung der Ausgaben, sie wurden in der eigens für ihn entworfenen ›GEORGE-Schrift‹ auf edles Papier gedruckt. Eigenwilligkeit drücken auch die Orthografie und die Zeichensetzungen in den Gedichttexten aus: Alle Substantive sind mit wenigen Ausnahmen kleingeschrieben; Kommata fehlen völlig und sind andeutungsweise durch hoch gesetzte Punkte ersetzt, die aber statt einer syntaktischen Funktion zur rhythmischen Gliederung beitragen. Diese Eigenarten entlehnt GEORGE der Antike.

1897 erschien sein wohl bekanntester Zyklus, *DAS JAHR DER SEELE*, der seine berühmtesten Gedichte enthält. Um die Jahrhundertwende ist der Wille zur Gestaltung lyrischer Zyklen verstärkt zu beobachten, er wird zum Stilprinzip. An den Titeln lässt sich der symbolistische Ansatz erkennen, sie sind von einer klangvollen Dunkelheit, welche sich auf die Einzeltexte überträgt. GEORGEs lyrischen Zyklen ist in der Strenge ihrer Komposition z. T. die Bemühtheit ihrer Konstruktion anzumerken. Einzelne Gedichte wirken wie Füllsel, die lediglich dazu da sind, die zahlengeometrisch motivierte Anzahl an Gedichttexten zu vervollständigen. In solchen Gedichten begegnet man dann auch Reimen, die erzwungen statt selbstverständlich wirken.

Der herr der insel

Die fischer überliefern dass im süden
Auf einer insel reich an zimmt und öl
Und edlen steinen die im sande glitzern
Ein vogel war der wenn am boden fussend
5 Mit seinem schnabel hoher stämme krone
Zerpflücken konnte wenn er seine flügel
Gefärbt wie mit dem saft der Tyrer-schnecke
Zu schwerem niedrem flug erhoben: habe
Er einer dunklen wolke gleichgesehn.
10 Des tages sei er im gehölz verschwunden ·
Des abends aber an den strand gekommen ·
Im kühlen windeshauch von salz und tang
Die süsse stimme hebend dass delfine
Die freunde des gesanges näher schwammen
15 Im meer voll goldner federn goldner funken.
So habe er seit urbeginn gelebt ·
Gescheiterte nur hätten ihn erblickt.
Denn als zum erstenmal die weissen segel
Der menschen sich mit günstigem geleit
20 Dem eiland zugedreht sei er zum hügel
Die ganze teure stätte zu beschaun gestiegen ·
Verbreitet habe er die grossen schwingen
Verscheidend in gedämpften schmerzeslauten.

»Der herr der insel« steht in dem Zyklus DIE BÜCHER DER HIRTEN- UND PREISGEDICHTE DER SAGEN UND SÄNGE UND DER HÄNGENDEN GÄRTEN (1895). Das Gedicht »Der herr der insel« ruft bereits beim ersten (lauten) Lesen den Eindruck großer Ruhe, Harmonie und Abgeschlossenheit hervor. Der Text ist nicht in Strophen gegliedert und weist auch keinen Reim auf. Das Metrum ist vollkommen regelmäßig gestaltet, jeder Vers setzt sich aus fünf Jamben (einzige Ausnahme: Z. 21 mit 6 Hebungen) zusammen. An keiner Stelle treten metrischer Akzent und Sinnakzent evident auseinander, in dieser Hinsicht ist das Gedicht vollkommen regelmäßig. Die Zeilen 2 und 3, 5 und 6, 8 und 9 sind durch Enjambements eng verknüpft. Das Gedicht erzählt in der Art einer Legende oder Sage von einem sagenhaften Vogel, der auf einer abgeschiedenen Insel gelebt habe, aber wegen eindringender Menschen gestorben sei. Diese äußere Struktur des Textes ist einfach und lässt zunächst an ein schlichtes Erzählgedicht denken. Neben der bereits erwähnten Ruhe strahlt das Gedicht Melancholie und Trauer aus, die aber von einer erhabenen Abgeklärtheit sind.

Bereits die Einleitung zu dem Gedicht enthebt den Text der Wirklichkeit und transferiert ihn in den Bereich des Sagenhaften; mit **Die fischer überliefern** wird eine Art Erzählrahmen aufgebaut, der die Vorstellung des Lesers in zeitliche Schichten des Urtümlichen entführt. Das in der Folge weiter Dargestellte scheint aus der von fernher kommenden mündlichen Tradition zu stammen. Dieser Rahmen bleibt im gesamten Text präsent, indem der Konjunktiv die indirekte Rede markiert und die Handlung in die Ferne des Sagenhaften rückt. Ohne den Vogel zu nennen, wird nun zunächst ein Bild von einer fernen paradiesischen Welt **im süden** als dessen Lebensraum entworfen. Die Insel ist das Bild einer abgeschiedenen und in sich abgeschlossenen Welt, die in diesem Falle von außerordentlicher und funktionsloser Schönheit und ungewöhnlichem Reichtum sein muss. Kostbare Gewürze **zimmt und öl** und **edle Steine** sind die Zeichen hierfür, wovon letztere als Anzeichen für die Märchenhaftigkeit und Friedfertigkeit der Insel **im sande** frei herumzuliegen scheinen. [Z]**immt und öl** sind nicht zufällig als Stellvertreter des paradiesischen Reichtums gewählt, sie evozieren außer der fernen Zeit auch das Edle. Öl lässt an das Salben von Königen denken.

Dem bisher aufgebauten märchenhaften Rahmen entspricht die Beschreibung des Vogels. Die unerhörte Größe, die ihm mit seinem Schnabel Baumkronen zerpflücken lässt und beim Flug den Eindruck einer Wolke erweckt, enthebt ihn sogleich jeder Realität und weist ihn als Fabelwesen aus. Die Konnotation des Königlichen, die bereits im ersten Abschnitt aufgetaucht ist, bleibt auch bei der Beschreibung des Äußeren erhalten, **krone** und die Farbe Purpur (**Gefärbt wie mit dem saft der Tyrer-schnecke**) sind Attribute eines Herrschers und verleihen dem Text eine Aura des Erlesenen. Die Macht des Vogels spiegelt sich bei dem Bild hoher **stämme krone / Zerpflücken konnte**, dessen bildlicher Gehalt vermittelt die Gelassenheit und Lässigkeit, mit der der Vogel solches tun kann. Seine Bewegungen sind dem ganzen Wesen gemäß keine raschen, flatterhaften. Seiner gravitätischen Gestalt und mächtigen Erscheinung ist nur der **schwere() niedre() flug** angemessen.

So verwundert es nicht mehr, wenn er nicht zu der gewöhnlichen Zeit des helllichten Tages in Erscheinung tritt, sondern erst in der besonderen, einer Grenzstunde **des abends**[174]. Mit seinem Auftreten verleiht er dieser Stunde den Charakter eines weihevollen Augenblicks, der durch seine Stille und Milde (**Im kühlen windeshauch**) hervorsticht. Im Erlebnis dieses Momentes vereinen sich alle sinnlichen Wahrnehmungen: Empfindungen (**kühl**), Geschmack und Geruch (**von salz und tang**) und Gehör (**süsse stimme**). Auch die Schönheit von des Vogels Gesang wird als synästhetisch erfahren: **süsse stimme**. Dass die **delfine** zum Zuhören näher schwimmen, erinnert an den Arion-Mythos[175]. Die Delphine passen stimmig in das Bild des südländischen Paradieses, sie sind friedlich, intelligent und als Säugetiere in ihrem Lebensraum Wasser eigentlich fremd. Die Herrscherfarbe Gold (zweimal in Z. 15!) vollendet die Vorstellung vollkommener Harmonie und Schönheit, sie lässt an die Naturschönheit des Sonnenuntergangs (**goldner funken**) denken, überträgt aber gleichzeitig die Schönheit des Gesanges auf die optische Wahrnehmung des Augenblicks. Dieser weihevolle Moment ist jedoch kein Einzelfall, der Vogel hat in seiner Enthobenheit von Alter und Zeit solche Momente immer wieder beschwören können: **So habe er seit urbeginn gelebt.** Nur besonderen Menschen war es vergönnt, ihn zu sehen. **Gescheiterte** sind solche, die keine Hoffnung auf Rückkehr unter andere Menschen mehr haben, die bei der Seefahrt und im Leben gescheitert sind. **Gescheiterte** gehören aber auch zum toposhaften Inventar des Südlichen Inselparadieses.

Die Begegnung mit gewöhnlichen Menschen ist nicht die Bestimmung des Vogels. Zwar werden keine Gründe für den Tod des Vogels beim Eindringen der Menschen erwähnt, doch wird in dem gesamten Text deutlich, dass die paradiesische Unberührtheit seines Lebensraumes unabdingbare Lebensvoraussetzung für den Vogel ist. Der Farbkontrast zwischen den **weissen segel[n]** und den Farben des Vogels und der Insel (Purpur, Gold) markiert den Gegensatz. Auch sein Volk verbreitet die Atmosphäre der stoischen Erhabenheit und gleicht einer kultischen Handlung. Vom Hügel aus nimmt er Abschied von seinem Reich. Das Wort **stätte** erhebt die Insel nochmals in den Rang eines weihevollen Ortes. Die überzählige Hebung in der drittletzten Zeile erzeugt eine rhythmische Stauung, die den Leser ähnlich wie den Vogel auf dem Hügel kurz innehalten lässt. Die Geste des Flügelausbreitens deutet sowohl auf das beherrschende Umschließen-Wollen als auch auf das resignativ-hilflose Sich-Ergeben hin. Auch ist das Ausbreiten der Arme die Geste des segnenden Priesters. Der Tod des Vogels findet das rechte Maß. Keine extreme Gefühlsaufwallung, sondern der gelassen beherrschte Gefühlsausdruck (**gedämpften schmerzeslauten**) begleitet das Sterben (**Verscheidend**) des Vogels.

Das Bild des Vogels, seiner Gewohnheiten und seiner Welt ist von erlesener und edler Schönheit. Dazu passen die ausgewählten Attribute wie Zimt, Öl und Edelsteine, die Farben des Gedichtes Purpur und Gold und die evozierten Stimmungen und Vorstellungen wie das Bild des abendlichen Strandes auf einer südlichen Insel. Aber auch die sprachliche Struktur des Gedichtes trägt zu der besonderen Stimmung bei, die sprachlichen Mittel entsprechen der inhaltlichen Ebene vollkommen. Neben der vollkommenen Regelmäßigkeit des Metrums ist auch der Rhythmus und der Fluss der Sprache sehr ruhig und gemessen. Die Laute des Gedichtes sind weich. Als Konsonanten fallen viele stimmhafte, weiche Laute auf (w, b, s, m).

Das gesamte Gedicht ist von einer gehobenen Sprechhaltung geprägt. Die Wahl ungewöhnlicher Worte und grammatischer Formen hebt sie über die Alltagssprache hinaus: **fussend, windeshauch, freunde des gesanges, eiland, teure stätte, schwingen, verscheidend.** Der erste Satz umfasst durch starke Schachtelung die ersten neun Zeilen. Die nachgestellte Apposition

(Z. 2) und die Partizipialkonstruktionen **am boden fussend** und **Gefärbt wie mit ...** sind Bestandteile dieser Schachtelung, die in der Alltagssprache recht selten Verwendung finden. In Z. 8 fehlt dem Prädikat das Hilfsverb. Dadurch gewinnt die Sprache des Gedichtes ihren sakral-erhabenen Charakter. Gestützt wird dieser Charakter noch durch den weichen, regelmäßigen und mäßig schnellen Sprachrhythmus. Auch die indirekte Rede trägt dazu bei, dass der Text nicht unmittelbar und direkt wirkt, sondern eine gebrochene Mittelstellung einnimmt. Mit seiner Geschlossenheit scheint der Text die Abgeschlossenheit des Inselreiches zu symbolisieren.

Die Beschreibung des Vogels lässt an den antiken Vogel Pegasus denken.[176] Die Umschreibung der Farbe des Vogels (**Gefärbt wie mit dem saft der Tyrer–schnecke**) schafft die gedankliche Verbindung zu dem Volk der Phöniker. Tyrer und Phöniker sind identisch, und Phöniker bedeutet von der Etymologie des Wortes her Purpurleute. Die aus dem alten Ägypten stammende Legende des Vogels Phönix beschreibt dessen Federkleid als purpur- und goldfarben (**meer voll goldner federn goldner funken**). Eine späte Version der Phönix-Legende erzählt, dass der Vogel immer dann, wenn er sein Ende nahe fühle, sich selbst verbrenne und aus der Asche ein neuer Pegasus entstehe. Das Motiv der Selbstverbrennung wurde von frühchristlichen Dichtern auf Christus übertragen und mit dessen Tod und Auferstehung in Verbindung gebracht. GEORGE wollte mit diesem Text aber nicht die Legende eines urzeitlich-märchenhaften Vogels erzählen. Das Gedicht erinnert auch an den Text »Der Albatros« von Charles Baudelaire aus dessen Zyklus LES FLEURS DU MAL, den STEFAN GEORGE wie folgt übersetzt hat:

Der Albatros

Oft kommt es dass das schiffsvolk zum vergnügen
Die albatros · die grossen vögel · fängt
Die sorglos folgen wenn auf seinen zügen
Das schiff sich durch die schlimmen klippen zwängt.

5 Kaum sind sie unten auf des deckes gängen
Als sie · die herrn im azur · ungeschickt
Die grossen weissen flügel traurig hängen
Und an der seite schleifen wie geknickt.

Der sonst so flink ist nun der matte steife.
10 Der lüfte könig duldet spott und schmach:
Der eine neckt ihn mit der tabakspfeife ·
Ein andrer ahmt den flug des armen nach.

Der dichter ist wie jener fürst der wolke ·
Er haust im sturm · er lacht dem bogenstrang.
15 Doch hindern drunten zwischen frechem volke
Die riesenhaften flügel an ihm gang.

Die letzte Strophe spricht die tiefere Bedeutung des Vergleichs mit dem Vogel deutlich aus: Der Dichter ist wie der Vogel im Reich des Alltäglichen nicht beheimatet, dort ist er fremd, ungeschickt, lächerlich und dem Spott des Pöbels ausgesetzt. In seinem Reich droben in den Lüften, der Poesie, ist er der wegen seiner Kunst Bewunderte und Beneidete. Doch gerade die Attribute und Eigenschaften, die ihm die Bewunderung einbringen, sind ihm im täglichen Leben hinderlich. Thema des Gedichtes ist also die Divergenz zwischen Dichtung und Realität, das schicksalhafte Ausgestoßen-Sein des Dichters aus der Gesellschaft, seine Einsamkeit. Baudelaire nennt ihn den **poète maudit**.

Die Parallelen zwischen GEORGES und Baudelaires Gedichten sind offensichtlich. Auch GEORGES Vogel symbolisiert das Verhältnis eines Teils der modernen Dichter zur Wirklichkeit. Doch **George** sieht dieses Verhältnis noch radikaler als Baudelaire. Bei ihm kann der Vogel nach dem Eindringen der Menschen überhaupt nicht mehr bestehen, das Reich der edlen Schönheit, das nur Gleichgesinnten zugänglich ist, bildet die Lebensvoraussetzung für seine Existenz. Bei der Zerstörung der Unberührtheit ist ein Weiterbestehen ganz ausgeschlossen. Dieses Konzept vom Dichter als gesellschaftlichem Außenseiter ist in einem Zweig der modernen Dichtung zum Grundmodell geworden. Die letzte Bedeutungsschicht des Phönix-Mythos', die Assoziation mit Christus im Frühchristlichen, deckt sich mit GEORGES Anspruch, als Dichter die Aufgabe eines Propheten zu erfüllen. Der Vogel in seinem einsamen Inselreich symbolisiert damit nicht nur die gesellschaftliche Außenseiterstellung des Dichters, sondern auch dessen Anspruch ein sich immer wieder in seiner schöpferischen Kraft erneuernder Künder eines neuen Reiches zu sein. Neben der einsamen und exotischen Insel verwendet GEORGE auch den Park als Sinnbild für das Reich der Kunst[177]. Überhaupt ist der Park ein wichtiges und häufig aufgegriffenes Motiv der Lyrik um die Jahrhundertwende.

Stefan George: »Komm in den totgesagten park«

KOMM in den totgesagten park und schau:
Der schimmer ferner lächelnder gestade ·
Der reinen wolken unverhofftes blau
Erhellt die weiher und die bunten pfade.

5 Dort nimmt das tiefe gelb · das weiche grau
Von birken und von buchs · der wind ist lau ·
Die späten rosen welkten noch nicht ganz ·
Erlese küsse sie und flicht den kranz ·

Vergiss auch diese lezten astern nicht ·
10 Den purpur um die ranken wilder reben ·
Und auch was übrig blieb von grünem leben
Verwinde leicht im herbstlichen gesicht.

Mit lockenden Aufforderungen wird ein als ›du‹ angesprochenes Gegenüber zu einem betrachtenden Rundgang im **totgesagten park** eingeladen. Nach der Einladung zur Betrachtung in der ersten Strophe steigert sich der Einbezug des Du in der zweiten Strophe, es wird zum Pflücken der Teile einer herbstlichen Natur und zum Flechten eines Kranzes aufgefordert. Die Bestandteile der künstlich geschaffenen, der geformten Natur des Parks soll der Kranz zum Kunstwerk gleichsam kondensieren. Der Park kann also als Symbol der Kunst verstanden werden. Dabei wird die tradierte Kunst am Ende des 19. Jahrhunderts **totgesagt**, GEORGE möchte sie durch eine neuere, moderne Kunst ersetzen. Diese Lesart des Gedichtes lässt sich erhärten, wenn man die Stellung des Textes im Zyklus *DAS JAHR DER SEELE* berücksichtigt: Als Eingangsgedicht des gesamten Zyklus' kommt ihm gewissermaßen die Funktion des Mottos zu. Der Leser wird in die exklusive Welt des Parks, der Kunst eingeladen.

Eine mögliche philosophische Lesart sei ergänzend erwähnt: Sieht man im Park nicht das Sinnbild für die Kunst, sondern das Leben schlechthin, bleibt die Frage, wieso der Park **totgesagt** ist. Wer hat ihn totgesagt? Ist hier GEORGES Widerspruch gegen den fundamentalen Nihilismus Nietzsches herauszulesen? Dann wäre in der Welt zwar der Untergang, aber doch noch ein Rest von Leben. Und es ist die Kunst, die dieser Welt diese Restbestände von Sinn entlocken kann durch ihr pseudosakrales Tun, wie es die Riten des Gedichtes spiegeln. Doch danach bliebe dann doch nur die universale Agonie.

Rainer Maria Rilke: »Archaischer Torso Apollos«
1900 lernte RAINER MARIA RILKE in der Künstlerkolonie Worpswede eine Gruppe von Künstlern kennen, die einen nicht akademischen Kunststil verwirklichten. Entscheidender wurde für ihn aber die Begegnung mit dem Bildhauer Auguste Rodin in Paris, dessen Sekretär er für einige Zeit wurde. Seine Kunstanschauung und sein Gedichtstil veränderten sich entscheidend gegenüber dem frühen *STUNDEN-BUCH*. Die folgenden Gedichte haben statt der pseudoreligiösen Inbrunst des *STUNDEN-BUCHS* das Verhältnis des Subjekts zu den Dingen der äußeren Wirklichkeit zum Thema. **Die künstlerische Subjektivität (in romantischer Tradition) verschwindet; an die Stelle der Gefühle tritt das Objekt, dessen Existenz im Kunstwerk gerühmt wird.**[178] RILKE schafft mit den *NEUEN GEDICHTEN* einen neuen Gedichttypus, das so genannte Dinggedicht.[179]

> Ich lerne sehen. Ich weiß nicht, woran es liegt, es geht alles tiefer in mich ein und bleibt nicht an der Stelle stehen, wo es sonst immer zu Ende war. Ich habe ein Inneres, von dem ich nicht wußte. Alles geht jetzt dorthin, ich weiß nicht, was dort geschieht.[180]

heißt es in RILKES Roman DIE AUFZEICHNUNGEN DES MALTE LAURIDS
BRIGGE (1910). Sehen tritt hier als eines der am häufigsten verwendeten
Wörter auf. RILKE beschäftigte sich in dieser Lebensphase, die den Entste-
hungshintergrund zu diesem Roman und zu dem Gedichtzyklus NEUE GE-
DICHTE bildet, zu denen »Archaischer Torso Apollos« (1908) gehört, intensiv mit bildender Kunst. In der Moderne ist das Verhältnis der Dichtung zur
bildenden Kunst sehr wichtig und RILKE war einer der ersten Dichter, der
sich intensiv mit ihr auseinander setzte. Rodin, Cézanne und van Gogh wurden wichtige Anreger für seine neue Poesie. Bei seinem Paris-Aufenthalt

> beeindruckten ihn in erster Linie gar nicht einmal die Werke der französi-
> schen Moderne, sondern die Verabsolutierung der Kunst, die Unterord-
> nung des Lebens unter sie, die Selbstauslöschung des künstlerischen Sub-
> jekts, und das nicht allein als Lebensstil, sondern auch und vor allem als
> ästhetische Grundhaltung. Die künstlerische Subjektivität (in romantischer
> Tradition) verschwindet; an die Stelle der Gefühle tritt das Objekt, dessen
> Existenz im Kunstwerk gerühmt wird.[181]

Von Rodin hat RILKE die Überzeugung übernommen, dass künstlerisches
Schaffen und damit auch Dichten harte Arbeit ist. Diese Arbeit wird aber
als Prinzip des Schöpferischen erkannt und mit der Schöpferkraft der Natur gleichgestellt. Das Kunst-Ding wird damit dem Natur-Ding als gleich-
wertig an die Seite gestellt, ja sogar als dessen Erweiterung und Steigerung
bewertet, da das Ding im Gedicht erst zu dem werde, was es eigentlich sei,
denn in der Präzision der Beobachtung und der Beschreibung löst sich die
Grenze zwischen beobachtendem Subjekt und beobachtetem Objekt auf.
Die Intention RILKES ist es nicht, das Objekt aus der Natur möglichst ge-
treu abzubilden, sondern **geschlossene, notwendige Kunstgebilde herzustellen, die wie die Naturdinge ihr eigenes Leben haben.**[182] Wie das abstrakte Kunstwerk in der modernen Kunst gewinnt das poetische Bild
konstituierende Autonomie. In diesem Bezug auf sich selbst und sein eigenes Wesen weist das poetische Bild über sich hinaus in Bereiche des nicht
mehr Sagbaren und des Schweigens.

Archaischer Torso Apollos

Wir kannten nicht sein unerhörtes Haupt,
darin die Augenäpfel reiften. Aber
sein Torso glüht noch wie ein Kandelaber,
in dem sein Schauen, nur zurückgeschraubt,

5 sich hält und glänzt. Sonst könnte nicht der Bug
der Brust dich blenden, und im leisen Drehen
der Lenden könnte nicht ein Lächeln gehen
zu jener Mitte, die die Zeugung trug.

Sonst stünde dieser Stein entstellt und kurz
10 unter der Schultern durchsichtigem Sturz
und flimmerte nicht so wie Raubtierfelle;

und bräche nicht aus allen seinen Rändern
aus wie ein Stern: denn da ist keine Stelle,
die dich nicht sieht. Du mußt dein Leben ändern.

Die rhetorische Strategie dieses 1908 entstandenen Gedichtes ist bemerkenswert. Am Anfang steht die Feststellung des Fehlenden, **Wir kannten nicht sein unerhörtes Haupt,** der adversativ das trotzdem Bestehende entgegengestellt wird: **Aber / sein Torso glüht noch** [...]. Zwei mit **Sonst** eingeleitete Sätze geben die Begründung für die Annahme des zweiten Schrittes. In der Behauptung des mit **Aber** eingeleiteten Satzes und den Begründungen der **Sonst**-Sätze fordert der Sprecher des Gedichtes das Einverständnis des Angesprochenen nicht nur heraus, sondern setzt es geradezu voraus. Die negierten Konjunktive sind Bestandteile einer insistierenden Rhetorik. Das Vorbild für die in diesem Gedicht beschriebene Figur bildet eine im Pariser Louvre ausgestellte Plastik, genannt ›Jünglingstorso aus Milet‹, von welcher das Gedicht den **Bug / der Brust,** die **Lenden** und die **Schultern** als reale Elemente aufgreift. Doch auf der Basis dieser spärlichen Realitätsmomente schafft das Gedicht ein Paradoxon: Aus diesem Gesehenen und Beschriebenen wird das nicht mehr Vorhandene rekonstruiert. Trotz des Fehlens der **Augenäpfel** lebt der Blick Apollos in dem Torso sogar mit großer Intensität (**glüht noch**) weiter: [...] **Aber / sein Torso glüht noch wie ein Kandelaber, / in dem sein Schauen, nur zurückgeschraubt, / sich hält und glänzt.** [...] Neben dem Blick ist **die Zeugung** ein nicht mehr Vorhandenes, das zurückgerufen wird. Als Beweis dafür, dass das Fehlende doch vorhanden sein muss, zieht der Sprecher die Wirkung des Torsos auf den Betrachter heran, indem er ihn direkt in die Beschreibung einbezieht: **Sonst könnte nicht der Bug / der Brust dich blenden.** Damit suggeriert er dem so Angesprochenen gleichzeitig eine Wirkung und lässt dessen Widerspruch erst gar nicht zu. Der Abglanz der **Zeugung,** womöglich als Sinnbild der schöpferischen Potenz gedacht, strahlt nicht die gleiche Intensität aus wie der vermittelte Blick, das **Drehen / der Lenden** ist nur ›leise‹, und das Sichtbare ist nur **ein Lächeln.** Die als Ort genannte **Mitte** ist nur dann tatsächlich eine Mitte, wenn die dem Torso fehlenden Teile in der Vorstellung ergänzt werden.

Wie der Betrachter im zweiten Teil der ersten »Sonst«-Begründung außer Acht bleibt, lässt auch der erste Ansatz der zweiten »Sonst«-Begründung diesen außen vor und negiert auch zunächst den Konjunktiv nicht: **Sonst stünde dieser Stein entstellt und kurz / unter der Schultern durchsichtigem Sturz.** Was hier durch den Konjunktiv in den Bereich des Irrealis geschoben wird, ist in Wirklichkeit das, was sich dem nicht wertenden oder interpretierenden Schauen bietet: die in Teilen zertrümmerte Plastik. Doch der letzte Vers des ersten Terzetts greift sofort wieder die die Realität übersteigende Wirkung der Plastik auf: **und flimmerte nicht so wie Raubtierfelle**. Das folgende Bild steigert diese Wirkung um sie auch abschließend auf den Betrachter zu beziehen: **und bräche nicht aus allen seinen Rändern / aus wie ein Stern: denn da ist keine Stelle, / die dich nicht sieht**. Wurde vorher die Wirkung auf den Betrachter nicht durch eine aktive Handlung verursacht (**blenden**), so scheint sich der Torso nun gezielt auf ihn zu richten (**dich sieht**). Diese Wendung summiert die vorhergehende Beziehung zwischen Torso und seinem Gegenüber.

Die äußere Oberfläche des Torsos wird so gut wie nicht beschrieben, sondern in erster Linie findet das hinter der Oberfläche Stehende, nicht Sichtbare das Interesse des Sprechers. **Dadurch ist die Oberfläche nicht mehr Grenze und Außenseite, sondern ein Produkt innerer Kräfte und Mächte.**[183] Unter dieser Oberfläche sind Energien wirksam, die diese transzendieren. Nicht nur das Flimmern **wie Raubtierfelle** verrät die unter der Oberfläche lebendige und pulsierende Kraft und Wildheit, der Stein der Figur weist weit über sich hinaus (**bricht aus**), wenn er im Betrachter den Vergleich mit dem Stern provoziert. So ist auch die abschließende Aufforderung an den Betrachter **Du mußt dein Leben ändern** zu verstehen, dass er ein ebensolches Maß an intensiv gebündelter innerer Energie in sich freisetzen soll, um vor einem solchen Kunstwerk bestehen zu können. Nicht mehr der Betrachter beobachtet und beurteilt das Kunstwerk, er hat sich vor dem Kunstwerk zu verantworten. In der Beobachtung durch das Kunstwerk (**denn da ist keine Stelle, / die dich nicht sieht**) schwingt eine verborgene Anklage des Steins mit.

Die Beschreibung des Objektes in diesem Gedicht ist keine ruhende, sondern durch die Beteiligung des Betrachters und den Bezug auf die im Hintergrund stehende vollständige Apollo-Figur eine äußerst bewegte. Im Sinne Rodins löst RILKE hier das Objekt an der Oberfläche auf um in dessen tieferen Schichten zum Eigentlichen vorzustoßen. Das Objekt ist nicht das Sinnbild für entfernte Bedeutungsbereiche, sondern das Sinnbild für Bedeutungsschichten, die in ihm verborgen liegen, aber wesentlich zu ihm gehören. **Wenn [...] das Wichtige sich gerade nicht mehr an das Materielle bindet, dann werden die Dinge zu Zeichen, deren Bedeutetes noch da ist, auch wenn das materielle Substrat verschwunden ist. An dieser Entstofflichung arbeitete Rilke sein Leben lang.**[184] Die Verlebendigung der ganzen Apollo-Gestalt aus dem Torso erreicht RILKE, indem seine Bilder Beziehungen zu fern liegenden Bedeutungen (Zeugung, Raubtierfelle, Stern) herstellen. **Dies nannte er selbst ›Übersteigung‹, auch wohl ›reine Übersteigung‹.**[185] Das aus dem Torso gewonnene Apollo-Bild wird idealisiert: Das Haupt wird als **unerhört** vermutet, die Brust mit einem Schiff verglichen (**Bug**), auch die Vergleiche mit den Raubtierfellen und den Sternen leisten solches.

Die Bilder, Metaphern und Vergleiche des Gedichtes sind kühn und daraus bezieht das Gedicht einen Großteil seines Reizes. Reifende Augenäpfel, zurückgeschraubtes Schauen, Bug der Brust, Flimmern wie Raubtierfelle, Aus-den-Rändern-Brechen des Steins, das Sehen des Steins sind sprachliche Figuren, die in ihrer Gewagtheit zu RILKES Zeit außergewöhnlich waren, wie sie in der modernen Poesie aber danach zum festen Bestandteil geworden sind. Die denotative Bedeutung vieler dieser Wendungen lässt sich rational nicht festlegen: Was soll der Leser sich konkret unter dem **Lächeln** vorstellen, das zur Mitte geht? Mit solchen Chiffren, deren Bedeutung sich nur noch intuitiv erfassen lässt, überschreitet RILKE die Grenzen des noch Sagbaren.

Der inhaltlich evozierten Übersteigung entspricht die formale. Das Gedicht stellt äußerlich ein Sonett mit zwei Quartetten und zwei Terzetten dar. Auch die Reimanordnung (abba cddc eef gfg) liegt im Bereich des im Sonett Möglichen. Doch innerlich wird die Form nicht eingehalten, kaum eine Verseinheit fällt mit einer semantischen zusammen. Enjambements und ein versteckter Reim (**blenden – Lenden**) brechen die äußere Struktur des Textes auf; damit wahrt RILKE eine innere Flexibilität und Lebendigkeit gegenüber einem starren Formalismus, wie er z. B. Sonetten der Barockzeit anhaftet. Das Gedicht »Archaischer Torso Apollos« eröffnet den zweiten Teil der NEUEN GEDICHTE, deren erster Teil (1907) ebenfalls mit einem Apollo-Gedicht beginnt:

Früher Apollo

Wie manches Mal durch das noch unbelaubte
Gezweig ein Morgen durchsieht, der schon ganz
im Frühling ist: so ist in seinem Haupte
nichts was verhindern könnte, daß der Glanz

5   aller Gedichte uns fast tödlich träfe;
denn noch kein Schatten ist in seinem Schaun,
zu kühl für Lorbeer sind noch seine Schläfe
und später erst wird aus den Augenbraun

hochstämmig sich der Rosengarten heben,
10 aus welchem Blätter, einzeln, ausgelöst
hintreiben werden auf des Mundes Beben,

der jetzt noch still ist, niegebraucht und blinkend
und nur mit seinem Lächeln etwas trinkend
als würde ihm sein Singen eingeflößt.

Parallelen zwischen den beiden Gedichten lassen sich unschwer erkennen. In beiden finden sich über das gemeinsame zentrale Motiv hinaus Bilder des Strahlens und Glänzens, in beiden bildet das Schauen eine zentrale Kategorie. Doch entscheidender sind die Unterschiede und dafür sind die Temporaladverbialen aufschlussreich. Noch findet sich in beiden Texten, doch während es im »Frühen Apollo« ein ›noch nicht‹ bezeichnet, ist im »Archaischen Torso Apollo« ein ›immer noch‹ gemeint. Der frühe Apollo erfährt keine Übersteigerung, sondern in ihm sind erst die frühen Anlagen und Ahnungen künftiger Vollkommenheit zu erkennen, Anlagen, die im späten Apollo aus ihrer ganzen Entwicklung heraus ihre volle Kraft und Energie entfalten. Doch schon der frühe Apollo verheißt ein Gott der Kunst (**Gedichte, singen**) zu sein, als welcher der späte Apollo vollends erkannt wird.

Doch muss die Bedeutung der Apollo-Gestalt im »Archaischen Torso Apollos« genauer erfragt werden, denn als Vorlage für RILKES Gestaltung diente ja eine Figur, die in ihrer ursprünglichen Darstellungsabsicht keineswegs Apollon darstellen sollte.

Die Transformation des Jünglingstorsos in den Gott Apollon entspringt einzig und allein RILKES Imagination. Der Gott Apollon erfüllt in der griechischen Mythologie mehrere Funktionen. Auf drei dieser Funktionen nimmt das Gedicht mehr oder weniger deutlich Bezug. An den Sonnengott Phoibos lässt die Vorstellung der wie ein Stern strahlenden Figur denken. Die Raubtierfelle wecken die Assoziation an Apollon Lykeios, den Beschützer der Herden gegen Raubtiere. Apollon Musagetes, der Gott der Musen, ist die Bedeutung, die bei dem Gott Apollon am häufigsten von vornerein mitgedacht wird. Apollon spielt aber auch eine zentrale Rolle in Nietzsches DIE GEBURT DER TRAGÖDIE AUS DEM GEISTE DER MUSIK (vgl. Kap. 4.2).

Auch in RILKES Gedicht tritt Apollon als komplexes Symbol für das Kunstwerk auf, das das Dionysische in sich trägt, daran erinnern z.B. die Raubtierfelle. Die Synthese beinhaltet die unbewussten Kräfte des Ursprünglichen, Wilden, des Urwillens, dem das Fühlen nahe steht sowie die rationalen Kräfte des Formwillens. Die Rezeption des Kunstwerks durch den Betrachter setzt sich mit Fühlen und Reflektieren aus dionysischen und apollinischen Komponenten zusammen. Damit erreicht das Kunstwerk eine eigene ästhetische, ja ethische Dimension, die Forderungen an den Betrachter stellt: Der Betrachter hat sich gegenüber dem Kunstwerk zu verantworten. In den DUINESER ELEGIEN wird das Schöne zu einer ontologischen Kategorie:

WER, wenn ich schriee, hörte mich denn aus der Engel
Ordnungen? und gesetzt selbst, es nähme
einer mich plötzlich ans Herz: ich verginge von seinem
stärkeren Dasein. Denn das Schöne ist nichts
5 als des Schrecklichen Anfang, den wir noch grade ertragen,
und wir bewundern es so, weil es gelassen verschmäht,
uns zu zerstören. Ein jeder Engel ist schrecklich.

4.2.4 ›... eine Sprache von deren Worten mir auch nicht eines bekannt ist ...‹[186] – Décadence und Sprachnot

Hugo von Hofmannsthal: »Ballade des äußeren Lebens«
Das zentrale Problem für HUGO VON HOFMANNSTHAL (1874–1929) war die Überwindung der Vermitteltheit der Wirklichkeitserfahrungen durch eine verbrauchte Sprache. Seine Antwort auf dieses Problem fand er in zwei Stadien und stellte sie in den Werken GESPRÄCH ÜBER GEDICHTE (1903) und EIN BRIEF (1902, auch CHANDOS-BRIEF) dar. In dem GESPRÄCH ÜBER GEDICHTE, in welchem er Gedichte von Stefan George als schön und vorbildlich zitiert, lautete HOFMANNSTHALS Antwort **Sprachmagie**. Der Text liest sich teilweise wie ein Programm symbolistischer Dichtung:

> [...] Niemals setzt die Poesie eine Sache für eine andere, denn es ist gerade die Poesie, welche fieberhaft bestrebt ist, die Sache selbst zu setzen, mit einer ganz anderen Energie als die dumpfe Alltagssprache, mit einer ganz anderen Zauberkraft als die schwächliche Terminologie der Wissenschaft. Wenn die Poesie etwas tut, so ist es das: Daß sie aus jedem Gebilde der Welt und des Traumes mit durstiger Gier sein Eigenstes, sein Wesenhaftes herausschlürft, so wie jene Irrlichter in dem Märchen, die überall das Gold herauslecken. [...]
> Es sind Chiffren, welche aufzulösen die Sprache ohnmächtig ist, [...] Jener herbstliche Park, diese von der Nacht umhüllten Schwäne – du wirst keine Gedankenworte, keine Gefühlsworte finden, in welchen sich die Seele jener, gerade jener Regungen entladen könnte, deren hier ein Bild sie entbindet. Wie gern wollte ich dir das Wort »Symbol« zugestehen, wäre es nicht schal geworden, daß mich's ekelt. [...]
> Die Natur hat kein anderes Mittel, uns zu fassen, uns an sich zu reißen, als diese Bezauberung. Sie ist der Inbegriff der Symbole, die uns bezwingen. Sie ist, was unser Leib ist, und unser Leib ist, was sie ist. Darum ist Symbol das Element der Poesie, und darum setzt Poesie niemals eine Sache für eine andere: sie spricht Worte aus, um der Worte willen, das ist ihre Zauberei. Um der magischen Kraft willen, welche die Worte haben, unseren Leib zu rühren, und uns unaufhörlich zu verwandeln.[187]

Der CHANDOS-BRIEF[188] kann als eines der ersten Dokumente der modernen literarischen Sprachkrise gewertet werden. Dem Dichter ist es nicht mehr möglich, seine Erfahrungen und Empfindungen in Worte zu fassen. Mit der Gewalt über die Sprache entschwindet dem Dichter auch die Orientierung in seiner Wahrnehmung. Die Sprache hat ihre kommunikative Funktion verloren. Die Sprachkrise wird gleichzeitig zur Identitätskrise, mit der Sprache und deren Zusammenhang mit der Wahrnehmung geht auch die Wahrnehmung der eigenen Identität verloren. Der CHANDOS-BRIEF führt also jenen Gedanken fort, der bereits im GESPRÄCH ÜBER GEDICHTE angeklungen war: **Wir besitzen unser Selbst nicht: von außen weht es uns an, es flieht uns für lange und kehrt uns in einem Hauch zurück.**[189] Nach 1900 bemüht sich HOFMANNSTHAL verstärkt um eine neue gesellschaftliche Funktion der Kunst, da er erkannte, dass die hermetische Ästhetik die Dichtung nur noch weiter in die soziale Isolation hineinführen musste. Angesichts der zunehmenden Dissoziationserfahrung gesamtkulturellen Lebens sollte der Dichter die Synthesen von Gegenwart und Vergangenheit, von Leben und Geist herstellen. Indem HOFMANNSTHAL den Dichter aber zum hervorragenden Repräsentanten seiner Zeit macht, welche Rolle er gerade wegen seines Herausgehobenseins, wegen seiner besonderen Leidensfähigkeit spielen könne, leistet er anstelle der angestrebten neuen sozialen Integration des Dichters nichts anderes als die Umdeutung der de facto bestehenden Isolation in eine hervorragende Befähigung. Dieser Gedanke ist dem Konzept Stefan Georges verwandt.

Ballade des äußeren Lebens

Und Kinder wachsen auf mit tiefen Augen,
Die von nichts wissen, wachsen auf und sterben,
Und alle Menschen gehen ihre Wege.

Und süße Früchte werden aus den herben
5 Und fallen nachts wie tote Vögel nieder
Und liegen wenig Tage und verderben.

Und immer weht der Wind, und immer wieder
Vernehmen wir und reden viele Worte
Und spüren Lust und Müdigkeit der Glieder.

10 Und Straßen laufen durch das Gras, und Orte
Sind da und dort, voll Fackeln, Bäumen, Teichen,
Und drohende, und totenhaft verdorrte ...

Wozu sind diese aufgebaut? und gleichen
Einander nie? und sind unzählig viele?
15 Was wechselt Lachen, Weinen und Erbleichen?

Was frommt das alles uns und diese Spiele,
Die wir doch groß und ewig einsam sind
Und wandernd nimmer suchen irgend Ziele?

Was frommts, dergleichen viel gesehen haben?
20 Und dennoch sagt der viel, der »Abend« sagt,
Ein Wort, daraus Tiefsinn und Trauer rinnt

Wie schwerer Honig aus den hohlen Waben.

Die »Ballade des äußeren Lebens« (1895) trug in der ursprünglichen Fassung der Handschrift den Titel »Terzinen von der Dauer des äußeren Lebens«, welcher einen Hinweis sowohl auf die Form als auch auf das Thema des Gedichtes enthält. Terzinen sind eine alte und kunstvolle Strophen- und Gedichtform in fünfhebigen Jamben, bei welcher der umschlossene Reim einer dreizeiligen Strophe (Terzett) den umschließenden Reim des folgenden Terzetts bildet (Schema: aba bcb cdc, ded …). HOFMANNSTHAL hat dieses Modell, das er auch für andere Gedichte (*TERZINEN I–III*) verwendete, bei der »Ballade« hinsichtlich des Reims und des Rhythmus' leicht abgeändert. Die Endwörter der 1., 3. und 20. Zeile bleiben ohne reimende Entsprechung und in Zeile 21 entspricht das Metrum nicht dem Schema.

Die Dauer des Lebens und auch die Erfahrung der Zusammenhanglosigkeit und der Sinnlosigkeit bilden das Thema des Gedichtes. Drei Teile unterscheiden sich schon äußerlich durch ihren rhetorischen Gestus: Der erste Teil (1–12) nennt Phänomene des Lebens, nach deren Sinn der zweite Teil (13–19) des Textes fragt. Die Antwort auf diese Fragen im dritten Teil (20–22) bringt eine überraschende Wendung für das Gedicht. Trotz der Bedeutungsschwere des Themas verfällt das Gedicht nicht in einen elegischen oder pathetischen Ton. Nicht zuletzt durch das Fehlen eines sich ›Ich‹ nennenden Sprechers bleibt eine Distanz gewahrt, die die Sentimentalität verhindert. Im Gegenteil, im größeren Teil des Textes herrscht ein Tonfall der Langeweile und Gleichgültigkeit. Wie von irgendwoher kommend, setzt das Gedicht unvermittelt mit der Konjunktion **und** ein und führt damit eine scheinbar schon vorher begonnene Aufzählung von Phänomenen des äußeren Lebens fort, die allesamt auf die Nichtigkeit und Vergänglichkeit des Lebens hinweisen. Die auffallende Häufung des Wortes **Und** (allein 14-mal im ersten Teil) schafft aber keine Verbindung zwischen den einzelnen genannten Phänomenen. Zwar hat ›und‹ eine verknüpfende Bedeutung, doch reiht es die Elemente lediglich aneinander, ohne eine geistige Verknüpfung zwischen ihnen herzustellen. Damit wird das **Und** in diesem Gedicht zum Zeichen der Zusammenhanglosigkeit nicht des bedeutungsvollen Zusammenhanges.

Das Aufwachsen und Sterben der Kinder eröffnet die Reihe der Bilder für die Vergänglichkeit des irdischen Lebens. Indem nur der Anfang (**wachsen auf**) und das Ende ihres Lebens (**sterben**) erwähnt werden, wird das gesamte Leben wie im Zeitraffer komprimiert. Durch die Aussparung des Lebensverlaufs verliert das Leben die eigene Bedeutung und wird zu einer Entwicklung auf den Tod hin. Doch nicht Menschen, die zum Bewusstsein der irdischen Nichtigkeit gereift sind, vollziehen diese Entwicklung, sondern die Naivität der Kinder, **die von nichts wissen**, lässt auch dieses Anfangsstadium des Lebens zu einem leeren werden. Auch sind es nicht die Kinder der spielerischen Idylle, die das Gedicht vor Augen stellt, sondern deren **tiefe Augen** weisen auf eine tiefgründige Traurigkeit hin. Dieser Erfahrung der Vergänglichkeit begegnen die Menschen mit Gleichgültigkeit: **alle Menschen gehen ihre Wege.**

Wie das Leben nur als ein Vorstadium zum Tode auftritt, scheinen im zweiten Bild die Früchte auch nur das Stadium der Reife zu erreichen, um zu verderben: **und liegen wenige Tage und verderben.** Der Vergleich **wie tote Vögel** ergänzt das Bild der Vergänglichkeit aus der Natur nicht nur um den Bereich der Tierwelt, er gewinnt auch eine solche Selbstständigkeit, dass sich dem Leser die darin enthaltene Dimension Tod nachdrücklich einprägt und eine Verbindung zum Sterben im ersten Bild hergestellt wird. Die reihende Verknüpfung mit **und** trägt die zeitliche Kategorie **immer** bereits in sich. Im dritten Terzett wird diese ausdrücklich ausgesprochen und durch Wiederholung unterstrichen. Der Wind wirkt in diesem reihenden Zusammenhang wie das leere und bedeutungslose Sinnbild des Ewigen und Wiederkehrenden. Der Leere und Bedeutungslosigkeit des wehenden Windes wird die menschliche Kommunikation durch die Verknüpfung im Gedicht gleichgestellt. **Viele Worte** nennt die zusammenhanglosen Bestandteile der Verständigung. **Vernehmen** heißt nicht verstehen; die scheinbare Gleichzeitigkeit von **Vernehmen** und **reden** macht die Sprache leer und sinnlos. Genauso fremd wie die Verständigung mit anderen Menschen kommt den mit **wir** bezeichneten Personen ihr eigener Körper vor, denn die Glieder mit ihrer **Lust und Müdigkeit** werden offenbar als etwas Fremdes vom Ich Losgelöstes empfunden; es ist die **Lust und Müdigkeit** der Glieder, nicht unsere. Damit tritt die Erfahrung der Selbstentfremdung zutage.

Nach Zeit, Natur und Mensch führt das vierte Terzett die Dimension Raum in das Gedicht ein. Auch die Landschaft ist merkwürdig leer und tot. Die **Straßen** laufen ziellos **durch das Gras** und unterliegen dabei auch der Gefahr der Vergänglichkeit durch das Überwuchern (›Gras darüber wachsen‹). Die Bezeichnung **Orte** ist eine unbestimmte und die Orte scheinen wahllos **da und dort** verteilt zu sein. Die **totenhaft verdorrte** Landschaft wirkt **drohend.** Die Aufzählung solcher Phänomene des **äußeren Lebens,** die Sinnlosigkeit und Vergänglichkeit in sich tragen, könnte noch beliebig fortgesetzt werden, die Punkte am Ende des vierten Terzetts deuten dies an.

Doch bereits in der äußeren Form der sprachlichen Gestalt wird die inhaltliche Zäsur nach der vierten Strophe sichtbar. Fragesätze, die zum Teil wie Ausrufe wirken, stellen die Frage nach dem Sinn dieser als zusammenhanglos erfahrenen Phänomene. Diese Fragen vereinen allesamt die Bestätigung der Sinn- und Nutzlosigkeit bereits in sich. Die erste Frage verleiht auch der Landschaftsbeschreibung im Nachhinein einen zusätzlichen Sinn:

Wozu sind diese aufgebaut? Aufbauen deutet auf eine Landschaft als künstlich angelegte Kulisse hin, und der Begriff **Spiele** bestätigt diese Vorstellung von der Welt als Theater. Zwar scheinen die Fragen äußerlich die Erfahrungen der Vergänglichkeit, Sinnlosigkeit und Selbstentfremdung zu bestätigen, so z. B. die Äußerung von Gefühlsregungen als der eigenen Person fremden Erfahrung (**Was wechselt Lachen, Weinen und Erbleichen?**), doch dem aufmerksamen Leser entgehen nicht die ersten subtilen Anzeichen eines Umschwungs. Denn die Frage, wozu sich die Orte nicht gleichen und wozu es **unzählig viele** sind, deutet doch gleichzeitig ein Aufbrechen der Monotonie an. Eine Landschaft, die über **unzählig viele** verschiedene Orte verfügt, ist eine reiche Landschaft und der Sinn von Abwechslungsreichtum liegt in sich selbst.

In einem zweiten Ansatz wird nach der Bedeutung all dieser Phänomene für die Menschen gefragt. Welche Gruppe mit **Wir** und **uns** gemeint ist, darauf findet sich im Gedicht kein näherer Hinweis. Allerdings lässt sich diese Gruppe aus dem Kontext der gesamten HOFMANNSTHAL'schen Lyrik als eine Elite besonders Auserwählter eingrenzen (vgl. z. B. das Gedicht »Manche freilich«). Die Ziellosigkeit dieser Menschen (**Die wir doch […] wandernd nimmer suchen irgend Ziele**) wird indirekt vorausgesetzt, die Konjunktion **doch** fordert das Einverständnis dazu heraus. Außer der Ziellosigkeit bestimmen Größe und Einsamkeit das Wesen dieser Menschen. Zwischen diesen Kategorien und der Erfahrung der Sinnlosigkeit der Welt sieht der Sprecher des Gedichtes keinen Zusammenhang, auch dies ist in **doch** enthalten. Trotzdem kann in dem Bewusstsein der Einsamkeit eine Folge aus dem Erleben der Dissoziation der Welt und der von Ich und Welt gesehen werden. Denn das Ich wird nachdrücklich als Einheit erfahren (**groß**), welche zu dem Zerfall der Welt in der Sinnlosigkeit in Widerspruch tritt. Mit der abschließenden Frage **Was frommts, dergleichen viel gesehen haben?** erreicht die in der Abfolge der Fragen angelegte Steigerung ihren Höhepunkt. Diese Frage muss dem Leser als in höchstem Maße pessimistisch erscheinen, trotzdem bewertet HOFMANNSTHAL selbst sie in seiner Selbstinterpretation *AD ME IPSUM*[190] als **nicht pessimistisch**[191]. Erst aus der folgenden Wendung des Textes kann dies einsichtig werden.

Ein letztes Mal leitet das anaphorische **Und** einen Vers ein, doch dieses Mal zieht es den Umschwung mit sich, den der Leser nach der Steigerung bis zu diesem Punkt insgeheim erwartet hat: **Und dennoch**. Die damit eingeleitete Antwort auf die vorher gestellten Fragen überrascht durch ihre Schlichtheit: **Und dennoch sagt der viel, der ›Abend‹ sagt**. Abend ist ein unscheinbares Wort, das kaum das Gegengewicht zu den tiefsinnigen Erfahrungen und Fragen halten zu können scheint. In *AD ME IPSUM* hat HOFMANNSTHAL einen Hinweis auf sein Verständnis von Abend gegeben:

Bedeutung des *Abends*. [...] Der Abend als Erfüllung: etwas millenarisches.
[...]
»und dennoch sagt der viel, der Abend sagt,
ein Wort daraus Tiefsinn und Schwermut quillt
wie schwerer Honig aus den hohlen Waben – –«
Den Hesperos lassen die Alten alles zusammenführen was die Eos trennt
[...], der den Küchlein der Mutter, den Wipfeln die Ruh wiederbringt [...]
er erglänzt der Sappho als mildester und schönster aller Silbersterne am
Himmelszelt[192]

Der Abend wird als Moment der Erfüllung, der die Geschehnisse des Tages zusammenführt, empfunden: **Ein Wort, daraus Tiefsinn und Trauer rinnt/ Wie schwerer Honig aus den hohlen Waben**. Die mit dem Wort **Abend** assoziierten Empfindungswerte **Tiefsinn und Trauer** entsprechen der Empfindung, die aus der Erfahrung des äußeren Lebens entstammt. Die **hohlen Waben** des Schlussvergleichs sind eine Metapher für die als leer empfundenen Worthülsen der Alltagssprache. Nur die poetische Sprache (**schwerer Honig**) vermag sich dem Inneren der Welt zu nähern. Diese Annäherung kann aber nur über die Empfindung erfolgen, objektive Beschreibung oder begriffliche Einordnung führen nicht zu diesem Ziel. Ästhetische Erfahrung wird somit zum Mittel der Welterfahrung und Welterfassung.

Die im Grunde pessimistischen Erfahrungen der Entfremdung von Ich und Welt werden nicht als bedrückend erfahren, sondern aus ihnen scheint eine gewisse Lust zu erwachsen (vgl. die geistige Haltung der Décadence), und diese Erfahrungen bilden auch die Voraussetzung für persönliche Reifung in der Erkenntnis der Erfüllung. Die Beurteilung alles Irdischen als vergänglich entspricht einer langen christlichen Tradition. Auch formal schafft HOFMANNSTHAL einen Bezug zur Tradition christlich motivierter Dichtung: Er verwendet mit den Terzinen die Strophenform, mit welcher Dante im Spätmittelalter seine *DIVINA COMMEDIA*[193] gestaltet hat. Auch die aus dieser Jenseitsorientierung erwachsende Einstellung, in den äußerlich unzusammenhängend und sinnlos erscheinenden Erfahrungen einen tieferen Sinn zu erkennen, ähnelt der Haltung der Mystiker. HOFMANNSTHAL wertet die christlich motivierte Mystik allerdings in einen sprachmagischen Symbolismus um.

Im Vergleich zu Stefan George formuliert HOFMANNSTHAL auffallend schlicht, wenn auch altertümliche Redewendungen (**Was frommts?** oder **wandernd nimmer suchen irgend Ziele**) nicht dem alltäglichen Sprachgebrauch entspringen. Doch wie Georges Sprache ist auch diejenige HOFMANNSTHALS stark musikalisch geprägt, die Vokal- und Konsonantlaute (viele Gleichklänge und Anklänge) wirken ebenso suggestiv wie wohlabgewogen. Der Sprachrhythmus ist ruhig fließend und folgt dem metrischen Schema in unauffälliger Gewaltlosigkeit. Monotonie vermeidet der Autor durch geringe Varianten des Rhythmus' (Z. 21) und des Reimschemas (Z. 1, 3, 20). Das Prinzip des endlos verkettenden Terzinenreims spiegelt auf der metrischen Ebene die inhaltliche Reihung, die sich in dem wiederholten **und** ausdrückt. Die Magie der Sprachmusik wird zur Revolte gegen die Erfahrung der Entfremdung und Dissoziation im äußeren Leben.

4.2.5 ›Härte schwand‹ – Einsames Nachspiel
Rainer Maria Rilke: »Vorfrühling«

HÄRTE schwand. Auf einmal legt sich Schonung
an der Wiesen aufgedecktes Grau.
Kleine Wässer ändern die Betonung.
Zärtlichkeiten, ungenau,

5 greifen nach der Erde aus dem Raum.
Wege gehen weit ins Land und zeigens.
Unvermutet siehst du seines Steigens
Ausdruck in dem leeren Baum.

Im Herbst 1921 fand RAINER MARIA RILKE nach häufigen Wechseln seiner Aufenthaltsorte im Wohnturm ›Muzot‹ bei Sierre im Wallis eine Bleibe. Dort beendete er nach jahrelanger Schaffenskrise 1922 die *DUINESER ELEGIEN*, die er bereits 1912 begonnen hatte, und schuf die *SONETTE AN ORPHEUS*. Die Landschaft des Wallis' inspirierte ihn aber auch zu einer Reihe kleinerer Gedichte, auch in französischer Sprache. »Vorfrühling« ist hier im Februar 1924 entstanden.

Das Gedicht ist gerade wegen seiner scheinbaren Einfachheit so außergewöhnlich. RILKE schafft hier wenige Jahre vor seinem Tod die Rückkehr zu einer befreiten, leichten Naturlyrik. Zwar sind die Bilder und Formulierungen charakteristisch für RILKE, aber es gibt hier nur noch entfernte Anklänge an seine philosophischen Überlegungen, die Reflexion ist weit zurückgedrängt. Die Sprache ist fast asketisch, die Form wird souverän gehandhabt. Das Gedicht fasst die Wahrnehmung der ersten zaghaften Andeutungen des Frühlings in Bilder und Sprache. Der Moment zwischen nicht mehr und noch nicht wird gestalterisch erfasst. Natur wird nicht mehr als Chiffre für die existenzialistische Klage benutzt. Natur bleibt Natur, bezieht sich auf sich selbst. Damit schafft der Dichter eine Form absoluter Naturlyrik. Kein anderer Dichter der Zeit ist diesen Weg mitgegangen. In dieser Rückkehr zu asketischer Schlichtheit kann RILKE mit dem späten Goethe verglichen werden. Vielleicht war dieser Ansatz auch nur in der weltabgewandten Klausur eines Schweizer Gebirgstals möglich.

5 Unterrichtshilfen

1 Didaktische Aspekte

Das Gedicht ist ein idealer didaktischer Gegenstand. Schon seine Kürze und Vielschichtigkeit erlauben eine Integration in unterschiedliche Zusammenhänge. Die Lehrpläne, Lese-, Sprach- und Arbeitsbücher für verschiedene Klassenstufen tragen dem Rechnung, Gedichte fehlen nirgends. Allerdings sind hier die Gewichte hinsichtlich des 19. Jahrhunderts nicht gleichmäßig verteilt. Schwerpunkte sind vor allem im Hinblick auf Romantik und Jahrhundertwende zu erkennen, andere Phasen sind weniger deutlich repräsentiert.

Das Gedicht formuliert das Verhältnis von Ich und Welt in einer individualistischen Perspektive, die den Leser zur intensiven gedanklichen Auseinandersetzung einlädt. Das 19. Jahrhundert als Epoche kennen zu lernen, die in unsere Lebenswirklichkeit hineinwirkt, kann nicht ohne die Kenntnisnahme der Lyrik dieser Zeit geschehen, da sie viele Tendenzen des 20. Jahrhunderts vorzeichnet. Die Bildhaftigkeit lyrischen Sprechens fördert die Assoziationsfähigkeit und sensibilisiert für die Welt der konkreten und imaginierten Bilder. Das Gespür für die Wertigkeit sprachlicher Formulierungen und ihrer Konnotationen wird durch Lyrik in besonderem Maße geschult. Sie spricht auch die Sensibilität für musikalische Dimensionen der Sprache wie Klang oder Rhythmus in besonderem Maße an. Eine Förderung dieser Art von sprachlicher Kompetenz bei Schülerinnen und Schülern trägt zur Erziehung zum autonomen Selbst bei, indem sie befähigt werden, Manipulationsstrukturen, die mit exakt diesen Mitteln arbeiten, zu durchschauen. Der kritische Verstand erfährt eine Schulung, indem die Sprach- und Formmuster bzw. Topoi gerade der romantischen Lyrik in den epigonalen Formen der Popkultur wiedergefunden und -erkannt werden können. Gedichte bilden also einen wesentlichen Anteil an der Ausbildung einer ganzheitlichen Persönlichkeit.

Gerade wegen ihrer Kürze können Gedichte als Ergänzung zu anderen im Unterricht behandelten Texten (Dramen, Romane, Novellen) ergänzend herangezogen werden. Im Zusammenhang mit einem übergreifenden Rahmenthema (›Du und ich‹) können Gedichte mit verschiedenen Aufgabenstellungen und Teilbereichen des Deutschunterrichts kombiniert werden. Gedichte laden zu kreativen Auseinandersetzungen geradezu ein. In nur aus Gedichten bestehenden Sequenzen lassen sie sich unter verschiedenen Aspekten kombinieren: literarhistorische (Epochen), psychohistorische (Ich-Bewusstsein), poetologische (Motivvergleich, Formenvergleich). Auch im Bereich der Linguistik können Gedichte als Beispiele für übertragene Bedeutungen im Themenbereich Semantik dienen.

Nach Aussagen von verschiedenen Seiten hat in den 1980er-Jahren ein Lyrikboom eingesetzt, der sich z. B. in vermehrten Einreichungen von Gedichten bei Verlagen und Wettbewerben dokumentierte. Auch in Jugendzeitschriften finden sich Gedichte, die in der Regel von Lesern angefertigt und eingesandt worden sind. Das belegt, dass das Interesse *für*, vielleicht das Bedürfnis *nach* Lyrik bei Jugendlichen lebendig ist. Dem widerspricht die Unterrichtserfahrung. Gedichte gehören bei den meisten Schülern nicht zum Lieblingsgegenstand, häufig werden Unverständnis und Ablehnung laut. Die Texte werden als veraltet, verstaubt, uninteressant, zu schwer verständlich erfahren. Das Detektivspiel des Unterrichtsgesprächs zur Frage: ›Was soll dieses Bild bedeuten? Was hat der Autor sich dabei gedacht?‹ mündet nicht selten in der Gegenfrage: ›Hat der Verfasser sich das wirklich dabei gedacht?‹ Oder der rationale Zugang zum Gedicht wird verweigert, indem einem mehr emotional-genialischen Nachempfinden der Vorzug gegeben wird.

Diesen Problemen kann mit Methodenvielfalt begegnet werden. Unterschiedliche Sozialformen (Partnerarbeit, arbeitsteiliger oder arbeitsgleicher Gruppenunterricht, lehrerzentriertes Unterrichtsgespräch) könnte hier gleichermaßen für motivierende Abwechslung, vielschichtige Lernprozesse und fundierte Ergebnissicherung sorgen. Handlungsorientierte Ansätze können einen motivierenden Einstieg in einen fruchtbaren Dialog mit dem Gedicht auf verschiedenen Ebenen bilden:
– Gedichte als Lückentexte sind zu ergänzen;
– aus einer veränderten sind mögliche alternative Textgestalten zu entwickeln;
– das Gedicht ist in seiner Aussage zu verändern;
– ein Fragment soll zu Ende geschrieben werden;
– Gegenentwürfe oder Parallelgedichte können geschrieben werden;
– Parodien, Kontrafakturen zu einem Gedicht werden entworfen;
– der Lebenslauf des lyrischen Ichs wird entworfen;
– das Gedicht wird in einen neu erfundenen Erzählzusammenhang gebracht;
– das lyrische Ich schreibt einen Brief oder Tagebucheintrag;
– das lyrische Ich spricht mit seinem Psychotherapeuten oder einem Antipoden.

Der Gedichttext wird interpretativ auf andere Bereiche übertragen: Zu dem Gedicht passende Bilder werden gesucht oder selbst entworfen; fächerübergreifend könnten Gedichte vertont werden; in einer Ausstellung werden Gedichte dokumentiert; zu einer Performance bilden Gedichte die Textgrundlage; ein kommentierter Vortragsabend mit Gedichten und anderen Texten wird gegeben; oder die Gedichte werden einfach nur in einem persönlichen Album gesammelt. Nicht allen Schülerinnen und Schülern kommen solche Aufgabenstellungen entgegen, sie stoßen nicht auf restlose Akzeptanz. Daher empfiehlt es sich oft, solche Aufgaben alternativ zu traditionelleren Arbeitsaufträgen zu stellen. Auch muss im Auge behalten werden, dass die Aufsatzform der Textanalyse als Klausuraufgabe im Unterricht und den Hausaufgaben durch wiederholte Übungsformen geübt werden muss. Dies muss angemessen in die Zeitplanung einbezogen werden.

In einem Unterrichts*projekt* ließen sich Gedichte ebenfalls gut berücksichtigen. Unter Einbeziehung der Fächer Geschichte, Philosophie, Geografie/Gemeinschaftskunde, Kunst, Musik und Deutsch könnten sich die Schüler mit einem komplexeren Thema befassen (z. B. Jahrhundertwende oder Stadt), wobei Gedichte dann einen spezifischen Blickwinkel auf die Sache eröffnen könnten. Auch ein Projekt, das nur auf das Fach Deutsch begrenzt bliebe (z. B. Romantik) könnte Gedichte hervorragend als Teilaspekt nutzen.

2 Themenvorschläge für Sequenzen und Unterrichtsreihen

Lyrik lässt sich didaktisch sehr unterschiedlich in Unterrichtsreihen integrieren oder kombinieren. Der große Vorteil der Lyrik besteht gerade darin, dass sie in Kurzreihen (Themen, Motive, Stilepoche) oder Einzelstunden aufgegriffen werden kann.

Die folgende Übersicht stellt in exemplarischer Form didaktische und thematische Verknüpfungsmöglichkeiten für die in den Einzelinterpretationen ausführlicher behandelten Gedichte dar.

Autor	Gedichttitel	Didaktische und thematische Aspekte	Weitere Verknüpfungsmöglichkeiten
Hölderlin (Kap. 1.2.1)	»Die Eichbäume«	Selbstfindung; Rolle des Dichters; Motiv des Auswanderns; Hexameter	Hölderlin, HYPERION oder ein EREMIT IN GRIECHENLAND
Hölderlin (Kap. 1.2.2)	»Heidelberg«	Verlust der Heimat, durch Geschichte vermittelte Natur; eschatologisches Geschichtsbild; Odenform	
Hölderlin (Kap. 1.2.3)	»Hälfte des Lebens«	Riss zwischen Mensch und Natur; Krisenerfahrung; Ich-Zerfall; Fragmentform	
Novalis (Kap. 1.3.1)	»Wenn nicht mehr Zahlen«	romantische Universalpoesie; dreiphasiges Geschichtsbild; romantische Chiffre	Philosophie Fichtes; Schlegel, 116. ATHENÄUMS-FRAGMENT; Novalis, FRAGMENTE ZUR POETIK
Brentano (Kap. 1.3.1)	»Der Spinnerin Nachtlied«	Volkslied; Klangfarbenpoesie	DES KNABEN WUNDERHORN; Märchensammlung der Brüder Grimm
Eichendorff (Kap. 1.3.2)	»Sehnsucht«	Entgrenzung; Motiv des Wanderns; Motiv des Gartens	Eichendorff, LEBEN EINES TAUGENICHTS
Eichendorff (Kap. 1.3.2)	»Mondnacht«	Entgrenzung; mythische Vereinigung; metaphysisches Aufgehobensein in der Natur; romantische Chiffre	Robert Schumann »Mondnacht« (Vertonung des Gedichtes)

Autor	Gedichttitel	Didaktische und thematische Aspekte	Weitere Verknüpfungsmöglichkeiten
Eichendorff (Kap. 1.3.3)	»Zwielicht«	Nachtseite; bedrohliche Seite der Natur	Eichendorff, *Das Marmorbild*; Hoffmann, *Die Elixiere des Teufels*
Eichendorff (Kap. 1.3.4)	»Weihnachten«	Ich als Außenseiter; Philisterkritik; metaphysisches Aufgehobensein in der Natur	Brentano, *Geschichte von Bogs dem Uhrmacher*; Müller, *Die Winterreise*
Günderode (Kap. 1.3.4)	»Die Malabarischen Witwen«	Liebesvereinigung im Tod; Rolle der Frau im 19. Jh.; Frauen als Dichterinnen; Todeskult	Frauen im 19. Jh.: Bettina von Arnim, Dorothea Schlegel, Rachel Varnhagen; Carola Stern, *Der Text meines Herzens*; Wagner, *Tristan und Isolde*
Körner (Kap. 1.4)	»Aufruf«	Politische Lyrik; Lyrik als Agitationsmittel; Lied und Flugblatt; martialische Rhetorik	
Platen (Kap. 2.1.1)	»Es liegt an eines Menschen Schmerz«	Weltschmerz; Nihilismus; antike Formmodelle	Schopenhauer, *Die Welt als Wille und als Vorstellung*; George, Hofmannsthal
Heine (Kap. 2.1.2)	»Wahrhaftig«	Destruktion der Romantik; Weltschmerz; Ironie	Heine, *Die romantische Schule*; Heine, *Die Harzreise*
Heine (Kap. 2.1.2)	»Lotosblume«	Heines Sprach- und Formbeherrschung; Selbstironie; Ironisierung der Dichtung	Heine, *Deutschland. Ein Wintermärchen*
Mörike (Kap. 2.2.1)	»Ein Irrsal«	Enttäuschte Liebe; Bedrohung des Ich; Lebensdiät; freie lyrische Form	Auszüge aus Briefen; Mörike, *Maler Nolten*
Mörike (Kap. 2.2.1)	»Septembermorgen«	Unmittelbarkeit der Naturerfahrung; Zurücknahme des Ichs	Mörike, *Mozart auf der Reise nach Prag*
Mörike (Kap. 2.2.1)	»Auf eine Lampe«	Dinggedicht; Symbol; Rolle der Kunst; Distanzierung des Ich	

Autor	Gedichttitel	Didaktische und thematische Aspekte	Weitere Verknüpfungsmöglichkeiten
Droste-Hülshoff (Kap. 2.2.2)	»Das Spiegelbild«	Fremdheit des eigenen Ich; erschreckende Tiefenschichten	Büchner, WOYZECK
Droste-Hülshoff (Kap. 2.2.2)	»Das öde Haus«	Detailrealismus; Fremdheit der Welt	Gedichte der Aufklärung
Droste-Hülshoff (Kap. 2.2.2)	»Am letzten Tag des Jahres«	religiöse Lyrik; Gefährdung des Ich; Gott als Rettung	Rolle der Frau
Freiligrath (Kap. 2.3)	»Freie Presse«	Vormärz; republikanische Agitation; Vorbereitung der Revolution	Büchner, DER HESSISCHE LANDBOTE; politische Pamphlete
Herwegh (Kap. 2.3)	»Aufruf«	martialische Rhetorik	
Weerth (Kap. 2.3)	»Das Hungerlied«	die soziale Frage	
Geibel (Kap. 3.1)	»An König Wilhelm«	politische Affirmation; Modell des Herrscherlobs; epigonale Form und Sprache	Buchmarkt; Lesepublikum; Zeitschriften; Leihbibliotheken; bürgerlicher Literaturgeschmack; Novellenproduktion; soziale Stellung des Schriftstellers
Rodenberg (Kap. 3.1)	»Die reinen Frauen«	Goldschnittpoesie; Frauenbild; Rolle der Frau in der Gesellschaft	Fontane, EFFI BRIEST; Flaubert, MADAME BOVARY
Storm (Kap. 3.2)	»Meeresstrand«	Natur ohne Metaphysik; Rücknahme des Ichs; realistische Rhetorik	Fontane, UNSERE LYRISCHE UND EPISCHE POESIE SEIT 1848
Storm (Kap. 3.2)	»Geh nicht hinein«	Tod; Welt ohne Gott; moderne sprachliche Gestaltung	
Keller (Kap. 3.3)	»Winternacht«	bedrohliche Tiefen im Ich	Keller, DER GRÜNE HEINRICH; Freuds Tiefenpsychologie; Traumsymbole

Autor	Gedichttitel	Didaktische und thematische Aspekte	Weitere Verknüpfungsmöglichkeiten
Meyer (Kap. 3.4)	»Zwei Segel«	harmonische Partnerschaft; Diskretion des Liebesgedichts; Zurücknahme des Ichs; Dinggedicht, Symbol	Meyer, DIE VERSUCHUNG DES PESCARA. JÜRG JENATSCH
Meyer (Kap. 3.4)	»Der Marmorknabe«	Tod; Kunst als Rahmen; Abkehr von Erlebnislyrik	
Fontane (Kap. 3.5)	»Auf dem Matthäikirchhof«	Kritik an gesellschaftlichem Verhalten und Konversationston; neue lyrische Sprache	Fontane, FRAU JENNY TREIBEL, EFFI BRIEST, DER STECHLIN; Lyrik von Erich Kästner
Henckell (Kap. 4.1.1)	»Das Lied vom Eisenarbeiter«	Motiv der realen Lebenswelt; epigonale Sprache	Arbeiterliteratur; Hauptmann, BAHNWÄRTER THIEL, DIE RATTEN, VOR SONNENAUFGANG
Holz (Kap. 4.1.2)	»Unvergeßbare Sommergrüße«	Poetisierung des Alltags; Sekundenstil; Impressionismus	Holz, DIE REVOLUTION DER LYRIK; Holz/Schlaf, PAPA HAMLET; Schnitzler, LEUTNANT GUSTL
Nietzsche (Kap. 4.2.1)	»Vereinsamt«	Unbehaustheit; titanische Einsamkeit des Übermenschen; Motiv des Auswanderns	Rezeption Schopenhauers; Nietzsche, DIE FRÖHLICHE WISSENSCHAFT, DIE GEBURT DER TRAGÖDIE AUS DEM GEIST DER MUSIK, ALSO SPRACH ZARATHUSTRA
Rilke (Kap. 4.2.2)	»Herbsttag«	Motiv Herbst; Unbehaustheit in der Welt; Einsamkeit als schöpferische Chance; Kunst als schöpferischer Gegenentwurf	Bahr, DIE ÜBERWINDUNG DES NATURALISMUS
Rilke (Kap. 4.2.2)	»Ausgesetzt auf den Bergen des Herzens«	Unbehaustheit; Vergleich Mensch–Tier	
George (Kap. 4.2.3)	»Der Herr der insel«	exotisches Paradies; gesellschaftliche Rolle des Künstlers; Symbolismus; erlesene Sprache; Esoterik; künstliche, exotische Paradiese	Französische Symbolisten: Verlaine, Rimbaud, Mallarmé, Baudelaire, George, *Blaetter für die Kunst*

Autor	Gedichttitel	Didaktische und thematische Aspekte	Weitere Verknüpfungsmöglichkeiten
Rilke (Kap. 4.2.3)	»Archaischer Torso Apollos«	Transzendenz; Rolle der Kunst; Dinggedicht; formale Strenge im Sonett	Rilke, DIE AUFZEICHNUNGEN DES MALTE LAURID BRIGGE
Hofmannsthal (Kap. 4.2.4)	»Ballade des äußeren Lebens«	Dekadenz; Untergang; Monismus; Sprachkrise	Hofmannsthal, CHANDOS-BRIEF, GESPRÄCH ÜBER GEDICHTE; REITERGESCHICHTE
Rilke (Kap. 4.2.5)	»Vorfrühling«	Rückkehr zu absoluter Naturlyrik; Natur als Selbstreferenz	

In den Klassen 9 und 10 lassen sich etliche der in diesem Band interpretierten Gedichte bereits einführen. Dass dies nicht mit dem interpretatorischen Anspruch geschehen kann, wie dies hier versucht wurde, versteht sich von selbst. Dabei wäre es sicher nicht ratsam, dies unter literaturgeschichtlichen Gesichtspunkten vorzunehmen. Ein diachroner Vergleich von Naturlyrik wäre zwar denkbar, doch sollte hierbei eine Beschränkung auf die unterschiedlichen Sehweisen der Natur vorgenommen werden. Gedichte, die in diesen Klassen behandelt werden könnten: Eichendorff, »Sehnsucht« und »Weihnachten«; Heine, »Wahrhaftig« und »Lotosblume«; Mörike, »Septembermorgen« und »Auf eine Lampe«; Storm, »Meeresstrand«; Keller, »Winternacht«; Meyer, »Zwei Segel« und »Der Marmorknabe«; Rilke, »Herbsttag«; George, »Der Herr der insel«.

Für die Sekundarstufe II soll in einer Übersicht die didaktische Spannweite möglicher Unterrichtsreihen und Teilsequenzen skizziert werden. Nicht erwähnt werden dabei die möglichen diachronen Epochenprofile.

Thematischer Gegenstand	Vorschläge zur Textauswahl (Titel in Kurzfassung)
Motiv: Auswandern	Hölderlin, »Eichbäume« (1.2.1); Eichendorff, »Sehnsucht« (1.3.2); Eichendorff, »Weihnachten« (1.3.4); Nietzsche, »Vereinsamt« (4.2.1)
Das Verhältnis Ich–Natur	Eichendorff, »Mondnacht« (1.3.2); Eichendorff, »Zwielicht« (1.3.3); Storm, »Meeresstrand« (3.2); Holz, »Sommergrüße« (4.1.2); Rilke, »Ausgesetzt« (4.2.2)
›Künstliche‹ Natur	Hölderlin, »Heidelberg« (1.2.2); Eichendorff »Sehnsucht« (1.3.2); George, »park« (4.2.3)

Thematischer Gegenstand	Vorschläge zur Textauswahl (Titel in Kurzfassung)
Ich-Zerfall	Hölderlin, »Hälfte« (1.2.3); Mörike, »Peregrina« (2.2.1); Droste, »Haus« (2.2.2); Storm, »Geh nicht« (3.2); Nietzsche, »Vereinsamt« (4.2.1)
Das fremde Ich	Eichendorff, »Zwielicht« (1.3.3); Droste, »Spiegelbild« (2.2.2); Keller, »Winternacht« (3.3); Meyer, »schöne Tag« (3.3); Heine, »Doppelgänger«; Nietzsche, »Vereinsamt« (4.2.1)
Das künstlerische Ich und die Gesellschaft	Hölderlin, »Eichbäume« (1.2.1); Eichendorff, »Weihnachten« (1.3.4); George, »Herr der insel« (4.2.3), Rilke »Herbsttag« (4.2.2)
Die Rolle der Frau	Günderode, »Witwen« (1.3.4); Droste, »Silvester« (2.2.2); Rodenberg, »Frauen« (3.1)
Das Kunstwerk im Gedicht	Mörike, »Lampe« (2.2.1); Meyer, »Marmorknabe« (3.4); Rilke, »Torso« (4.2.3)
Tod	Günderode, »Witwen« (1.3.4); Storm, »Geh nicht« (3.2); Meyer, »Marmorknabe« (3.4)
Politische Lyrik	Körner, »Aufruf« (81.4); Freiligrath, »Freie Presse« (2.3); Herwegh, »Aufruf« (2.3); Weerth, »Hungerlied« (2.3); Geibel, »König Wilhelm« (3.1); Henckell, »Eisenarbeiter« (4.1.1)
Die Entwicklung der Rhetorik	Hölderlin, »Heidelberg« (1.2.2); Brentano, »Spinnerin Nachtlied« (1.3.1); Mörike, »Septembermorgen« (2.2.1), Storm, »Meeresstrand« (3.2); Geibel, »König Wilhelm« (3.1); George, »park« (4.2.3)

Thematischer Gegenstand	Vorschläge zur Textauswahl (Titel in Kurzfassung)
Die Dichotomisierung der Literatur und literarische Wertung	Das romantische Paradigma: Eichendorff, »Mondnacht« (1.3.2); Verabschiedung bei Heine, »Wahrhaftig« (2.1.2); Adaption im Biedermeier: Mörike, »Septembermorgen« (2.2.1); epigonale Goldschnittpoesie: Rodenberg, »Die reinen Frauen« (3.1); Sekundenstil bei Holz, »Sommergrüße« (4.1.2); Esoterik im Ästhetizismus: George, »Herr der insel« (4.2.3)
Dinggedichte	Mörike, »Lampe« (2.2.1); Meyer, »Marmorknabe« (3.4); Rilke, »Torso« (4.2.3)
Symbol	Mörike, »Lampe« (2.2.1); Meyer, »Zwei Segel« (3.4); George, »park« (4.2.3)
Formenvielfalt	Hölderlin, »Heidelberg« (1.2.2); Brentano, »Spinnerin Nachtlied« (1.3.2); Platen, »Es liegt« (2.1.1); Mörike, »Peregrina« (2.2.1); Rilke, »Torso« (4.2.3); Hofmannsthal, »Ballade« (4.2.4)

3 Unterrichtsplanung in der Sekundarstufe II
(Grund- und Leistungskurs)

Verwendete Abkürzungen:

A	= Alternative		PA	= Partnerarbeit
EA	= Einzelarbeit		PRO	= Produktionsorientierte Themen- oder Aufgabenstellung
FV	= Fächerverbindung			
GA	= Gruppenarbeit		RF	= Schülerreferat
GK	= Grundkurs		SV	= Schülervortrag
LK	= Leistungskurs		UG	= Unterrichtsgespräch
LV	= Lehrervortrag			

a. Vorschlag: Romantik (Synchrone Reihe), ca. 10 Std. für GK, ca. 12 Std. für LK

Stunden	Thema	Didaktische Aspekte (Inhalte/Ziele)
1 (GK, LK)	Destruktion der Romantik: Heine, »Wahrhaftig«	1. Motivierender Einstieg in die Reihe 2. Ironisierung des Romantischen
	Alternativer Einsteig: Aktuelle Romantik. Poplyrik Grönemeyer, »Bleibt alles anders« (Mat. 12); Eichendorff, »Sehnsucht«, »Mondnacht«	1. Motivierender Einstieg 2. Aktuelle Dimension des Romantischen 3. Sehnsucht nach Entgrenzung
1 (GK) 2 (LK)	Romantische Universalpoesie: Novalis, »Wenn nicht mehr Zahlen und Figuren«	1. Konzept der Universalpoesie 2. Die romantische Chiffre 3. Das Irrationale
2 (GK, LK)	Klangfarbenmelodie: Brentano, »Der Spinnerin Nachtlied«	1. Musikalität der Sprache 2. Konstruktion 3. Das Volkstümliche

Methodische Realisierung/ Verlauf	Hausaufgabe
1. Vergleich und Diskussion der verschiedenen Lösungen (1. HA) 2. Vergleich und Diskussion der verschiedenen Gedichtschlüsse (2. HA) Präsentation der Version von Heine 3. Herausarbeitung der Ironie und der absurden Kausalität 4. Herausarbeitung der Aussageabsicht (Ironisierung des Romantischen) 5. Bedeutung des Begriffes romantisch in der heutigen Alltagssprache 6. Warum greift Heine die Romantik an?	– Vorbereitende HA: PRO: Lückentextversion von Heine, »Wahrhaftig« (Mat. 4): – nachbereitende A: Bearbeitung des Textes von Heine, »Das Ende der Kunstperiode«
1. Präsentation des Songs von H. Grönemeyer (möglichst mit Musik) 2. Welche Sehnsüchte sprechen aus dem Text? (Überwindung von Grenzen) 3. Welche Einstellung zur Alltagserfahrung wird darin deutlich? (Ungenügen an der Alltagsrealität) 4. Vergleich mit Eichendorff: Sehen Sie Ähnlichkeiten in der Stimmung des Ich? (Entgrenzung)	
1. Anknüpfung und Besprechung der HA (zu Heine) 2. Präsentation des Gedichtes (LV) mit Textvorlage 3. Herausarbeiten von Einzelinterpret. und Gesamtaussage (UG) 4. Bedeutung der Kunst (UG) 5. LK: PA Analyse des 116. Athenäumsfragments u. Fragmente von Novalis (Mat. 1–3), Bezüge zum Gedicht herausarbeiten 6. Auswertung und Zusammenfassung der Ergebnisse	Brentano, »Der Spinnerin Nachtlied« PRO: Aus der veränderten Strophenreihenfolge die richtige rekonstruieren
1. HA: Vergleich der verschiedenen Fassungen (OH-Projektor, Folie mit Gedichttext strophenweise in Streifen schneiden) 2. Präsentation der Originalfassung des Gedichtes (LV) 3. Herausarbeitung der Textstruktur und der Klanggestaltung(PA oder GA), Gedicht auf Folien und leere Folien zur Verfügung stellen, Aufgabe: Struktur grafisch veranschaulichen 4. Visualisierung der Textstruktur (Folien auf OH-Projektor, Sandwich-Verfahren) 5. Das Volkstümliche, »Des Knaben Wunderhorn«, »Kinder- und Hausmärchen« (RF)	Vergleichende Interpretation: Brentano, »Wiegenlied« und »Hör', es klagt die Flöte wieder« 1. klangliche Aspekte 2. inhaltliche Aspekte

Stunden	Thema	Didaktische Aspekte (Inhalte/Ziele)
1 (LK)	Eskapismus	1. Zeitgeschichtlicher Hintergrund 2. Philosophische Konzepte 3. Vergleich Klassik–Romantik
1–2 (GK, LK)	Entgrenzung: Eichendorff, »Sehnsucht«	1. Motiv des Fensters 2. Motiv des Wanderns 3. Bilder aus der Natur 4. Symbol des Marmorbildes
2 (GK, LK)	Natur als Heimat und als Fremdes: Eichendorff, »Mondnacht« und »Zwielicht«	1. Natur als Chiffre der Unendlichkeit 2. Die romantische Chiffre 3. Natur als Bedrohung 4. Vertonung von Gedichten 5. Romantik als Paradigma
2 (GK, LK)	Ich und Gesellschaft, Philisterkritik: Eichendorff, »Weihnachten«, Heine, »Philister im Sonntagsröcklein« (Mat. 5)	1. Das Ich als Außenseiter 2. Die Familie im 19. Jahrhundert 3. Philisterkritik 4. Die Rolle des Künstlers

Methodische Realisierung/ Verlauf	Hausaufgabe
1. Besprechung der HA 2. Historischer Hintergrund – Politik und Gesellschaft zwischen 1789 und 1815 (RF, Schüler mit LK Geschichte) 3. Die Philosophie des Idealismus (RF, Schüler mit GK oder LK Philosophie) 4. Klassik und Romantik in der Literaturgeschichte, Rückgriff auf vorangegangenen Unterricht (LV)	Vorbereitende Analyse von Eichendorff, »Sehnsucht«
1. Präsentation und Besprechung von romantischen Gemälden (z. B. von C. D. Friedrich) (Sogwirkung der Blickrichtung) 2. Vortrag des Gedichtes (SV) 3. Symbolische Bedeutung des Fensters (Blick nach draußen, aus dem Inneren, Sehnsucht nach Entgrenzung) (UG) 4. Symbolische Bedeutung des Wanderns (Sehnsucht nach Ferne) 5. Symbolische Bedeutung der Musik (Singen, Posthorn) (UG) 6. Gegensatz wilde Natur – Gärten (UG) 7. Ferne Paradiese (Marmorbilder, erotisches Verlangen) (UG) 8. Integration von Gedichten in Prosatexte (LV)	PRO: Ich schreibt Brief über seine Erfahrung; A: Ich berichtet seinem Psychotherapeuten Langzeit-HA: Eigenen Text zum Thema Sehnsucht schreiben als Parallel- oder Gegentext (z. B. Popsong) PRO: Montage aus Eichendorffs »Mondnacht« und »Zwielicht« ›entwirren‹ (Gedichte strophenweise mischen)
1. Diskussion der HA, Rekonstruktion der originalen Gedichte (UG) 2. Inhalts- und Formanalyse von »Mondnacht« (PA) 3. Auswertung der Ergebnisse 4. Aussageabsicht von »Mondnacht« (UG) 5. Präsentation und Besprechung der Vertonung von Robert Schumann (FV) 6. Vergleichende Analyse und Interpretation von »Zwielicht« (UG) 7. Mary Shelley, Frankenstein und/oder Schauerroman (RF)	Zusammenfassung der Unterrichtsergebnisse A: FV: Bildnerische Gestaltung von »Mondnacht« A: PRO: Collage aus Eichendorff-Gedichten anfertigen
1. Vorverständnis des Begriffes Weihnachten (UG) 2. Präsentation von »Weihnachten« (LV) 3. PA: 1. Verhältnis Ich – Gesellschaft; 2. Verhältnis Ich – Natur 4. Zusammenfassung der Ergebnisse (UG) 5. Metaphysische Dimension der Natur (UG) 6. Künstler als Auserwählter (UG) 7. Bild des Philisters bei Heine 8. Gegensatz: Auswandern (Eichendorff) – Fenster schließen (Heine)	PRO: Gespräch erfinden: Der Auswanderer aus »Weihnachten« unterhält sich im Gasthaus mit einem philisterhaften Bürger; Texte von Popsongs sammeln und mitbringen

Stunden	Thema	Didaktische Aspekte (Inhalte/Ziele)
1 (GK)	Romantik als lebendiger Topos: (entfällt eventuell, wenn dies als Einstieg gewählt wurde)	1. Aktualität romantischer Weltsicht 2. Verwendung romantischer Bilder und Sprache
1 (LK)	Ergänzungsstunde	Lebendigkeit des Romantischen im 20. und 21. Jahrhundert

b. Vorschlag: Welt ohne Gott. Die Entstehung des modernen Bewusstseins (Diachrone Reihe), ca. 11 Std. für GK und LK

Stunden	Thema	Didaktische Aspekte (Inhalte/Ziele)
2 (GK, LK)	Metaphysisches Aufgehobensein: Eichendorff, »Mondnacht«	1. Grundhaltung: Sehnsucht 2. Metaphysische Natur 3. Aufgehobenheit des Ich in der Natur 4. Romantische Chiffre
1 (GK, LK)	Infragestellung der Sicherheit: Heine, »Lotosblume« A: Heine, »Wahrhaftig« (s. Reihe 1, 1. Std.), oder Heine, »Zum Lazarus« (Mat. 7, dieses besser erst als drittes Gedicht nach »Hälfte des Lebens«)	1. Ironische Haltung 2. Infragestellung der Romantik 3. Zweifel an Dichtung

Methodische Realisierung/ Verlauf	Hausaufgabe
1. Präsentation und Diskussion der mitgebrachten Beispiele (möglichst mit Tonbeispielen) 2. Vergleich der Sprache mit romantischen Mustern	Langzeit-HA (s. o.): PRO: Selbst Texte zu Themen, Motiven schreiben oder Collage aus Eichendorff-Texten herstellen
Ergänzende Besprechung moderner Gedichte z. B. von Celan, Krolow	

Methodische Realisierung/ Verlauf	Hausaufgabe
1. Vergleich, Diskussion und Rekonstruktion des Gedichtes (Streifenpuzzle auf OH-Projektor, UG) 2. Struktur und Bedeutung des Kuss-Vergleichs (UG) 3. Synästhetische Struktur des Gedichtes (UG) 4. Bedeutung des Seelenflugs (UG) 5. Natur als romantische Chiffre (UG)	PRO: Vorbereitende HA: Rekonstruktion der möglichen Gedichtsgestalt aus einer Version mit alphabetisch geordneten Versen (12, 3, 2, 6, 5, 7, 1, 11, 8, 9, 4, 10); Liebesgedichte (v. a. aus Jugendzeitschriften) mitbringen
1. Vorerwartungen an ein Liebesgedicht formulieren (EA, UG) 2. Präsentation und Vergleich der mitgebrachten Texte (Lehrer/in sollte selbst auch Texte in Reserve halten) 3. Präsentation des Gedichtes ohne die letzten drei Worte (LV, ohne schriftliche Textvorlage), fehlenden Schluss ergänzen (EA, UG) 4. Spontane Reaktionen und Schlussversionen vergleichen (UG) 5. Bild von den Liebespartnern und der Liebe (EA) 6. Auswertung der EA (UG) 7. Selbstparodie Heines (Präsentation des anderen Gedichtes) 8. ›Nur‹ ein Gedicht? (UG)	PRO: Hölderlin, »Hälfte des Lebens«; Lücken in der 1. Strophe ergänzen (Mat. 6)

Stunden	Thema	Didaktische Aspekte (Inhalte/Ziele)
2 (GK, LK)	Der Riss: Hölderlin, »Hälfte des Lebens«	1. Antithetische Struktur 2. Krisenerfahrung 3. Symbolik der Dichtung 4. Modernität der Sprache
1–2 (GK, LK)	Die fremde Welt: Droste-Hülshoff, »Das öde Haus«	1. Detailrealismus 2. Bilder des Verfalls 3. Morbidität 4. Symbolik des Hauses 5. Faszination des Ich
1 (GK, LK)	Welt ohne Gott: Storm, »Geh nicht hinein«	1. Fremdheit des Todes 2. Sachlichkeit in der Formulierung 3. Abwesenheit Gottes
2 (GK, LK)	Der Übermensch: Nietzsche, »Vereinsamt«	1. Motiv des Auswanderns 2. Selbstgewählte Einsamkeit 3. Natur als Kulisse für Einsamkeit 4. Härte der Sprache 5. Philosophie Nietzsche

Methodische Realisierung/ Verlauf	Hausaufgabe
1. HA: Vergleich und Diskussion der Lösungen zu den Lücken (UG) 2. Hypothesen über mögliche Fortsetzung formulieren (EA, UG) 3. In der veränderten Fassung der zweiten Strophe (Mat. 6) Zeilensprünge einsetzen (PRO, EA) 4. Vergleich der verschiedenen Lösungen (UG) 5. Antithetische Struktur des Gedichtes (UG) 6. Krisenerfahrung des Ichs (UG) 7. Schwäne als Bild für die Dichtung (UG)	PRO: Das Ich beim Psychiater: Symptome – Diagnose – therapeutische Ratschläge A: Droste-Hülshoff, »Das öde Haus«: 1. Welches Bild vom Haus wird gezeichnet? 2. Wie lässt sich der Verfall näher charakterisieren?
Eventuell die altern. HA als EA am Anfang der Stunde erarbeiten lassen. 1. Detailrealismus (UG) 2. Bild von Verfall und Tod (UG) 3. Schleimige Morbidität des Verfalls (UG) 4. Verhältnis des Ich zum Haus (Faszination) (UG) 5. Symbolische Bedeutung des Hauses und der Schlucht (UG) 6. Epoche Biedermeier, Biografie der Droste (RF)	Schriftliche Ausarbeitung der Analyseergebnisse A: FV: Text illustrieren Todesanzeigen mitbringen
1. Besprechung der HA (Zusammenfassung) 2. Präsentation (LV) mit schriftlicher Textvorlage des 1. Teils des Gedichtes: Was ist mit Es gemeint? (Atmosphäre der Morbidität) 3. Präsentation des 2. Teils des Gedichtes: Welche Reaktion erwarten Sie im dritten Teil? (Erfahrung des Todes – Fremdheit des Toten) (UG) 4. Todesanzeigen vergleichen, Einstellung zum Tod herausarbeiten. Welche tröstlichen Instanzen werden bemüht? (UG) 5. Präsentation des 3. Teiles: Wie wirkt die Reaktion des Sprechers auf Sie? (Nüchternheit – Trostlosigkeit – Fehlen einer religiösen Orientierung) (UG) 6. Atheismus Storms (LV)	PRO: Kondolenzbrief schreiben A: Nietzsche, »Vereinsamt«, Lückentext ergänzen (Mat. 8)
1. Vergleich und Diskussion der HA A: Lückentext in PA bearbeiten 2. Bild der Natur (Winter, Kargheit, Härte) (UG) 3. Situation des Ich (Auswandern als Flucht, Einsamkeit) (UG) 4. Einsamkeit als titanenhafter Kampf (selbstgewählte Einsamkeit) (UG) 5. Funktion der Natur (Kulisse für Kampf) (UG) 6. Charakterisierung der Sprache (PA) 7. Sprache (UG) 8. Nietzsches Philosophie: Tod Gottes, Umwertung der Werte, Übermensch (LV oder RF)	Schriftliche Ausarbeitung der Analyseergebnisse A: PRO: Das Ich aus »Vereinsamt« trifft auf das Ich aus Eichendorff, »Weihnachten«; Gespräch entwerfen

Stunden	Thema	Didaktische Aspekte (Inhalte/Ziele)
2 (GK, LK)	Unbehaustheit: Rilke, »Ausgesetzt auf den Bergen des Herzens«	1. Umwertung der Natur 2. Einsamkeit als Voraussetzung des Schöpferischen 3. Bewusstsein als Paradiesverlust

c. Vorschlag: Jahrhundertwende (Synchrone Reihe), ca. 10 Std. für GK, ca. 12 Std. für LK

Stunden	Thema	Didaktische Aspekte (Inhalte/Ziele)
1 (GK) 2 (LK)	Realismus (Ausgangslage): Storm, »Meeresstrand«	1. Realistische Naturschilderung 2. Realistische Sprache 3. Begriff Läuterung
2 (GK, LK)	Die Revolution der Lyrik: Holz, »Unvergeßbare Sommergrüße«	1. Impressionistische Auffassung 2. Mittelachsengedicht 3. Moderne lyrische Sprache (Prosagedicht)

Methodische Realisierung/ Verlauf	Hausaufgabe
1. Präsentation des Textes (LV) mit schriftlicher Vorlage 2. PA: reale Elemente der Natur; Bedeutung der Genitiv-Metaphern; Bild von der Kreatur 3. Auswertung der PA (UG) 4. Gegensatz wissend – unwissend (UG) 5. Bedeutung des Ungeborgenseins (existenzielle Grunderfahrung) (UG) 6. »Herbsttag« und »1. Duineser Elegie« als Ergänzung 7. Topos der modernen Lyrik	Schriftliche Zusammenfassung über die in der Unterrichtssequenz aufgezeigten Entwicklung A: Essay: Existiert Gott? (FV)

Methodische Realisierung/ Verlauf	Hausaufgabe
1a. Vergleich der Gedichtrekonstruktionen (HA, UG) 1b. Schilderung der Natur bei Storm (UG) 2. Entwicklung der optischen und akustischen Eindrücke (EA, UG) 3. Verhältnis des Ich zur Natur (EA, UG) 4. Vergleich mit Naturgedichten der Romantik oder von Goethe (Rückgriff auf Schritt 1) Nur LK: 5. Inwiefern realistisch? Analyse: Fontane »Unsere lyrische und epische Poesie seit 1848« (Mat. 9) (PA) 6. Auswertung der PA (UG) 7. Kennzeichen von realistischer im Vergleich mit romantischer Rhetorik (UG)	Vorbereitende HA: PRO: Strophenweise Gedichtmontage aus Eichendorff, »Zwielicht«, Goethe »Dämmerung senkte sich von oben« und »Meeresstrand«; Gedichtfassung aus Holz, »Unvergeßbare Sommergrüße« erstellen (Mat. 10)
1. Vergleich und Diskussion der HA (UG) 2. Präsentation der Fassung von Holz 3. Beschreibung der Besonderheiten der Sprache (Mittelachsenanordnung, Pausen, Zeilensprünge, vgl. mit Linksbündigkeit) (UG) 4. Charakterisierung der geschilderten Situation (Alltagsszene, Elemente des Alltäglichen) (UG) 5. Impressionistischer Charakter – Vergleich mit impressionistischen Gemälden (Monet) 6. Impressionismus (RF, FV) Nur LK: 7. Herausarbeitung der wichtigsten Aspekte aus »Die Revolution der Lyrik« (EA) 8. Auswertung der EA 9. Kurzreferat Naturalismus (RF)	Nietzsche, »Vereinsamt« Lücken ergänzen (Mat. 8)

Stunden	Thema	Didaktische Aspekte (Inhalte/Ziele)
2 (GK, LK)	Das Vorbild Nietzsche: »Vereinsamt«	s. S. 210
1 (GK, LK)	Die Unbehaustheit in der Welt: Rilke, »Ausgesetzt auf den Bergen des Herzens«	s. S. 212
2 (GK, LK)	Die Rolle des Künstlers: George, »Der Herr der insel«	1. Erhabenheit von Stil und Form 2. Selbstgewählte Esoterik 3. Künstler als Außenseiter und Priester
1 (GK, LK)	Herausforderung durch die Kunst: Rilke, »Archaischer Torso Apollos«	1. Rilkes Dinggedichte 2. Rilkes Rhetorik 3. Absolutheitsanspruch der Kunst
2 (GK, LK)	Dekadenz und Sprachkrise: Hofmannsthal, »Ballade des äußeren Lebens«	1. Gedichtform Terzine 2. Untergang 3. Entfremdung und Sinnlosigkeit 4. Sprachkrise

Methodische Realisierung/ Verlauf	Hausaufgabe
	Vorbereitung von George, »Blaetter für die Kunst«
1. Vortrag des Gedichtes (LV) 2. Besonderheiten von Form und Sprache (UG) 3. Kurzreferat George (RF oder LV) 4. Auszüge aus den Blättern für die Kunst (Hausaufgabe, UG) 5. Bild von der Natur (UG) 6. Bild vom Vogel (UG) 7. Symbolische Bedeutung der Insel und der Eindringlinge (UG) 8. Symbolische Bedeutung des Vogels (UG) 9. Vergleich mit Baudelaire, »Der Albatros« (UG) 10. Bild des Parks (ergänzen: »Komm in den totgesagten park ...«)	Schriftliche Zusammenfassung der Interpretation (Ergebnisprotokoll) A: PRO: Schreiben Sie eine Rezension über das George-Gedicht aus der Sicht eines naturalistischen Autors.
1a. Präsentation des Gedichtes (LV) mit schriftlicher Vorlage 1b. Reales Bild der Skulptur (UG) 2. Analyse der gedanklichen und rhetorischen Struktur (... sonst ...) (UG) 3. Imaginiertes Bild der Skulptur (UG) 4. Appell an den Betrachter (UG)	Schriftliche Zusammenfassung der Interpretationsergebnisse A: Vergleich mit einem Auszug aus dem Roman Malte Laurids Brigge: (**Ich lerne sehen**)
1. Vortrag des Gedichtes (SV) 2. Form der Terzine (UG und LV) 3. Bilder des Untergangs (EA) 4. Funktion der Konjunktion ›und‹ (EA) 5. Erfahrung der Fremdheit und Sinnlosigkeit (UG) 6. Symbolische Bedeutung von ›Abend‹ (UG) 7. Bedeutung der letzten beiden Verse, Versprachlichung der Welt 8. Analyse der Kernaussagen des Chandos-Briefes (EA) 9. Auswertung der EA	Schriftliche Zusammenfassung der Interpretation A: PRO: Antwortbrief des Lord Chandos verfassen.

4 Materialien

Material 1 — NOVALIS: Fragmente zur Poetik

Erzählungen, ohne Zusammenhang, jedoch mit Assoziation, wie *Träume*. Gedichte – bloß *wohlklingend* und voll schöner Worte – aber auch ohne allen Sinn und Zusammenhang – höchstens einzelne Strophen verständlich – sie müssen wie lauter Bruchstücke aus den verschiedenartigsten Dingen [sein] – Höchstens kann wahre Poesie einen *allegorischen* Sinn im großen haben und eine indirekte Wirkung wie Musik usw. tun – Die Natur ist daher rein *poetisch* –und so die Stube eines Zauberers – eines Physikers – eine Kinderstube – eine Polter- und Vorratskammer.

Material 2 — NOVALIS: Tagebücher, Bd. 2

Philister leben nur ein Alltagsleben. Das Hauptmittel scheint ihr einziger Zweck zu seyn. Sie thun das alles, um des irdschen Lebens willen; wie es scheint und nach ihren eignen Äußerungen scheinen muß. Poesie mischen sie nur zur Nothdurft unter, weil sie nun einmal an eine gewisse Unterbrechung ihres täglichen Laufs gewöhnt sind. In der Regel erfolgt diese Unterbrechung alle sieben Tage, und könnte ein poetisches Septanfieber heißen. Sonntag ruht die Arbeit, sie leben ein bißchen besser als gewöhnlich und dieser Sonntagsrausch endigt sich mit einem etwas tiefern Schlafe als sonst; daher auch Montags alles noch einen raschern Gang hat. […] Den höchsten Grad seines poetischen Daseyns erreicht der Philister bey einer Reise, Hochzeit, Kindtaufe, und in der Kirche. Hier werden seine kühnsten Wünsche befriedigt, und oft übertroffen. Ihre sogenannte Religion wirkt blos, wie ein Opiat: reizend, betäubend, Schmerzen aus Schwäche stillend. Ihre Früh- und Abendgebete sind ihnen, wie Frühstück und Abendbrot, nothwendig. Sie können's nicht mehr lassen. […]

Material 3 — NOVALIS: Fragmente und Studien, Nr. 668

[…] Die Kunst, auf eine *angenehme Art* zu *befremden*, einen Gegenstand fremd zu machen und doch bekannt und anziehend, das ist die romantische Poetik.
Es giebt einen speciellen Sinn für Poesie – eine poetische Stimmung in uns. Die Poesie ist durchaus personell und darum unbeschreiblich und indefinissabel. Wer es nicht unmittelbar weiß und fühlt, was Poesie ist, dem läßt sich kein Begriff davon beybringen. Poesie ist Poesie. Von *Rede(Sprach)kunst* himmelweit verschieden.

Material 4 — HEINRICH HEINE

Wahrhaftig

Wenn der (1)-------- kommt mit dem Sonnenschein,
Dann knospen und blühen die (2)-------- auf;
Wenn der (3)---- beginnt seinen Strahlenlauf,
Dann (4)--------- die Sternlein hinterdrein;
Wenn der Sänger zwei (5)---- Äuglein sieht,
Dann (6)------- ihm Lieder aus tiefem (7)----; –
Doch Lieder und Sterne und Blümelein,
Und Äuglein und Mondglanz und Sonnenschein,
…

1. Ergänzen Sie die in den Lücken fehlenden Wörter.
2. Ergänzen Sie die fehlenden beiden Zeilen am Ende.

HEINRICH HEINE Material 5

Philister im Sonntagsröcklein
Spazieren durch Wald und Flur;
Sie jauchzen, sie hüpfen wie Böcklein,
Begrüßen die schöne Natur.

Betrachten mit blinzelnden Augen,
Wie alles romantisch blüht;
Mit langen Ohren saugen
Sie der Spatzen Lied.

Ich aber verhänge mein Fenster
Des Zimmers mit schwarzem Tuch;
Es machen mir meine Gespenster
Sogar einen Tagesbesuch.

Die alte Liebe erscheinet,
Sie stieg aus dem Totenreich;
Sie setzt sich zu mir und weinet,
Und macht das Herz mir weich.

FRIEDRICH HÖLDERLIN: »Hälfte des Lebens« Material 6

1. Strophe

Mit_____ Birnen hänget
Und voll mit _____ Rosen
Das Land ___ den See,
Ihr _____ Schwäne,
Und _____ von Küssen
Tunkt ihr ___ _____
Ins _____ Wasser.

2. Strophe

Weh mir, wo nehm ich, wenn es Winter ist, die Blumen, und wo den Sonnenschein, und Schatten der Erde? Die Mauern stehn sprachlos und kalt, im Winde klirren die Fahnen.

HEINRICH HEINE: »Zum Lazarus« Material 7

Laßt doch die heilgen Parabolen,
Laß die frommen Hypothesen –
Suche die verdammten Fragen
Ohne Umschweif uns zu lösen.

Warum schleppt sich blutend, elend,
Unter Kreuzeslast der Gerechte,
Während glücklich als ein Sieger
Trabt auf hohem Roß der Schlechte?

Woran liegt die Schuld? Ist etwa
Unser Herr nicht ganz allmächtig?
Oder treibt er selbst den Unfug?
Ach, das wäre niederträchtig.

Also fragen wir beständig,
Bis man uns mit einer Handvoll
Erde endlich stopft die Mäuler –
Aber ist das eine Antwort?

Material 8

FRIEDRICH NIETZSCHE: »Vereinsamt«

Die Krähen 1 _____
Und ziehen 2 _____ Flugs zur Stadt:
Bald wird es schnein –
Wohl dem, der jetzt noch – 3 _____ hat!

Nun stehst du starr,
Schaust 4 _____, ach! wie lange schon!
Was bist du 5 ____
Vor Winters in die Welt – 6 _____?

Die Welt – ein 7 ____
Zu tausend 8 _____ stumm und kalt!
Wer das verlor,
Was du verlorst, macht 9 _____ halt.

Nun stehst du 10 _____,
Zur Winter-Wanderschaft 11 _____,
Dem Rauche gleich,
Der stets nach 12 _____ Himmeln sucht.

Flieg, Vogel, 13 _____
Dein Lied im Wüsten-Vogel-Ton! –
Versteck, du 14 ____,
Dein blutend Herz in 15 ___ und 16 ____!

Die Krähen 17 _____
Und ziehen 18 _____ Flugs zur Stadt:
– Bald wird es schnein,
19 ____ dem, der keine 20 _____ hat!

Material 9

THEODOR FONTANE: »Unsere lyrische und epische Poesie seit 1848«

[…] Was unsere Zeit nach allen Seiten hin charakterisiert, das ist ihr *Realismus*. Die Ärzte verwerfen alle Schlüsse und Kombinationen, sie wollen Erfahrungen; die Politiker (aller Parteien) richten ihr Auge auf das wirkliche Bedürfnis und verschließen ihre Vortrefflichkeitsschablonen ins Pult; Militärs zucken die Achsel über unsere preußische Wehrverfassung und fordern »alte Grenadiere« statt »junger Rekruten«; vor allem aber sind es die materiellen Fragen, nebst jenen tausend Versuchen zur Lösung des sozialen Rätsels, welche so entschieden in den Vordergrund treten, daß

kein Zweifel bleibt: die Welt ist des Spekulierens müde und verlangt nach jener »frischen grünen Weide«, die so nah lag und doch so fern. [...]
Vor allen Dingen verstehen wir darunter *nicht* das nackte Wiedergeben alltäglichen Lebens, am wenigsten seines Elends und seiner Schattenseiten. Traurig genug, daß es nötig ist, derlei sich von selbst verstehende Dinge noch erst versichern zu müssen. Aber es ist noch nicht allzu lange her, daß man (namentlich in der Malerei) *Misere* mit Realismus verwechselte und bei Darstellung eines sterbenden Proletariers, den hungernde Kinder umstehen oder gar bei Produktionen jener sogenannten Tendenzbilder (schlesische Weber, das Jagdrecht u. dgl. m.) sich einbildete, der Kunst eine glänzende Richtung vorgezeichnet zu haben. Diese Richtung verhält sich zum echten Realismus wie das rohe Erz zum Metall: die Läuterung fehlt. Wohl ist das Motto des Realismus der Goethesche Zuruf:
Greif nur hinein ins volle Menschenleben,
Wo du es packst, da ist's interessant,
aber freilich, die Hand, die diesen Griff tut, muß eine künstlerische sein. Das Leben ist doch immer nur der Marmorsteinbruch, der den Stoff zu unendlichen Bildwerken in sich trägt; sie schlummern darin, aber nur dem Auge des Geweihten sichtbar und nur durch seine Hand zu erwecken. Der Block an sich, nur herausgerissen aus einem größern Ganzen, ist noch kein Kunstwerk, und dennoch haben wir die Erkenntnis als einen unbedingten Fortschritt zu begrüßen, daß es zunächst des Stoffes, oder sagen wir lieber des *Wirklichen*, zu allem künstlerischen Schaffen bedarf. Diese Erkenntnis, sonst nur im einzelnen mehr oder minder lebendig, ist in einem Jahrzehnt zu fast universeller Herrschaft in den Anschauungen und Produktionen unserer Dichter gelangt und bezeichnet einen abermaligen Wendepunkt in unserer Literatur. [...]
Wenn wir in Vorstehendem – mit Ausnahme eines einzigen Kernspruchs – uns lediglich negativ verhalten und überwiegend hervorgehoben haben, was der Realismus nicht ist, so geben wir nunmehr unsere Ansicht über das, was er ist, mit kurzen Worten dahin ab: Er ist die Widerspiegelung alles wirklichen Lebens, aller wahren Kräfte und Interessen im Elemente der Kunst; er ist, wenn man uns diese scherzhafte Wendung verzeihe, eine »*Interessenvertretung*« auf seine Art. Er umfängt das ganze reiche Leben, das Größte wie das Kleinste: den Kolumbus, der der Welt eine neue zum Geschenk machte, und das Wassertierchen, dessen Weltall der Tropfen ist; den höchsten Gedanken, die tiefste Empfindung zieht er in seinen Bereich, und die Grübeleien eines Goethe wie Lust und Leid eines Gretchen sind sein Stoff. Denn alles das ist *wirklich*. Der Realismus will nicht die bloße Sinnenwelt und nichts als diese; er will am allerwenigsten das bloß Handgreifliche, aber er will das *Wahre*. Er schließt nichts aus als die Lüge, das Forcierte, das Nebelhafte, das Abgestorbene – vier Dinge, mit denen wir glauben, eine ganze Literaturepoche bezeichnet zu haben.

ARNO HOLZ: »**Unvergeßbare Sommergrüße**« (Veränderte Fassung)

Material 10

Rote Dächer! Aus den Schornsteinen steigt hier und da Rauch; oben, hoch in sonniger Luft fliegen ab und zu Tauben! Es ist Nachmittag. Aus Mohdrickers Garten her gackert eine Henne; Bruthitze brastet; die ganze Stadt ... riecht nach Kaffee. Daß mir dies alles doch so lebendig geblieben ist! Ich bin ein kleiner Junge, liege, das Kinn in beide Fäuste gestützt, platt auf dem Bauch und kucke durch die Bodenluke. Unter mir ... steil, der Hof ... hinter mir, weggeworfen, ein Buch. ... Franz Hoffmann ... »Der Sklavenjäger.« Wie still das ist! Nur drüben, in Knorrs Regenrinne, sitzen zwei Spatzen, die sich um einen Strohhalm zanken, irgendwo ein Mann, der sägt, und, dazwischen, deutlich von der Kirche her, in kurzen Pausen regelmäßig hämmernd, der Kupferschmied Thiel. Wenn ich unten runter sehe, sehe ich gerade auf Mutters Blumenbrett. Ein Topf Goldlack, zwei Töpfe Levkojen, eine Geranie, Fuchsien und, mittendrin, zierlich, in einem Zigarrenkistchen, ein Hümpelchen Reseda. Wie ... das ... riecht! Bis zu ... mir ... rauf! Und die ... Farben ... die Farben! Jetzt! Wie der Wind drüber weht! Die wunder-, wunder-, wunder ... schönen ... Farben! Nie ... blinkten ... mir schönere! Ein halbes Leben, ein ganzes Menschenalter verrann! Ich schließe die Augen. Ich sehe sie ... noch immer!

Aufgabe: Stellen Sie aus der obigen Prosafassung eine Gedichtfassung her. Sie müssen dazu auch Wörter umstellen, grammatische Formen verändern und Zeilensprünge einfügen. Der Text ist reimlos.

Material 11

ARNO HOLZ: Die Revolution der Lyrik

[...] Aus dieser Definition, deren Fassung ich preisgebe, ergibt sich zwingend die neue: eine Lyrik, die auf jede Musik durch Worte als Selbstzweck verzichtet und die, rein formal, lediglich durch den Rhythmus getragen wird, der nur noch durch das lebt, was durch ihn zum Ausdruck ringt.
[...]
Ähnlich die Strophe. Wie viele prachtvollste Wirkungen haben nicht ungezählte Poeten jahrhundertelang mit ihr erzielt! Wir alle, wenn wir besseres nicht zu tun wissen und alte Erinnerungen locken, wiegen uns noch in ihr. Aber ebensowenig wie die Bedingungen stets dieselben bleiben, unter denen Kunstwerke geschaffen werden, genauso ändern sich auch fortwährend die Bedingungen, unter denen Kunstwerke genossen werden. Unser Ohr hört heute feiner. Durch jede Strophe, auch durch die schönste, klingt, sobald sie wiederholt wird, ein geheimer Leierkasten. Und gerade dieser Leierkasten ist es, der endlich raus muß aus unserer Lyrik. Was im Anfang Hohes Lied war, ist dadurch, daß es immer wiederholt wurde, heute Bänkelsängerei geworden!
[...]
Als formal letztes in jeder Lyrik, das überhaupt uneliminierbar ist, bleibt für alle Ewigkeit der Rhythmus. Reim, Strophe, Parallelismus, Alliteration und Assonanz – man könnte noch beliebig fortfahren – waren nur akzessorisch und mußten daher mit der Zeit als ›Systeme‹ notgedrungen abwirtschaften. Er allein ist unausschöpfbar. Nutzanwendung? Verballhorne ihn nicht! Drücke aus, was du empfindest, und du hast ihn. Du greifst ihn, wenn du die Dinge greifst. Er ist allen immanent. Auf alles übrige verzichte!
[...]
Ich schreibe als Prosaiker einen ausgezeichneten Satz nieder, wenn ich schreibe: »Der Mond steigt hinter blühenden Apfelbaumzweigen auf.« Aber ich würde über ihn stolpern, wenn man ihn mir für den Anfang eines Gedichts ausgäbe. Er wird zu einem solchen erst, wenn ich ihn forme: »Hinter blühenden Apfelbaumzweigen steigt der Mond auf.« Der erste Satz referiert nur, der zweite stellt dar. Erst jetzt, fühle ich, ist der Klang eins mit dem Inhalt. Und um diese Einheit deutlich auch nach außen zu geben, schreibe ich:
        Hinter blühenden Apfelbaumzweigen
            steigt der Mond auf.

Das ist meine ganze ›Revolution der Lyrik‹. Sie genügt, um ihr einen neuen Kurs zu geben. Ungefähr wie die Umkehr »Die Erde dreht sich um die Sonne und nicht die Sonne um die Erde« genügt hatte, uns in eine neue Weltanschauung zu zwingen. [...]

(aus: Arno Holz, ›Die Revolution in der Lyrik‹,
in: Theorie des Naturalismus, S. 214–224)

HERBERT GRÖNEMEYER: »Bleibt alles anders«

thron über konvention
das leben kommt von vorn
stehst unter einem hellen stern, einem hellen stern
verträum dich in deinem traum
verlaß dich auf zeit und raum

die gehörst zum festen kern
trockne die tränen
zieh deine kreise, der stille weg
folg dem sonnenaufgang leise
tanz den tanz auf dünnem eis

forder das große gefühl
durchquer den hades zum ziel
surf auf dem scheitelpunkt des lichts
erwarte viel, lebe für den transit
zwing das wahre geschick
ein silberstreif am horizont ...
stell die uhr auf null
wasch den glauben im regen
die sintflut ist verebbt
die sünden vergeben
kein ersatz – deine droge bist du, bist du

es gibt viel zu verlieren, du kannst nur gewinnen
genug ist zuwenig – oder es wird so wie es war
stillstand ist der tod, geh voran, bleibt alles anders
der erste stein fehlt in der mauer
der durchbruch ist nah

kommt der moment, kommt die zeit
wasser wird zu wein
und die sekunden bleiben stehen – auf dem punkt ...
zauberer verraten ihre tricks
auf allen würfeln fällt die sechs
die limits brechen weg
monster verkriechen sich, die schätze gehoben
du steigst nach unten, du fällst nach oben
ohne netz – dein placebo bist du, bist du

es gibt viel zu verlieren, du kannst nur gewinnen
genug ist zuwenig – oder es wird so wie es war
stillstand ist der tod, geh voran, bleibt alles anders
der erste stein fehlt in der mauer
der durchbruch ist nah, der durchbruch ist nah
der durchbruch ist nah
kein ersatz – deine droge bist du, bist du

es gibt viel zu verlieren, du kannst nur gewinnen
genug ist zuwenig – oder es wird so wie es war
stillstand ist der tod, geh voran, bleibt alles anders
der erste stein fehlt in der mauer
der durchbruch ist nah

es gibt viel zu verlieren, du kannst nur gewinnen
genug ist zuwenig – oder es wird so wie es war
leb den transit, zwing das wahre geschick
durchquer den hades zum ziel
hoffnung als gegengewicht

es gibt viel ...

(Text und Musik: Herbert Grönemeyer © Grönland Musikverlag)

Anhang

Anmerkungen

[1] Hansers Sozialgeschichte der deutschen Literatur, Band 6 (1996), S. 397
[2] Gerhard Kaiser 1 (1996), S. 22
[3] Gerhard Kaiser 1 (1996), S. 18
[4] Gerhard Kaiser II (1996), S. 55 f.
[5] Rilke, Archaischer Torso Apollos, vgl. S. 183
[6] Goethe in einem Brief an Zelter vom 6. Juni 1825
[7] In diesem Kapitel überschneidet sich der vorliegende Band mit dem Band zur Lyrik vom Barock bis zur Gegenwart aus der gleiche Reihe. Deshalb wird das Thema hier nur kurz skizziert.
[8] Die Darlegungen im ersten Kapitel gehören nicht unmittelbar zum Thema dieses Buches, daher werden sie auch in aller Kürze zusammengefasst. Für eine ausführlichere Darstellung sei verwiesen auf den Band 95 der gleichen Reihe: *Lyrik vom Barock bis zur Gegenwart.*
[9] Kant, Immanuel (1977): Werke in zwölf Bänden. Hrsg. v. Wilhelm Weischedel. Band 11, S. 53. Frankfurt a. M.
[10] Siehe hierzu Kaiser, Gerhard I (1996), S. 102 ff.
[11] Friedrich Hölderlin, »Abendphantasie«.
[12] Daran zeigt sich auch die ganze Problematik der Epochenkategorisierungen im Bereich der Literaturwissenschaft, insbesondere für die Zeit um 1800. Vergleiche hierzu: Schulz, Gerhard (1983): Geschichte der deutschen Literatur, S. 46.
[13] Griechisch: Vorrede, Einleitung.
[14] Mommsen, Momme: Zu Hölderlins Gedicht »Die Eichbäume«. In: Gedichte und Interpretationen 3. (1984).
[15] Zit. Nach Mommsen (1984).
[16] Diese Interpretation lehnt sich an die Darstellung von Momme Mommsen, (1984). Hier ist allerdings nicht der Platz, diese Interpretation in literaturwissenschaftlicher Hinsicht zu diskutieren. Daher müssen deren Unstimmigkeiten bestehen bleiben. Denn ließe sich die Interpretationsrichtung des Gedichtes nicht ebenso gut umdrehen?
[17] Friedrich Hölderlin, »Der Wanderer«.
[18] **Aber ferne vom Ort, wo er geboren zog / Ach! die dunkle Lust, welche den Halbgott treibt, / Liebend unterzugehen / Die den deinen, den Strom hinab.**
[19] Ähnlich gestaltet Hölderlin dies in seiner zeitlich benachbarten Ode »Abendphantasie«, in der dem friedlich vor seiner Hütte sitzenden Pflüger der fremde Wanderer gegenübertritt.
[20] Lat. sobrius, -a, -um = nüchtern, mäßig, besonnen; ebrietas = Rausch, Trunkenheit; ›sobria ebrietas‹ bedeutet demnach wörtlich übersetzt ›nüchterne Trunkenheit‹
[21] Vergleiche hierzu: Hölderlin, »An die jungen Dichter«: **Haßt den Rausch wie den Frost.**
[22] Vergleiche hierzu: Schmidt, Jochen (1984), Sobrieta ebrietas. Hölderlins »Hälfte des Lebens« und Kaiser, Gerhard 1 (1996), S. 281–291.
[23] Kaiser, Gerhard I (1996), S. 505 f.
[24] Schmidt, Jochen (1984), S. 266.
[25] Joseph von Eichendorff »Wünschelrute«.
[26] Clemens Brentano an Luise Hensel, im Dezember 1816, zitiert nach Gerhard Schulz, 1983, S. 668
[27] Schulz I, 1983, S. 70. In der Musik bezeichnet man als *Romantik* gar sämtliche tonale Musik zwischen Beethoven und Richard Strauß, also mehr als ein Jahrhundert.
[28] Eine gute Zusammenfassung dieses Aspekts bietet Gerhard Schulz I (1983), vgl. v. a. Kapitel 1 und 2.
[29] Erst der Komponist Richard Wagner verwirklichte dies in seinen Musikdramen in der 2. Hälfte des 19. Jahrhunderts.
[30] Novalis, zitiert nach Gerhard Schulz, 1983, S. 251.
[31] Novalis, Fragmente zur Poetik, in: Die deutsche Literatur in Text und Darstellung. Romantik I, 1974, S. 257.
[32] Novalis, zitiert nach Gerhard Schulz, 1983, S. 251.
[33] Novalis, Fragmente zur Poetik, S. 258.
[34] Zitiert nach Gerhard Schulz, 1983, S. 257.
[35] Ernst Moriz Arndt, *DES DEUTSCHEN VATERLAND*, 1813
[36] Zitiert nach Schulz, 1989, S. 287
[37] Arthur Schopenhauer, *DIE WELT ALS WILLE UND ALS VORSTELLUNG*, 1977, S. 409 f.
[38] Die materialistische Vorstellung des Menschen als Maschine erfährt in der Romantik wiederholte Parodierung, z. B. bei E. T. A. Hofmanns *DER SANDMANN*.
[39] Vergleiche hierzu die »Hymnen an die Nacht«.
[40] Novalis, *HEINRICH VON OFTERDINGEN*, S. 30
[41] In den anderen Textfassungen – und das ist der einzige Unterschied – wird aus **Da wir zusammen waren** (4) **Als wir zusammen waren** (9), also auch hier subtile Variation.

⁴² John F. Fetzer, 1974, Romantic Orpheus. Profiles on Clemens Brentano, S. 238.
⁴³ Novalis, Fragmente zur Poetik, in: Die deutsche Literatur in Text und Darstellung. Romantik I, 1974, S. 257.
⁴⁴ Joseph von Eichendorff, Werke 1970, S. 353.
⁴⁵ Vgl. hierzu: Hölderlin, Heidelberg, S. 20.
⁴⁶ Eichendorff, Werke, 1970, S. 187
⁴⁷ Gerhard Kaiser, 1996, Bd. I, S. 113
⁴⁸ Werner Stegmaier, 1997, Interpretationen. Hauptwerke der Philosophie. Von Kant bis Nietzsche, S. 160.
⁴⁹ Novalis, 2. Hymne an die Nacht.
⁵⁰ Wilhelm Müller, »Gute Nacht.«, aus: *Die Winterreise*.
⁵¹ Man lese hierzu dessen herrliche Satire *Geschichte von Bogs dem Uhrmacher*.
⁵² Heinrich Heine greift es wieder auf, z. B. in seinem Gedicht »Der Asra«. Auch der Komponist Richard Wagner gestaltet das Motiv in seinem Musikdrama *Tristan und Isolde*.
⁵³ Zitiert nach Schulz, 1989, S. 190.
⁵⁴ Gerhard Schulz, 1989, S. 20.
⁵⁵ Eichendorff wurde von Friedrich Ludwig Jahn befehligt, der am liebsten ohne Schießpulver nur mit Säbel, Lanze und Axt gekämpft hätte. Weswegen diese Einheit auch nur für den Streifzugkrieg im Rücken der französischen Truppen eingesetzt wurde, so dass Hunger den Soldaten ein ärgerer Feind war als die Franzosen.
⁵⁶ Mit der Epochenbezeichnung *Biedermeierzeit* schließe ich mich der Terminologie von Friedrich Sengle an, der in seiner großen Gesamtdarstellung dieser Epoche diesen Begriff zur übergreifenden Bezeichnung aller darin aufgehobenen literarischen Stiltendenzen verwendet.
⁵⁷ Heinrich Heine, Reisebilder. Dritter Teil, Die Bäder von Lucca, S. 148.
⁵⁸ Sengle I, 1971, S. 225.
⁵⁹ Sengle I, 1971, S. 225.
⁶⁰ Vergleiche auch das Gedicht »Hamlet« von Ferdinand Freiligrath.
⁶¹ Zitiert nach Bark, Steinbach. Wittenberg, 1990, S. 220 f.
⁶² Mörike in einem Brief an Vischer vom 13. 12. 1838.
⁶³ Schiller, Maria Stuart, V. 912.
⁶⁴ In Ludwig Pfaus Gedicht »Herr Biedermeier. Mitglied der ›besitzenden und gebildeten Klasse‹« gewinnt die Biedermeier-Satire politisch-gesellschaftskritische Schärfe.
⁶⁵ Sengle, I, 1971, S. 122.
⁶⁶ Conradi, Das große deutsche Gedichtbuch (1978), S. 510.
⁶⁷ Sengle, I, 1971, S. 167.
⁶⁸ Heine, Die romantische Schule, S. 9.
⁶⁹ Sengle III, 1980, S. 443.
⁷⁰ Schmitz, 1983, S. 25.
⁷¹ Carpe diem – pflücke den Tag.
⁷² Heine, *Die Bäder von Lucca*, S. 235; Heine widmet Platen immerhin ein ganzes Kapitel, woraus hier nur ein kurzer Auszug zitiert ist.
⁷³ Platen, »Halbdichter«, 1830.
⁷⁴ Oldenbourg Interpretationen, Bd. 83, Heinrich Heine, Deutschland. Ein Wintermärchen, und andere Gedichte, interpretiert von Hartmut Kircher, 1997.
⁷⁵ Heine, *Buch der Lieder*, Heimkehr, Nr. 24.
⁷⁶ Vgl. Ludwig Tieck, ›Melancholie‹, Sie tausend Elend' auf dich zielen, / Im Schmerz dein Dasein nur zu fühlen! / Ja erst im ausgelöschten Todesblick / Begrüßt voll Mitleid dich das erste Glück.
⁷⁷ Die Formulierung Und starrt stumm in die Höh erscheint fast identisch in dem Gedicht »Still ist die Nacht, es ruhen die Gassen«, in dem das lyrische Ich im Mondenschein seinen eigenen Doppelgänger vor dem Haus der weggezogenen Geliebten in dieser Pose antrifft.
⁷⁸ Zitiert nach Sengle, III, 1980, S. 506.
⁷⁹ A.a.O.
⁸⁰ Heine, *Buch der Lieder*, Heimkehr, Nr. 44.
⁸¹ Brief an H. Kurz vom 26. 5. 1837.
⁸² Brief an H. Kurz vom 20. 9. 1837.
⁸³ Brief an F. Th. Vischer vom 13. 12. 1837.
⁸⁴ Brief an F. Th. Vischer vom 5. 10. 1833.
⁸⁵ Brief an F. Th. Vischer vom 17. 1. 1831.
⁸⁶ Sengle III, 1980, S. 697.
⁸⁷ A. Rimbaud, Brief vom 15. 5. 1871, zitiert nach Kaiser, I, 1996, S. 346.
⁸⁸ Zitiert nach Hartmut Kircher, Ferdinand Freiligrath; in: Deutsche Dichter, Bd. 5, S. 544 f.
⁸⁹ Ergänzend sei auf das Gedicht »Die schlesischen Weber« von Heinrich Heine hingewiesen, zu dem in dem Heine-Band von Hartmut Kircher der gleichen Reihe eine Interpretation (OI, Bd. 83) vorliegt.
⁹⁰ Titel eines Erfolgsromans von Gustav Freytag aus dem Jahre 1855
⁹¹ Zitiert nach Schulze (1996), S. 109.
⁹² Kaiser II (1996), S. 55.
⁹³ Vgl. Nipperdey II (1993), S. 11.
⁹⁴ Schulze (1996), S. 113 f.
⁹⁵ Kaiser II (1996), S. 55; Heine hat Goethes Tod hellsichtig mit dem Ende der Kunstperiode gleichgesetzt.
⁹⁶ Theodor Fontane, Unsere lyrische und epische Poesie seit 1848; zitiert nach: *Die deutsche Literatur in Text und Darstellung*. Bürgerlicher Realismus, 1978, S. 52 f.
⁹⁷ Bürgerlicher Realismus und Gründerzeit (1996), S. 94.
⁹⁸ Bürgerlicher Realismus und Gründerzeit (1996), S. 94.
⁹⁹ Kaiser II (1996), S. 56
¹⁰⁰ Gustav Freytag, zitiert nach Epochen der deutschen Literatur, 1989, S. 280.
¹⁰¹ Theodor Fontane, Unser lyrische und epische Poesie, a.a.O., S. 56.

[102] Theodor Fontane, zitiert nach Sengle I, 1971, S. 258.
[103] Fontane, Unsere lyrische und epische Poesie, a.a.O., S. 53.
[104] Emanuel Geibel, aus: Ethisches und Ästhetisches in Distichen; zitiert nach Hansers Sozialgeschichte der deutschen Literatur (1996), S. 326.
[105] Gabelung, Zweiteilung.
[106] Epigone: jmd., der in seinen Werken schon vorhandene Vorbilder verwendet oder im Stil nachahmt, ohne selbst schöpferisch, stilbildend zu sein.
[107] Zitiert nach Epochen der deutschen Literatur (1989), S. 302.
[108] Heinrich und Julius Hart, Ein Lyriker à la mode, in: Theorie des Naturalismus (1973), S. 197.
[109] Zitiert nach: Hansers Sozialgeschichte der deutschen Literatur (1996), S. 317.
[110] Zitiert nach: Deutsche Dichter 6, (1989), S. 38.
[111] Arno Holz, zitiert nach Epochen der deutschen Literatur (1989), S. 303.
[112] Vgl. Kapitel 2.3, Vormärz.
[113] Zitiert nach: Hansers Sozialgeschichte der deutschen Literatur (1996), S. 311.
[114] Hansers Sozialgeschichte der deutschen Literatur (1996), S. 317.
[115] Zitiert nach: Hansers Sozialgeschichte der deutschen Literatur (1996), S. 313.
[116] Kaiser II (1996). S. 57.
[117] Vgl. hierzu: Hansers Sozialgeschichte der deutschen Literatur (1996), S. 431 ff., sowie Nipperdey (1993), S. 43–124
[118] Gedichte und Interpretationen 4 (1983), S. 324 ff.
[119] Storm »Geh nicht hinein«, Z. 28.
[120] Zitiert nach: Epochen der deutschen Literatur (1989), S. 305.
[121] Gerhard Kaiser II (1996), S. 323.
[122] Paul Celan, Büchner-Preis-Rede 1960, in: Büchner-Preis-Reden 1951–1971 (1972), Stuttgart, S. 95
[123] Brief an Eduard Mörike vom 3.6.1865, zitiert nach: Gedichte und Interpretationen 4 (1983), S. 360 f.
[124] Zitiert nach: Gedichte und Interpretationen 4 (1983), S. 370.
[125] Gerhard Kaiser II (1996), S. 272.
[126] Kaiser II (1996), S. 272.
[127] Kaiser II (1996), S. 101.
[128] Die Libelle wird im Jugendstil eins der zentralen und am häufigsten benutzten Symbole. Die darin gedachte Verschmelzung von Libelle, Nymphe und Frau verdeutlicht ein Gemälde, das in Nancy im Musée de l'École der Nancy zu sehen ist. In einer Art Metamorphose verschmelzen die drei Wesen zu einer einander durchdringenden Einheit.
[129] Conrad Ferdinand Meyer, »Im Spätboot«.
[130] Zitiert nach: Epochen der deutschen Literatur (1990), S. 309.
[131] Hugo von Hofmannsthal, zitiert nach: Deutsche Dichter 6 (1989), S. 162.
[132] Vergleiche »Der schöne Tag«. Auch in »Eingelegte Ruder« heißt es: Unter mir [...] / Träumen schon die schönern meiner Stunden. // Aus der blauen Tiefe ruft das Gestern: / Sind im Licht noch manche meiner Schwestern?
[133] Zitiert nach Epochen der deutschen Literatur (1989), S. 308.
[134] »Die kleine Blanche«, »Michelangelo und seine Statuen«, »Die Jungfrau«, »Auf Goldgrund«.
[135] Vergleiche »Geh nicht hinein«.
[136] Theodor Fontane, »Arm oder reich«.
[137] In diesem Kapitel überschneidet sich der vorliegende Band mit dem Buch von Hermann Korte. Lyrik des 20. Jahrhunderts. (1900 bis 1945), Oldenbourg Interpretation, Band 97, München 2000. Auf diesen Band sei zur ergänzenden Lektüre verwiesen.
[138] Rilke, Rainer Maria, DAS STUNDEN-BUCH, »Vom mönchischen Leben«
[139] Schulze, Hagen (1996), Kleine deutsche Geschichte, S. 142
[140] Rasch, Wolfdietrich: Aspekte der Literatur um 1900. In: Žmegač (Hrsg.) (1981), S. 20
[141] Zitiert nach Schwerte, Hans: Deutsche Literatur im Wilhelminischen Zeitalter. In: Žmegač (Hrsg.) (1981), S. 2–17
[142] Vgl. hierzu Kapitel Biedermeierzeit, Kap. 2 und Realismus, Kap. 3
[143] Benn, Gottfried (1953), Nietzsche nach fünfzig Jahren, zitiert nach: Hansers Sozialgeschichte der deutschen Literatur 6 (1996), S. 292.
[144] Epochen der deutschen Literatur (1990), S. 325.
[145] Meyer, Theo, Einleitung zu Theorie des Naturalismus (1973), S. 23.
[146] In: Lyrik des Naturalismus (1982), S. 58.
[147] In: Lyrik des Naturalismus (1982), S. 44.
[148] Aus: »Frühling«, in: Lyrik des Naturalismus (1982), S. 59.
[149] Vgl. hierzu: Klaus-Michael Bogdal: Arbeiterbewegung und Literatur, in: Hansers Sozialgeschichte der deutschen Literatur 6 (1996), S. 144 ff.
[150] Arno Holz wird im Band von Hermann Korte, Lyrik des 20. Jahrhunderts (1900–1945), ausführlicher gewürdigt. Deshalb beschränkt sich diese Darstellung auf eine knappe Skizze.
[151] Rainer Maria Rilke, 1. Duineser Elegie.
[152] Bahr, Hermann: Die Überwindung des Naturalismus. In: Die deutsche Literatur in Text und Darstellung. Karthaus (Hrsg.) (1981), S. 121.

[153] Rasch, Wolfdietrich: Fin de siècle als Ende und Neubeginn. In: Fin de siècle. Bauer, Rogner (Hrsg.), S. 33, Frankfurt/Main, 1977.
[154] Dandysmus: gesellschaftliche Erscheinung in der britischen Aristokratie; charakterisiert durch eine gleichgültig überlegene Haltung in jeder Lebenssituation, eine müßiggängerische, absichtlich zur Schau getragene Unmotiviertheit und Ziellosigkeit im Leben. Bereits Baudelaire pflegte diese Lebensweise des materiell unabhängigen Ästheten und definierte den Dandy als **Aristokrat der Seele**.
[155] Bahr, Hermann, Die Überwindung des Naturalismus. In: Die deutsche Literatur in Text und Darstellung. Impressionismus, Symbolismus und Jugendstil. Hrsg. v. U. Karthaus. Stuttgart. S. 121–126
[156] Zitiert nach Žmegač/Screb/Sekulic: Kleine Geschichte der deutschen Literatur. Von den Anfängen bis zur Gegenwart. S. 236.
[157] Žmegač, Victor (^{3}1986): Kleine Geschichte der deutschen Literatur, Frankfurt, S. 236.
[158] In: Gesammelte Werke. Bd. 7, Frankfurt
[159] Epochen der deutschen Literatur (1990), S. 346.
[160] Karthaus, Ulrich, a.a.O., S. 11 f.
[161] Gottfried Benn, (1953): Nietzsche nach fünfzig Jahren, zitiert nach: Hansers Sozialgeschichte der deutschen Literatur 6, S. 292.
[162] Helmut Pfotenhauer (1989): Friedrich Nietzsche. In: Deutsche Dichter 6.
[163] Heine, »Zum Lazarus«, Mat. 7.
[164] Rainer Maria Rilke, »Ausgesetzt auf den Bergen des Herzens«.
[165] Uwe K. Ketelsen (1989), Rainer Maria Rilke. In: Deutsche Dichter 6, S. 479.
[166] Ketelsen, a.a.O., S. 485.
[167] Stefan George, »Des sehers wort«.
[168] George, Stefan: Blaetter für die Kunst. Einleitungen und Merksprüche. Zitiert nach: Theorie des literarischen Jugendstils. Hrsg. v. J. Matthes (1984). Stuttgart. S. 121 f.
[169] George, Stefan: Blaetter für die Kunst. Einleitungen und Merksprüche; zitiert nach: Theorie des literarischen Jugendstils, S. 125
[170] Zitiert nach: Žmegač, Viktor u. a. (1981): Kleine Geschichte der deutschen Literatur. Von den Anfängen bis zur Gegenwart. Frankfurt/Main, S. 239 f.
[171] Zitiert nach: Theorie des literarischen Jugendstils, S. 122 f.
[172] In: »Das Wort«, im Zyklus *Das neue Reich* (1928).
[173] In: *Das Jahr der Seele*.
[174] Vgl. zur Bedeutung des Abends Hofmannsthals Gedicht »Ballade des äußeren Lebens«.
[175] Arion, Sänger von der Insel Lesbos, um 600 v. Chr. Die Sage überliefert, dass der Sänger Arion auf einer Schiffsfahrt von Tarent nach Korinth von den Matrosen des Schiffes beraubt und ins Meer geworfen werden sollte. Seine letzte Bitte wird ihm gewährt: Er singt und spielt ein Abschiedslied, dann springt er ins Meer. Daraufhin wird er von mehreren Delphinen, die von seinem Gesang so angetan waren, abwechselnd auf ihrem Rücken an Land getragen. Die Matrosen konnten so nach ihrer Ankunft bestraft werden. Der musikliebende Delphin wurde zum Lohn als Sternbild an den Sternenhimmel versetzt.
[176] Gerhard Kaiser sieht eher Parallelen zum arabischen Märchenvogel Ruch, der in Tausendundeiner Nacht mehrfach erwähnt wird; s. Kaiser II (1996), S. 139
[177] S. hierzu ausführliche Interpretation in dem Band von Hermann Korte. Lyrik des 20. Jahrhunderts (1900–1945).
[178] Ketelsen, a.a.O., S. 480.
[179] Clemens Heselhaus bevorzugt mit überzeugender Argumentation den Begriff Kunstgedicht. Vgl. Clemens Heselhaus, Deutsche Lyrik der Moderne, S. 114 ff.
[180] Rilke, Rainer Maria: Die Aufzeichnungen des Malte Laurids Brigge: In: Rainer Maria Rilke: Werke. Band III. 1. Prosa. Frankfurt/Main 1982, S. 110 f.
[181] Ketelsen, Uwe-K., a.a.O., S. 480.
[182] Heselhaus, a.a.O., S. 115.
[183] Heselhaus, a.a.O., S. 119.
[184] Ketelsen, a.a.O., S. 481.
[185] Heselhaus, a.a.O., S. 120.
[186] Hugo von Hofmannsthal, Ein Brief, in: Die deutsche Literatur in Text und Darstellung 13 (1981), S. 153.
[187] Zitiert nach: Theorie des literarischen Jugendstils, S. 168–184.
[188] In: Gesammelte Werke. Bd. 7, Frankfurt
[189] Zitiert nach: Theorie des literarischen Jugendstils, S. 171.
[190] Hofmannsthal, Hugo von (1980): Ad me ipsum. In: ders., Gesammelte Werke in zehn Einzelbänden. Bd. 10: Reden und Aufsätze III, Buch der Freunde, Aufzeichnungen, S. 597–627, Frankfurt.
[191] Hofmannsthal (1980), S. 610.
[192] Hofmannsthal (1980), S. 609, Hofmannsthal zitiert hier selbst eine ältere Textvariante.
[193] Dante Alighieri, 1265–1321, italienischer Dichter. In der *Divina Commedia* stellt Dante in der Form einer Vision seinen christlichen Kosmos in den drei Teilen »Inferno«, »Purgatorio« und »Paradiso« dar. Der Text, der von inneren Qualen gesprengt zu werden droht, erhält durch die formale Gestaltung eine hohe Strenge. Das Werk basiert auf antiken und mittelalterlichen Traditionen und Weltbildern und überwindet sie gleichzeitig. Hofmannsthal zeigt auch in anderen Werken die Tendenz, archaische Formen und Gedanken zu adaptieren, so z. B. in seinem Mysterienspiel *Jedermann*.

7 Literaturverzeichnis
(Auswahl)

Textausgaben

1. Wissenschaftliche und Standardausgaben

Brentano, Clemens (1978 ff.): Werke. 4 Bde. Hrsg. v. Friedhelm Kemp. München
Droste-Hülshoff, Annette von (1980 f.): Werke. Briefwechsel. Hist.-krit. Ausg. v. Winfried Woesler. Tübingen
Eichendorff, Joseph von (1978 ff.): Sämtliche Werke. 15 Bde. Tübingen
Fontane, Theodor (1962 ff.): Sämtliche Werke. 20 Bde. Hrsg. v. Walter Keitel. München
George, Stefan (1982 ff.): Sämtliche Werke in 18 Bänden. Hrsg. v. G. P. Landmann. Stuttgart
Günderode, Karoline von (1990 f.): Sämtliche Werke. 3 Bde. Hist.-krit. Ausgabe v. Walter Morgenthaler
Heine, Heinrich (1975): Werke. 16 Bde. Hist.-krit. Gesamtausg. Hrsg. v. Manfred Windfuhr. Düsseldorf
Hofmannsthal, Hugo von (1974 ff.): Sämtliche Werke. Kritische Ausgabe in 38 Bänden. Veranstaltet vom Freien Deutschen Hochstift. Hrsg. v. H. O. Burger u. a. Frankfurt/Main
Hölderlin, Friedrich (1946–1962): sämtliche Werke. Bd. 1–6. Hrsg. v. Fr. Beissner. Stuttgart (Kleine Stuttgarter Ausgabe)
Hölderlin, Friedrich (1975 ff.): Sämtliche Werke. Hist.-krit. Ausgabe. Hrsg. v. D. E. Sattler. Frankfurt/M. (Frankfurter Ausgabe)
Holz, Arno (1961–64): Werke. Hrsg. v. W. Emrich und Anita Holz. 7 Bde. Neuwied/Berlin
Keller, Gottfried (1995 ff.): Sämtliche Werke. 7 Bde. Frankfurt/M.

Meyer, Conrad Ferdinand (1958 ff.): Sämtliche Werke. Hist.-krit. Ausg. 15 Bde. Besorgt von Hans Zeller und Alfred Zäch. Bern
Mörike, Eduard (1967–70): Sämtliche Werke in zwei Bänden. Hrsg. v. Jost Perfahl. München
Novalis (1987): Werke. Hrsg. u. komm. v. Gerhard Schulz. München
Platen, August Graf von (1909 ff.): Sämtliche Werke in 12 Bänden. Hist.-krit. Ausg. Hrsg. v. Max Koch und Erich Petzet
Rilke, Rainer Maria (1955) ff.): Sämtliche Werke. 6 Bde. Hrsg. vom Rilke Archiv. In Verbindung mit Ruth Sieber-Rilke besorgt v. E. Zinn. Wiesbaden [Taschenbuch-Ausgabe: Frankfurt/Main: Insel 1987]
Storm, Theodor (1956): Sämtliche Werke in vier Bänden. Hrsg. v. Peter Goldammer. Berlin, Weimar

2. Preiswerte (Auswahl-)Ausgaben

Brentano Clemens: Gedichte. Auswahl hrsg. v. Paul Requadt. Stuttgart
Droste-Hülshoff, Annette von (1974): Gedichte. Ausw. u. Nachw. v. Siegfried Sudhof. Stuttgart
Eichendorff, Joseph von (1997): Gedichte. Hrsg. v. Peter H. Neumann u. a. Stuttgart
Fontane, Theodor (1998): Gedichte. Hrsg. v. Karl Richter. Stuttgart
George, Stefan (1960): Gedichte. Eine Auswahl. Hrsg. v. R. Boehringer. Stuttgart
Günderode, Karoline von: Gedichte. Hrsg. v. Franz J. Görtz. Stuttgart
Heine, Heinrich: Gedichte. Ausw. u. Nachw. v. Georges Schlocker. Stuttgart
Holz, Arno (1984): Phantasus. Verklei-

nerter Faksimiledruck der Erstfassung. Hrsg. v. G. Schulz. Bibliographisch ergänzte Ausgabe. Stuttgart
Keller, Gottfried (1998): Gedichte in einem Band. Frankfurt/M.
Meyer, Conrad Ferdinand: Sämtliche Gedichte. Nachw. v. Sjaak Onderdelinden. Stuttgart
Mörike, Eduard: Gedichte. Ausw. u. Nachw. v. B. Zeller. Stuttgart
Novalis: Gedichte. Die Lehrlinge zu Sais. Hrsg. v. Johannes Mahr. Stuttgart
Novalis: Fragmente und Studien. Die Christenheit oder Europa. Hrsg. v. Carl Paschek. Stuttgart
Platen, August Graf von: Gedichte. Ausw. v. Heinrich Henel. Stuttgart
Rilke, Rainer Maria (1975): Gedichte. Eine Auswahl. Mit e. Nachwort von E. Pfeiffer-Belli. Stuttgart
Storm, Theodor: Gedichte. Ausw. v. Gunter Grimm. Stuttgart

3. Anthologien

Deutsche Gedichte. Eine Anthologie. Hrsg. v. Dietrich Bode. Stuttgart 1994
Deutsche Liebeslyrik. Hrsg. v. Hans Wagener. Stuttgart 1982
Deutsche Literatur von Lessing bis Kafka. Berlin 1997 (CD ROM und DVD ROM)
Das große Gedichtbuch. Hrsg. v. Karl Otto Conrady. Königstein/Ts. 1978
Lyrik des Jugendstils. Hrsg. v. J. Hermand. Stuttgart 1964
Lyrik des Naturalismus. Hrsg.v. J. Schutte. Stuttgart 1982
Prosa des Jugendstils. Hrsg. v. J. Matthes. Stuttgart 1982

Zu den Epochen

Behler, Ernst (1992): Frühromantik. Berlin, New-York
Bürgerlicher Realismus. Grundlagen und Interpretationen. Hrsg. v. Klaus-Detlef Müller Stuttgart 1981
Cowen, Ray C. (1973): Der Naturalismus. Kommentar zu einer Epoche. München
Cowen, Ray C. (1985): Der poetische Realismus. Kommentar zu einer Epoche. München
Die deutsche Literatur. Ein Abriss in Text und Darstellung. Hrsg. v. Otto F. Best und Hans Jürgen Schmitt. Stuttgart. Bd. 8; Romantik I. Hrsg. v. H. J. Schmitt. 1978, Bd. 9; Romantik II. Hrsg. v. H. J. Schmitt. 1974, Bd. 10: Vormärz. Hrsg. v. Florian Vaßen. 1975, Bd. 11: Bürgerlicher Realismus. Hrsg. v. Andreas Huyssen, Bd. 12: Naturalismus. Hrsg. v. Walter Schmähling, Bd. 13: Impressionismus, Symbolismus, Jugendstil. Hrsg. v. Ulrich Karthaus. 1981
Die deutsche Literatur. Texte und Zeugnisse. Bd. VI. 19. Jahrhundert. Hrsg. v. Benno von Wiese. München 1965
Die deutsche Literatur der Jahrhundertwende. Hrsg. v. Victor Žmegač, Königstein/Ts. 1981
Deutsche Sozialgeschichte Dokumente und Skizzen. München. Bd. I: 1815–1870. Hrsg. v. Werner Pöls. ²1976, Bd. II: 1870–1914. Hrsg. v. Gerhard Ritter u. Jürgen Kocka. ²1977
Epochen der deutschen Literatur. Gesamtausgabe. Hrsg. v. Joachim Bark, Dietrich Steinbach, Hildegard Wittenberg. Stuttgart 1989
Die deutsche Literatur in Text und Darstellung. Impressionismus, Symbolismus und Jugendstil. Hrsg. v. U. Karthaus. Stuttgart 1977
Fin de siècle. Zu Literatur und Kunst der Jahrhundertwende. Hrsg. v. R. Bauer u. a. Frankfurt/Main 1977
Funkkolleg Jahrhundertwende. Stu-

dienbegleitbriefe. Hrsg. v. Deutschen Institut für Fernstudien an der Universität Tübingen. Weinheim und Basel 1988

Geschichte der deutschen Lyrik vom Mittelalter bis zur Gegenwart. Hrsg. v. W. Hinderer. Stuttgart 1983

Geschichte der deutschen Literatur vom 18. Jahrhundert bis zur Gegenwart. Hrsg. v. Victor Žmegač. Königstein/Ts. 1978 ff.

Görtemaker, Manfred (1986): Deutschland im 19. Jahrhundert. Entwicklungslinien. Bonn

Hansers Sozialgeschichte der deutschen Literatur vom 16. Jahrhundert bis zur Gegenwart. München. Bd. 4: Deutsche Literatur im Zeitalter der Französischen Revolution 1789–1815. Hrsg. v. Gert Ueding (2 Teilbde.). 1988, Bd. 6: Bürgerlicher Realismus und Gründerzeit 1848–1890. Hrsg. v. Edward McInnes und Gerhard Plumpe. 1996

Jugendstil. Hrsg. v. Jost Hermand. Darmstadt. 1971

Köster, Udo (1984): Literatur und Gesellschaft in Deutschland 1830–1848. Stuttgart

Lehnert, Herbert (1978): Geschichte der deutschen Literatur. Vom Jugendstil zum Impressionismus. Stuttgart (= Geschichte d. dt. Literatur v. d. Anfängen b. z. Gegenwart. Bd. V)

Lyrik der Gründerzeit. Hrsg. v. Günter Mahal. Tübingen 1973

Martini, Fritz (1981): Deutsche Literatur im bürgerlichen Realismus: 1848–1898. 4. erw. u. erg. Aufl. Stuttgart

Mennemeier, Franz Norbert (1985 und 1988): Literatur der Jahrhundertwende. Europäisch-deutsche Literaturtendenzen 1870–1910. 2 Bde. Bern/Frankfurt/New York

Nipperdey, Thomas (1983): Deutsche Geschichte. 1800–1866. Bürgerwelt und starker Staat. München

Nipperdey, Thomas (1993): Deutsche Geschichte 1866–1918. München. Bd. I: Arbeitswelt und Bürgergeist. 3. durchges. Aufl. 1993, Bd. II: Machtstaat vor der Demokratie. 3. durchges. Aufl. 1995

Rasch, Wolfdietrich (1986): Die literarische Décadence um 1900. München

Sengle, Friedrich: Biedermeierzeit. Deutsche Literatur im Spannungsfeld zwischen Restauration und Revolution 1815–1848. Stuttgart. Bd. I: Allgemeine Voraussetzungen, Richtungen Darstellungsmittel. 1971, Bd. II: Die Formenwelt. 1972, Bd. III: Die Dichter. 1980

Schulte, Jürgen (1976): Lyrik des deutschen Naturalismus (1885–1893). Stuttgart

Schulz, Gerhard: Die deutsche Literatur zwischen Französischer Revolution und Restauration. München (= Geschichte der dt. Literatur von den Anfängen bis zur Gegenwart v. H. de Boor u. R. Newald). Teil 1: Das Zeitalter der Frz. Revolution. 1789–1806. (1983), Teil 2: Das Zeitalter der Napoleonischen Kriege und der Restauration. 1806–1830 (1989)

Schulze, Hagen (1996): Kleine deutsche Geschichte. Mit Bildern aus dem Deutschen Historischen Museum. München

Theorie des literarischen Jugendstils. Hrsg. v. J. Matthes, Stuttgart 1984

Theorie des Naturalismus. Hrsg. v. Th. Meyer. Stuttgart 1973

Zu den Dichtern

Deutsche Dichter. Leben und Werk deutschsprachiger Autoren. Hrsg. v. Gunter E. Grimm und Frank Rainer Max, Stuttgart 1989. Bd. 5: Romantik, Biedermeier und Vormärz, Bd. 6: Realismus, Naturalismus und Jugendstil. 1989

Zur Philosophie

Geschichte der Philosophie. Berlin 1998. (CD-ROM)
Philosophie von Platon bis Nietzsche. Ausgewählt und eingeleitet von Frank-Peter Hansen. Berlin 1998 (CD-ROM)
Stegmaier, Werner (1997): Interpretationen. Die Hauptwerke der Philosophie. Von Kant bis Nietzsche. Mitarbeit von Hartwig Frank. Stuttgart

Interpretationen und Kommentare

1. Kommentare

Morwitz, Ernst (1960–69): Kommentar zu dem Werk Stefan Georges. Nebst Nachträgen. München/Düsseldorf
Stahl, August (1978): Rilke-Kommentar zum lyrischen Werk. Unter Mitarbeit v. W. Jost u. R. Marx. München

2. Interpretationen

Binneberg, Kurt (1989): Lektürehilfen Liebeslyrik. Epochen- und gattungsspezifische Aspekte. Stuttgart
Binneberg, Kurt (1998): Lektürehilfen Lyrik der Romantik. Stuttgart, Düsseldorf, Leipzig
Die deutsche Lyrik. Form und Geschichte. Interpretationen. Bd. 2: Von der Spätromantik bis zur Gegenwart. Hrsg. v. B. v. Wiese. Düsseldorf 1964
Fundbuch der Gedichtinterpretationen. Hrsg. v. Wulf Segebrecht. Bearb. v. Rolf-Bernhard Essig, unter Mitarbeit von Christina Böde. Paderborn, München, Wien, Zürich
Gedichte und Interpretationen. Stuttgart. Bd. 3: Klassik und Romantik. Hrsg. v. Wulf Segebrecht. 1984, Bd. 4: Vom Biedermeier zum Bürgerlichen Realismus. Hrsg. v. Günter Häntzschel. 1983, Bd. 5: Vom Naturalismus bis zur Jahrhundertmitte. Hrsg. v. Harald Hartung. 1983
Giese, Peter Christian (1991): Lektürehilfen Heinrich Heine Buch der Lieder. Stuttgart, Dresden
Gräff, Thomas (1991): Gedichte der Jahrhundertwende (1890–1910). München
Heydebrand, Renate von (1972): Eduard Mörikes Gedichtwerk. Beschreibung und Deutung der Formenvielfalt und ihrer Entwicklung. Stuttgart
Interpretationen. Gedichte von Friedrich Hölderlin. Hrsg. v. Gerhard Kurz. Stuttgart 1996
Interpretationen moderner Lyrik. Hrsg. v. O. Bohusch. Frankfurt/Main (^{10}1971)
Kaiser, Gerhard (1987): Augenblicke deutscher Lyrik. Gedichte von Martin Luther bis Paul Celan. Interpretiert durch G. Kaiser. Frankfurt/Main
Kaiser, Gerhard (1996): Geschichte der deutschen Lyrik von Goethe bis zur Gegenwart. Ein Grundriss in Interpretationen. Frankfurt/Main und Leipzig. Bd. I: Von Goethe bis zur Gegenwart, Bd. II: Von Heine bis zur Gegenwart; Bd. III: Gedichte

Kircher, Hartmut (1997): Heinrich Heine, Deutschland. Ein Wintermärchen und andere Gedichte. Interpretationen. München
Müller, Hartmut (1996): Lektürehilfen Eduard Mörike Lyrik. Stuttgart, Dresden
Stephan Günter (1989): Lektürehilfen Naturlyrik. Gattungs- und epochenspezifische Aspekte. Stuttgart
Wege zum Gedicht. Hrsg. v. R. Hirschenauer u. A. Weber. München 1962
Zu Rainer Maria Rilke. Interpretationen. Hrsg. v. E. Schwarz. Stuttgart 1983

Ergänzende Literatur

1. Zu Lyrik

Friedrich, Hugo (1985): Die Struktur der modernen Lyrik. Reinbek. erw. Neuausgabe
Hamburger, Michael (1972): Die Dialektik der modernen Lyrik. München
Heselhaus, Clemens (2. durchgesehene Auflage 1962): Deutsche Lyrik der Moderne von Nietzsche bis Yvan Goll. Düsseldorf
Kayser, Wolfgang ([20]1980): Kleine deutsche Versschule. Bern/München
Killy, Walter (1983): Elemente der Lyrik. München
Lyriktheorie. Texte vom Barock bis zur Gegenwart. Hrsg. v. Ludwig Völker. Stuttgart, 1990

2. Allgemein

Braak, Ivo ([6]1980): Poetik in Stichworten. Kiel: Hirt
Brenner, Gerd (1990): Kreatives Schreiben. Frankfurt/M.
Büchner-Preis-Reden 1951–1971. Mit einem Vorwort von Ernst Johann. Stuttgart 1972
Frenzel, Elisabeth (1992): Motive der Weltliteratur. 4. überarb. und erg. Auflage. Stuttgart
Frenzel, Elisabeth (1998): Stoffe der Weltliteratur. Ein Lexikon der dichtungsgeschichtlichen Längsschnitte. 9. Aufl. Stuttgart
Haas, Gerhard (1984): Handlungs- u. produktionsorientierter Literaturunterricht in der Sekundarstufe I. Hannover

3. Zur Didaktik der Lyrik

Abraham, Ulf/Kepser, Matthis ([2]2006): Literaturdidaktik Deutsch. Eine Einführung. Berlin
Gien, Gabriele ([3]2007): Lyrische Texte und ihre Didaktik. In: Grundlagen der Deutschdidaktik: Sprachdidaktik – Mediendidaktik – Literaturdidaktik. Hrsg. von Günter Lange/Swantje Weinhold. Baltmannsweiler
Hassenstein, Friedrich (2003): Gedichte im Deutschunterricht. In: Taschenbuch des Deutschunterrichts. Grundfragen und Praxis der Sprach- und Literaturdidaktik, Bd. 2. Hrsg. von Günter Lange/Karl Neumann, Werner Ziesesis, Baltmannsweiler
Korte, Hermann (2002): Lyrik im Unterricht. Hrsg. von Klaus-Michael Bogdal/Hermann Korte. München
Spinner, Kaspar H. ([7]2005): Umgang mit Lyrik in der Sekundarstufe I. Baltmannsweiler
Stocker, Karl (1993): Wege zum kreativen Interpretieren. Lyrik Baltmannsweiler (vergriffen)
Waldmann, Günter ([9]2006): Produktiver Umgang mit Lyrik. Eine systematische Einführung in die Lyrik, ihre produktive Erfahrung und ihr Schreiben. Baltmannsweiler